John Warwick Montgomery

Weltgeschichte wohin?

Hänssler-Verlag
Neuhausen-Stuttgart

ISBN 3 7751 0295–7

TELOS-Paperback Nr. 4011
© 1969 by Zondervan Publishing House
Assigned to John Warwick Montgomery 1972
Published by Bethany Fellowship, Inc. Minneapolis
Englischer Originaltitel: Where is history going
Deutsche Übersetzung durch Christoph Bluth
Umschlaggestaltung von Daniel Dolmetsch

TELOS-Wissenschaftliche Reihe Nr. 4011
© der deutschsprachigen Ausgabe 1977
Hänssler-Verlag Neuhausen-Stuttgart
Gesamtherstellung: St.-Johannis-Druckerei C. Schweickhardt
7630 Lahr-Dinglingen
Printed in Germany 15011/1977

Inhalt

Vorwort

Jean Guitton, der bekannte katholische Laientheologe, Mitglied der Französischen Akademie, beschrieb seine Unterhaltungen mit einem gewissen Dr. Couchoud, der erklärte: »Ich glaube alles, was im Apostolischen Glaubensbekenntnis steht, außer dem Satz ›gelitten *unter Pontius Pilatus*‹.« Dieser Gnostiker des 20. Jahrhunderts hatte keine Schwierigkeiten mit dem, was er als die geistliche Botschaft des Christentums ansah; lediglich seine historische Besonderheit störte ihn. »Außerdem«, sagte er, »überlegen Sie sich, wie nützlich meine Anschauung für den Glauben ist. Ungläubige bemühen sich stets darum, den Glauben zu zerstören, indem sie Jesus zu einem rein historischen Wesen reduzieren – sie machen den Glauben angreifbar, indem sie ihn auf die Ebene der Geschichte herunterbringen. Aber ich, indem ich Jesus über diese Ebene erhebe, mache den Glauben völlig unverletzlich.« – »Unverletzlich vielleicht«, antwortete Guitton, »aber von jedem Sinn entleert. Was Sie ablehnen, ist das Herz des Christentums: das Geheimnis der *wirklichen* Inkarnation.«[1]

Genau das ist der Punkt, und diese Sammlung von Aufsätzen ist im Grunde eine ausführliche Darstellung und Bestätigung von Guittons Antwort. Ich will mich hier bemühen zu zeigen, daß das Christentum eine konkrete und befriedigende Antwort auf die ewige Frage »Wohin führt die Geschichte?« gibt, und zwar auf der Basis der echten Inkarnation Gottes in der Geschichte; ferner, daß Christi Inkarnation der Mittelpunkt des christlichen Glaubens ist und man nur darauf verzichten kann, indem man den Glauben selbst völlig zerstört; drittens: daß die Inkarnation Gottes in Christus ein Ereignis war, das in der gewöhnlichen Geschichte stattfand und deshalb mit historischem Beweismaterial demonstriert werden kann.

Letztlich will ich auch nachweisen, daß alle Versuche von Christen oder Nichtchristen, den Glauben »unverletzlich« zu machen, indem man den Herrn aus dem Bereich verifizierbarer Geschichte entfernt, einen wahrhaft tragischen Pyrrhus-Sieg darstellen, denn sie machen den christlichen Glauben zu einem sinnlosen Gnostizismus, der das Tiefste im Menschen nicht stärker binden kann als die alten mystischen Religionen oder die Theosophien der Gegenwart.

Die Aufsätze in diesem Band werden auch zeigen, daß Dr. Couchoud keineswegs ein Einzelfall ist. Man könnte ihn vielmehr als Prototyp des modernen Denkers über Jesus bezeichnen. Ob wir uns den Historiker McNeill ansehen, den säkularen Philosophen Stroll, den christlichen Philosophen Clark, den neuorthodoxen Theologen Barth, den ontologischen Liberalen Tillich oder die Nach-Bultmannianer, die sich auf einer »neuen Suche nach dem historischen Jesus« befinden, immer stellen wir fest: Der Jesus der biblischen Texte wird philosophischen Denkvoraussetzungen untergeordnet. Die zentrale Gestalt des christlichen Glaubens wird mehr oder weniger aus dem Bereich historischer Verifikationsmöglichkeit entfernt, was zur Folge hat, daß Jesus entweder völlig abgelehnt (Stroll, McNeill), in ein sinnloses existentiales oder ontologisches Symbol transformiert (Tillich, die Nach-Bultmannianer) oder von historischer Prüfbarkeit ausgeschlossen wird, woraus sich eine Abhängigkeit von blindem Fideismus ergibt (Barth, Clark).

Der Autor dieser Aufsätze ist überzeugt, daß es in einer Welt des wachsenden Unglaubens durch eine defensive Haltung in bezug auf die historischen Grundaussagen des Christentums nichts zu gewinnen gibt. Als christliche Theologen und Historiker dürfen wir das Evangelium nicht mit einer angeblichen »Unverletzlichkeit« versehen, indem wir es für die historische Forschung unzugänglich machen; statt dessen müssen wir uns und unsere Botschaft historisch angreifbar machen, genauso wie es unser Herr selbst tat, als er sich dazu herabließ, voll und ohne Zurückhaltung in den Strudel der menschlichen Geschichte einzutreten. Wenn wir ihn so darstellen, werden seine historischen Behauptungen mit Sicherheit aufrechterhalten werden, so wie die Jünger seine Sendung »mit Taten und Wundern und Zeichen erwiesen« sahen (Apg. 2, 22).

Nur wenn die christliche Botschaft so kompromißlos verkündigt wird, wird der Ungläubige mit dem »Ärgernis des Kreuzes« konfrontiert: Die Entscheidung, ob er die historische Bestätigung der Erlösung in Christus anerkennen und seine eigene Autonomie aufgeben soll – oder ob er die Tatsachen wegrationalisieren will, um die Kontrolle über seine eigene sündhafte Existenz zu bewahren. Die Präsentierung der christlichen Botschaft mit ihrer vollen historischen Dimension ist die einzige Art und Weise, mit der eine echte Konfrontation erreicht werden kann, wie sie der Autor Paddy Chayefsky beschreibt:

Gideon: Laß mich gehen, Gott.

Engel: Laß mich – was soll das bedeuten? Gideon, es gibt keine

Trennung von Gott. Ich bin die Wahrheit, und ich existiere. Ich stehe hier greifbar vor dir, so wirklich wie ein Felsen, ein wirkliches Wesen, das dir von Angesicht zu Angesicht begegnet.

Gideon: Ja, mein Herr. Ich sehe und höre dich. So bitte ich dich, Herr – gehe von mir. Offenbare mir deine Gegenwart nicht wieder, damit ich sagen kann: »Gott ist ein Traum, ein Name, ein Gedanke, aber nichts Wirkliches.«

Engel: Aber ich bin etwas Wirkliches.

Gideon: Ich würde so tun, als wärest du das nicht.[2]

Ich hoffe, daß dieses Buch dazu beitragen wird, jegliche Täuschung in bezug auf die Behauptungen des Christentums zu beseitigen, so daß Christen und Nichtchristen erkennen, daß der Christus der Geschichte Realität hat, »so wirklich wie ein Felsen, ein wirkliches Wesen, das dir von Angesicht zu Angesicht begegnet«.

John Warwick Montgomery

Kapitel 1

Die Philosophie des Schicksals

Henry Ford soll einmal »Geschichte« als die »Folge von einem verdammten Ereignis nach dem andern« definiert haben. Eine solche Definition, sollte man sie ernst meinen (worüber Ford sicher entsetzt wäre), setzt voraus, daß die Geschichte nirgendwohin führt – daß es kein Ziel, keinen Sinn gibt.

Eine derartige Einstellung ist heute keineswegs selten. Bei der alljährlichen Konferenz der American Historical Association in Chikago (am 30. Dezember 1962) wandte sich Arthur Schlesinger (ehemals Dozent an der Harvard-Universität, bis vor kurzem im Weißen Haus tätig) in seiner Rede »Der Historiker und die Geschichte« gegen alle Arten monistischer Geschichtsphilosophie und identifizierte seinen eigenen Standpunkt mit dem Pluralismus von William James. Die Frage nach Sinn und Ziel der Geschichte, im Titel dieses Buches aufgenommen, beantwortet Schlesinger mit den Worten der sterbenden Gertrude Stein. Als sie auf dem Sterbebett fragte: »Was ist die Antwort?« und keine Antwort bekam, sagte sie: »Was ist denn die Frage?« Eine Antwort war nicht möglich, weil die Frage keinen Sinn hatte.

In seinem Buch über die »Politik der Hoffnung«[1] drückt sich Schlesinger bezüglich seiner Geschichtsphilosophie etwas genauer aus. Ein Auszug aus diesem Buch erschien am 19. Mai 1962 in der *Saturday Evening Post* unter dem Titel »Das Versagen des Weltkommunismus«. Schlesinger kommt hier zu der Schlußfolgerung:

Der amerikanische Liberalismus steht in starkem Gegensatz zu der apokalyptischen Nostalgie, die immer noch ein Merkmal der amerikanischen Rechten und europäischen Linken ist – die Vorstellung, daß eines Tages jeglicher Konflikt ein Ende nehmen wird, wenn Satan in einen See aus Feuer und Schwefel geworfen wird und der Menschheit ein neuer Himmel und eine neue Erde zuteil wird… Freiheit ist von Kampf nicht zu trennen; und Freiheit ist, wie Brandeis einmal sagte, der große Motor der Entwicklung; sie ist Mittel und Zweck zugleich. Das, so glaube ich, drückt das Wesen der progressiven Hoffnung aus – das und zugleich das Verständnis, daß der Kampf selbst nicht nur anderen, sondern auch einem selbst bessere Möglichkeiten der Erfüllung verschafft.

Für Schlesinger ist also die Vorstellung, die Geschichte habe ein bestimmtes zukünftiges Ziel, sinnlos und irreführend; seiner Meinung nach muß man für ein Maximum an Freiheit in der Gegenwart kämpfen, und in diesem Kampf selbst muß man die Erfüllung suchen, die andere irrtümlicherweise in irgendeinem paradiesischen Millennium der Zukunft sehen.

Trotz des Reizes, den Fords Definition und Schlesingers Anschauung ausüben mögen – ein solcher historischer Nihilismus klingt reichlich hohl. Gibt es auf die Frage nach Ziel und Sinn der Geschichte tatsächlich keine Antwort? Oder gibt es vielleicht eine Vielzahl gleichwertiger Antworten? In gewisser Weise ähnelt dieses Problem dem Universalienproblem (und ist, so glaube ich, sogar ein Sonderfall davon). Dem menschlichen Geist fällt es sehr schwer, sich die Vielfalt des Universums im allgemeinen und der Geschichte im besonderen anzusehen, ohne nach einer Erklärung zu suchen, die ausreicht, allen Dingen einen Sinn zu geben. W. N. Clark schrieb in einem kritischen Bericht über die Schrift des Philosophen Paul Weiss »Modes Of Being«, die dem Universum vier Grunddimensionen des Seins zuschreibt: »Bevor sich Professor Weiss die allgemein vorherrschende Einsicht der großen Metaphysiker der Vergangenheit nicht zu Herzen nimmt, nämlich, daß es ohne den Einen die Vielen nicht geben kann, fürchte ich, daß ihm niemand dieses vielfältige Universum abnimmt.« Vielleicht können wir auch in bezug auf die Geschichte sagen, daß es »ohne den Einen die Vielen nicht geben kann«.

Aus den zahlreichen Versuchen, die seit dem Aufstieg des modernen Säkularismus in der »Aufklärung« des 19. Jahrhunderts gemacht worden sind, in der Geschichte eine Einheit und einen Sinn zu finden, wollen wir stellvertretend einige herausgreifen und analysieren.

Säkulare Geschichtsschreibung seit der »Aufklärung«[2]

Am 9. November 1793 wurde die Kathedrale von Notre Dame der Göttin »Vernunft« geweiht, ein Akt, der für die moderne Weltanschauung und das »Zeitalter der Vernunft« bezeichnend war. Von nun an sollte die menschliche Vernunft und nicht angeblich »geoffenbarte« Religion die Antwort auf die Grundfragen des Menschen geben. Zu den Grundfragen des Menschen gehört freilich auch die Frage nach Sinn und Ziel der geschichtlichen Ereignisse, und wir wollen hier einmal anhand der Antworten von fünf säkularen Denkern untersuchen, wie weit uns die Göttin Vernunft wohl zu bringen vermag.

Die fünf Philosophen und Historiker, die ich herausgreifen möchte, überspannen die gesamte Neuzeit, nämlich Kant, Hegel, Marx, Spengler und Toynbee.

Immanuel Kant, zweifelsohne der größte unter den von der »Aufklärung« des 18. Jahrhunderts beeinflußten Denkern, wird oft als Vorläufer der Romantik gesehen. Seine ganze Denkhaltung war jedoch »bemerkenswert ungeschichtlich, und darin wie auch in anderen Aspekten ist er ein typisches Produkt der Aufklärung und nicht so sehr als Vorläufer des romantischen Zeitalters anzusehen, das kurz darauf folgte«.[3] Kant behauptete: »Man kann die Geschichte der Menschengattung im großen als die Vollziehung eines verborgenen Plans der Natur ansehen, um eine innerlich – und zu diesem Zweck auch äußerlich – vollkommene Staatsverfassung zustande zu bringen, als den einzigen Zustand, in welchem sie alle ihre Anlagen in der Menschheit völlig entwickeln kann.«[4]

Kant hielt die Geschichte für einen rationalen Vorgang. Er glaubte, daß die Vernunft allein den Plan und das Ziel der Geschichte erkennen ließe. Auf den ersten Blick scheint dies nicht immer der Fall zu sein, wie Kant auch zugibt, aber in Wirklichkeit helfe »die unsoziale Eigenart« des Menschen, seine Ehrsucht, Herrschsucht oder Habsucht ihm, seinen Hang zur Faulheit zu überwinden – und so »werden alle Talente nach und nach entwickelt«.[5]

Kants Geschichtsphilosophie scheitert an zwei wesentlichen Punkten: Sie nimmt die Existenz des Bösen nicht ernst, denn im Grunde läuft Kants Auffassung darauf hinaus, daß der Zweck stets die Mittel heiligt (in Wirklichkeit ist es aber so, daß die angewandten Mittel stets das Wesen dessen, was man damit erreicht, verändern, d. h. in anderen Worten: daß ein gutes Ziel auch nur mit guten Mitteln zu erreichen ist – und umgekehrt). Außerdem versucht Kant etwas über den Verlauf der Geschichte zu sagen, ohne die Tatsachen geschichtlicher Erfahrungen zu berücksichtigen. Diese Einwände reichen aus, um Kants Geschichtsphilosophie zu entwerten. Die Bedeutung seines Versuchs kann jedoch nicht geleugnet werden; viele andere versuchten nach ihm, Gleiches zu tun, nämlich auf der Grundlage der bloßen Vernunft allein eine Geschichtsphilosophie zu schaffen.

Der große Philosoph Hegel war der Meinung, »daß es auch in der Weltgeschichte vernünftig zugegangen ist« und daß sie sich auf dialektische Weise durch die vier großen »welthistorischen Reiche« (das orientalische, griechische, römische und germanische) zum Ziel der Freiheit hinbewegt. In diesem Vorgang kann jedes Volk

»nur einmal Epoche machen«, und dann dient es als »Träger der Entwicklung des Weltgeistes« und leistet seinen besonderen Beitrag zur Geschichte der Menschheit.[6]

In entscheidenden Situationen treten dann große Menschen auf (»Heroen«), deren Handlungen nicht einfach mit gewöhnlichen Wertmaßstäben als »gut« oder »böse« eingestuft werden können.

Hegels Geschichtsphilosophie ist aus verschiedenen Gründen stark kritisiert worden. Er begeht z. B. den gleichen Fehler wie Kant, nämlich historische Substanz und das Ziel der Geschichte von der Vernunft allein ableiten zu wollen; Hegels germanischer Standpunkt spielt natürlich eine Rolle, und die Lehre von den »Epochen von Völkern«, in denen allein sie herrschen, und die These vom metaethischen »Heroenrecht« läßt sich leicht dazu mißbrauchen, nationalistischen Imperialismus und skrupellose Handlungen von einzelnen zu rechtfertigen.

Diese Schwierigkeiten in Hegels System sollten uns jedoch nicht von seinem großen Verdienst ablenken: die Entwicklung des dialektischen Prinzips und seine Anwendung auf die Geschichte. Mit Dialektik meint Hegel, daß es sowohl im Leben als auch im Denken geschieht, daß ein Standpunkt sein eigenes Gegenteil hervorbringt. Dann werden beide Extreme durch einen Kompromiß ersetzt, der Elemente von beiden enthält. Hier lassen sich zahlreiche Beispiele aus der Geschichte anführen, so zum Beispiel die französische Revolution: Die absolute, autoritäre Monarchie des alten Regime kann als eine These angesehen werden, zu der die fast anarchistische, vom Freiheitsstreben bestimmte Revolution als Antithese entstand; aus beiden Extremen entwickelte sich schließlich eine republikanische Regierungsform, die Elemente aus beiden Extremen enthielt.

Es ist wichtig zu erkennen, daß die Hegelsche Dialektik im Grunde ein formales Prinzip ist, das weder das Endziel eines Vorgangs verrät, noch sich um seine Wertung bemüht. Die Dialektik kann ein ständiges Zunehmen des Bösen genausogut wie ein ständiges Zunehmen des Guten beschreiben.

Einer der Hauptfehler Hegels liegt denn auch darin, daß er davon überzeugt war, die historische Dialektik bewege sich in Richtung auf das spezifische Ziel der Freiheit. In Wirklichkeit verlangt die Dialektik nie eine solche Schlußfolgerung. Obwohl Hegel die Vernunft als die treibende Kraft des dialektischen Vorgangs in der Geschichte ansah, ist eine solche Einengung des dialektischen Prinzips nicht zulässig. Tatsächlich ist es gerade die Flexibilität des Konzeptes der Dialektik, die es für Historiker und Philosophen zu einem solch nützlichen Werkzeug gemacht hat, ob sie nun Hegels Idealismus für richtig halten oder nicht.

Die marxistische Dialektik ist sozusagen ein Stiefkind von Hegels Philosophie. Marx und sein Mitarbeiter Engels hegten die positivistische Überzeugung, die Geschichte folge unerbittlichen Naturgesetzen, die, sobald man sie einmal verstünde, es ermöglichten, die Zukunft vorherzusagen. Marx rühmte sich, er habe Hegels Dialektik bei der Übernahme in sein Denksystem »auf den Kopf gestellt«. Für Hegel repräsentierte die Dialektik die Handlung des Weltgeistes der Vernunft im Ablauf der Geschichte; Marx jedoch hielt eine solche Metaphysik für völlig unrealistisch. Marx war von Ludwig Feuerbach beeinflußt worden, dessen Menschenbild sich in dem Satz »der Mensch ist, was er ißt« zusammenfassen läßt; und somit hielt Marx den Prozeß der Dialektik für ein Produkt aus materialistischen (konkreter: wirtschaftlichen) Faktoren. Marx glaubte nicht, daß das Denken die Natur beherrscht, sondern genau umgekehrt, daß die Natur das Denken beherrscht. Seine Mehrwert-Theorie war auf diesem materialistischen Konzept der Dialektik errichtet worden, und er war davon überzeugt, daß Klassenkampf, Revolution und schließlich die klassenlose Gesellschaft die unvermeidlichen Produkte des dialektischen Vorgangs seien. Auf die Geschichte angewandt, zeichneten sich für Marx dabei vier hauptsächliche Entwicklungsstadien ab: »Im groben Umriß können wir die asiatische, antike, feudale und moderne bürgerliche Produktionsweise als die progressiven Epochen der wirtschaftlichen Gesellschaftsbildung erkennen.«[7] Die Phase des Kapitalismus und der Bourgeoisie wird als Vorläufer der klassenlosen Gesellschaft angesehen.

Die Marxsche Geschichtsphilosophie, der heute von vielen Menschen in der Welt eine fast religiöse Verehrung zuteil wird, scheitert aus verschiedenen Gründen. Sein dogmatischer Materialismus erweist sich in Wirklichkeit als eine Metaphysik, die einer genaueren Analyse nicht standhält. Karl Löwith urteilt: »Selbst wenn wir annehmen, die ganze Geschichte sei eine Geschichte von Klassenkämpfen, so kann die wissenschaftliche Analyse nicht daraus folgern, daß der Klassenkampf der wesentliche, alles übrige ›bedingende‹ Faktor sei.«[8] Der Verlauf der Weltgeschichte seit Marx hat seine Behauptung, nur die Revolution gegen den Kapitalismus könne das Proletariat zufriedenstellen, Lügen gestraft. Gewerkschaften und Kartellgesetze haben den Arbeitern im Westen einen derart hohen Lebensstandard verschafft, daß ihnen ein guter Fernsehempfang oft näher am Herzen liegt als der Klassenkampf zur

Neuordnung der Gesellschaft. Das Marxsche Menschenbild kann man nur als schizophren bezeichnen: Zunächst sieht er im Menschen den üblen Ausbeuter, meint dann aber doch, es könne so etwas wie eine idyllische, klassenlose Gesellschaft geben, sobald nur eine passende wirtschaftliche Umgebung vorhanden sei. Die Sowjetunion liefert ein gutes Beispiel dafür, daß die Natur des Menschen stets von irgendeiner Seite her (d. h. in der Praxis: von der Regierung) irgendwelche hemmenden Zügel verlangt; ein marxistischer Staat ist gewöhnlich recht starr und unterliegt einer starken Tendenz, unter die Kontrolle einer neuen Klasse zu geraten – nicht einer vorübergehenden »Diktatur des Proletariats«, sondern einer permanenten Oligarchie der Bürokraten.[9]

Die beiden ehrgeizigen Versuche dieses Jahrhunderts, von einem säkularen Standpunkt aus wissenschaftliche Konzepte zu schaffen, um damit die menschliche Geschichte zu erfassen und zu erklären, stammen von Oswald Spengler und Arnold Toynbee. Spengler behauptete in seinem klassischen Werk *Der Untergang des Abendlandes,* daß die Geschichte in großen Zyklen abläuft, und daß selbständige menschliche Kulturen einem Lebenskreislauf folgen, der dem der Lebewesen und der Natur ähnlich ist.[10]

So entwickelt sich eine Kultur vom Barbarentum zur klassischen Periode der Zivilisation und stagniert schließlich, zerfällt und endet in einem Barbarentum des Hyperkommerzialismus. Anstatt der gewöhnlichen Einteilung in Antike, Mittelalter und Neuzeit spricht Spengler von vier Kreisläufen: dem indischen, arabischen, antiken und westlichen (er fängt dabei im Jahre 900 v. Chr. an), die die Phasen des Frühlings, Sommers, Herbstes und Winters durchlaufen. »Für Spengler gibt es keinen andauernden Vorgang, keinen leitenden Geist, kein letztes Ziel, lediglich eine endlose Wiederholung ungefähr gleichartiger Erlebnisse.«[11]

Spengler war sich des wissenschaftlichen Charakters seiner Interpretation so sicher, daß er behauptete, es sei möglich, die Zukunft unserer Zivilisation auf der Grundlage ihres jetzigen Zustandes vorherzusagen (wie an dem Titel seines Werkes bereits sichtbar wird). Im Vorwort zur ersten Auflage machte er folgende erstaunliche Feststellung: »Es handelt sich nach meiner Überzeugung nicht um eine neben anderen mögliche und nur logisch gerechtfertigte, sondern um *die,* gewissermaßen natürliche, von allen dunkel vorgefühlte Philosophie der Zeit. Das darf ohne Anmaßung gesagt werden.«[12]

Es hat dann freilich auch genügend Ereignisse gegeben, die als Bestätigung von Spenglers Vorhersagen über den Untergang des Abendlandes gedeutet werden können, zum Beispiel die beiden Weltkriege, der Koreakrieg und der »kalte Krieg«. Aber deswegen dürfen wir die ernsten Fehlschlüsse in seinem Werk nicht übersehen. Er setzt voraus, daß Systeme von Beziehungen (Kulturen), die von organischen Wesen geschaffen worden sind, den gleichen Lebenszyklen unterworfen sein müssen wie jene Wesen; aber es ist keineswegs einzusehen, warum das der Fall sein sollte. Von Menschen geschaffene Philosophien sind auch Bezugssysteme, und sie verhindern keine derartigen Lebenszyklen, wie sehr man das auch manchmal bedauern möchte! – Spenglers Philosophie liegen fernerhin zahlreiche unberechtigte Werturteile zugrunde, von denen Gardiner einige aufführt: »Instinkt wird dem Verstand vorgezogen, das Leben auf dem Land dem in der Stadt, Glauben und Achtung vor der Tradition der rationalen Berechnung und dem Selbstinteresse.«[13] Warum sollte man gerade diesen Werten den Vorzug geben? Zusammenfassend können wir zitieren:

Spenglers Buch ist mit einer großen Menge historischen Wissens beladen, aber dies Wissen wird ständig verdreht, um es seiner These anzupassen. Um nur ein Beispiel von vielen zu nennen: Er behauptet, ein Grundzug der griechisch-römischen Kultur sei der Mangel jeglichen Zeitsinns; man kümmerte sich nicht um die Vergangenheit oder Zukunft, und deshalb (im Gegensatz zu den Ägyptern, die ein sehr ausgeprägtes Zeitbewußtsein hatten) errichteten sie für ihre Toten keine Gräber. Spengler scheint vergessen zu haben, daß in Rom allwöchentlich im Mausoleum des Augustus Orchesterkonzerte stattfanden; daß das Grab des Hadrian jahrhundertelang den Päpsten als Festung diente und daß die antiken Straßen kilometerlang außerhalb der Städte von der größten Gräbersammlung der Welt umsäumt werden. Selbst die Positivisten des 19. Jahrhunderts haben in ihren fehlgeleiteten Versuchen, die Geschichte zu einer Naturwissenschaft zu reduzieren, die rücksichtslose Verfälschung der Tatsachen nicht weiter getrieben.[14]

Der vermutlich einflußreichste unter den lebenden Geschichtsphilosophen ist Arnold Toynbee[15], Autor eines vielbändigen Werkes *A Study of History*. Man beachte den Titel, denn schon hier zeigt sich ein fundamentaler Unterschied zwischen Spengler und Toynbee: Toynbee präsentiert uns nicht »*die* Philosophie der Zeit«, sondern »*eine* Studie«; in diesem Sinne lehnt er die Anmaßung des absolutistischen Positivismus ab. In einer Diskussion mit Peter Geyl erklärte Toynbee:

Mir würde es nie träumen, den Anspruch erheben zu wollen, meine Interpretation sei die einzig mögliche. Ich bin sicher, daß es viele verschiedene Arten und Weisen gibt, die Geschichte zu analysieren, und jede von ihnen ist in sich selbst wahrheitsgemäß, soweit es eben geht, genauso wie man bei dem Sezieren eines Organismus seine Struktur erkenntlich machen kann, indem man entweder das Skelett enthüllt oder die Muskeln, die Nerven oder den Blutkreislauf. Keine einzige dieser Sezierungen enthüllt die ganze Wahrheit, aber jede von ihnen legt einen echten Aspekt frei.

Ich sollte sehr zufrieden sein, wenn es mir gelungen ist, einen echten Aspekt der Geschichte zu offenbaren, und selbst dann sollte ich meinen Erfolg daran messen, wie schnell mein Werk in der von mir begonnenen Richtung von anderen Arbeiten in meinem Gebiet überholt wird.[16]

Toynbee ist also kein Positivist, sondern ein Geschichtswissenschaftler insofern, als er nach allgemeinen Gesetzen sucht, die dem Ablauf der Geschichte Sinn verleihen und ihn verständlicher machen können.

Zu welchen Schlußfolgerungen ist er gelangt? Seiner eigenen Aussage nach liegt der »Schlüssel« zu seiner Interpretation der Geschichte in seinem Verständnis von Kulturen und Religionen.[17] Mit »Kultur« meint Toynbee »den kleinsten unterscheidbaren Bereich historischer Forschung«, d. h. ganze Gesellschaften – und nicht willkürlich ausgesuchte Fragmente wie die Völker des modernen Westens«.[18] Er nennt 34 Kulturen, darunter 13 »unabhängige« Kulturen, 15 »Satellitenkulturen« und sechs »fehlgeschlagene« Kulturen.[19] Jede von ihnen unterscheidet sich durch ein besonders hervorstehendes Motiv; die »Sinische« z. B., die ungefähr der Chinesischen entspricht, zeichnet sich durch eine tiefe Ehrfurcht vor der Familientradition aus. Diese Kulturen werden analysiert, um ihre Entstehung, ihr Wachstum und ihren Zusammenbruch zu verstehen. Um zu erklären, warum so viele Kulturen untergegangen sind, wartet Toynbee mit seiner Theorie von dem wechselseitigen Bezug von »Herausforderung und Antwort« (»Challenge and respouse«) auf. Im wesentlichen behauptet er, daß keine Kultur aus deterministischer Notwendigkeit heraus zugrunde geht, sondern weil die Reaktion auf die Herausforderungen unzureichend ist. Die westliche Zivilisation zum Beispiel sieht sich jetzt der Herausforderung des Atomkrieges gegenübergestellt, und unsere Antwort auf die Herausforderung könnte für unsere Gesellschaft Fortgang oder Untergang bedeuten. Hier führt Toynbee das aristotelische Prinzip von der Goldenen Mitte ein. Die Herausforderung, die die stärkste Reaktion hervorruft, darf weder zu stark sein (sonst würde sie jede Antwort entmutigen) noch zu schwach (sonst würde man sie nicht ernst genug nehmen); sie muß ein genaues Mittelmaß treffen, um ein Maximum an Reaktion hervorzurufen.

Eine Schlüsselrolle spielt bei Toynbee auch die Religion, vor allem in den späteren Bänden von *A Study of History*[20]. In der Religion sieht Toynbee die einzige schöpferische Möglichkeit, einer zerfallenen Gesellschaft produktiv zu entweichen. »...dann haben solche Gesellschaften, die man Kulturen nennt, ihre Funktion erfüllt, wenn sie eine reife Hochreligion geboren haben...«[21] Toynbee hofft, daß die Hochreligionen »insektenpuppenartige« Funktionen ausüben werden und somit eine »ökumenische Kultur der Zukunft« entsteht, die sich auf der Grundlage der westlichen Gesellschaft entwickeln wird, dabei aber immer mehr Beiträge von den heutigen nichtwestlichen Zivilisationen aufnimmt.[22] Er weigert sich, daran zu glauben, daß eine der vier »Hochreligionen«, die derzeit praktiziert werden (Buddhismus, Christentum, Islam und Hinduismus) »ein Monopol auf Wahrheit und Erlösung« hat; vielmehr hegt er »einen Glauben an die relative Wahrheit und relative Erlösungskraft aller Hochreligionen in gleichem Maße«.[23] Das Christentum spielt in der Welt von heute deshalb eine besondere Rolle, weil es in der westlichen Gesellschaft der vorherrschende Glaube ist, aber daraus ergibt sich seiner Meinung nach noch lange nicht, daß sein alleiniger Wahrheitsanspruch berechtigt ist, noch daß es notwendigerweise der fortschrittlichste religiöse Ausdruck des Menschen bleiben wird.

Eines der besten Zeichen für die Bedeutung von Toynbees Geschichtsphilosophie ist die erstaunlich große Anzahl von Kritiken, die über sie geschrieben worden sind. Man muß jedoch gleich hinzufügen, daß die große Mehrheit der Kommentare zu *A Study of History* ablehnend ist. Wir können natürlich unmöglich auf alle Argumente der Kritiker eingehen und wollen hier nur einen kurzen Überblick über die wichtigsten Einwände geben.

1. Wie Toynbee selbst freimütig gesteht, hat er die hellenische Kultur (sein Spezialgebiet) als Modell für die Interpretation anderer Kulturen benutzt. Aber es gibt keinen zwingenden Grund, warum gerade die griechische Kultur als Vorbild dienen sollte. Manchmal geht es soweit, daß Toynbee historische Tatsachen verdreht, um sie seinem Denkmodell anzupassen.[24]

2. Oft wählt Toynbee die Beispiele, die er diskutiert, so aus, daß sie in seine Theorien passen, anstatt umgekehrt seine Theorien den Tatsachen anzupassen.[25]

3. Weil er so sehr darum bemüht ist, eine allgemeine, synoptische Schau von der menschlichen Geschichte zu bekommen, ist seine Behandlung bestimmter historischer Einzelprobleme oft oberflächlich und irreführend.[26]

4. In den späteren Bänden von Toynbees Werken werden Ideen, die zunächst einmal vorsichtig als mögliche Interpretationen eingeführt wurden, immer mehr so behandelt, als seien sie feststehende Gesetzmäßigkeiten.[27]

19

5. Toynbee ist immer noch der Meinung, daß das Prinzip von Herausforderung und Antwort ein magischer Schlüssel zu dem Warum und Wie menschlicher Kreativität darstellt. Aber handelt es sich dabei um mehr als ein formales Prinzip (wie Hegels Dialektik), das uns keinen Leitfaden der Interpretation liefern kann?[28]

6. Toynbee bemüht sich nicht, Religionen als das zu sehen, was sie selbst sein wollen; insbesondere scheinen ihn die Ansprüche und die historische Einzigartigkeit des Christentums nicht zu kümmern.[29] Damit wendet sich Toynbees Art von Geistlichkeit, die man als Neo-Mahayana-Buddhismus bezeichnen könnte, gegen das Grundwesen der christlichen Botschaft.

Der Sumpf der Verzweiflung

Unser kurzer Überblick über die fünf bedeutendsten säkularen Geschichtsphilosophien der Neuzeit hat uns zu einer entmutigenden Schlußfolgerung gebracht: Weder Kant noch Hegel, Marx, Spengler oder Toynbee ist es gelungen, im Ablauf der Geschichte irgendeinen befriedigenden Sinn zu entdecken. Schlesingers ablehnende Haltung gegenüber monistischen Interpretationen der Geschichte scheint jetzt eher verständlich als zu Beginn unserer Diskussion. Schlesinger ist nur einer von vielen, die eine Antwort auf die Frage nach dem Ziel der Geschichte nicht für möglich halten, eine Tendenz, die ihre stärkste Ausprägung im logischen Positivismus findet, wie er vom »Wiener Kreis« und A. J. Ayer vertreten wird.

Ein konkretes Beispiel liefert das posthum veröffentlichte Werk des bekannten Mathematikers E. T. Bell, *The Last Problem* (»Das letzte Problem«), in dem er die Meinung äußert, unser atomares Zeitalter würde in der Katastrophe enden. Er stellt die Frage: »Welche Probleme, um deren Lösung unsere Rasse jahrhundertelang gerungen hat, werden noch offen sein, wenn die Dunkelheit über uns hereinbricht?« Er lehnt philosophische Grundfragen ab, denn »Realisten mag es verziehen werden, wenn sie vermuten, daß manche von ihnen Pseudoprobleme sind und nicht gelöst werden können«. Er beschließt, »sie beiseite zu lassen« und sich »nach anderen auf einer verständlichen Ebene umzusehen«.[30] Das Ergebnis? Sein »letztes Problem« ist das immer noch ungelöste mathematische Rätsel: Wenn n größer ist als 2, soll man beweisen (oder widerlegen), daß es keine Zahlen a, b, c gibt, die der Gleichung $a^n + b^n = c^n$ genügen.

Das Versagen zahlreicher Geschichtshistoriker wie Spengler und Toynbee hat viele bekannte Historiker und Geschichtsphilosophen zu der Überzeugung gebracht, die Geschichte aus allgemeinen Prinzipien zu erklären. So wurden Charles A. Beard und Carl Bekker zu historischen Pragmatikern, und Benedetto Croce und R. G. Collingwood lehnten »objektive wissenschaftliche« Geschichtsschreibung ab und betonten das künstlerische Wesen der Arbeit des Historikers – das Bedürfnis nach einem subjektiven, phantasievollen Wiedererleben der Vergangenheit.[31]

Es ist dann auch unvermeidlich, daß andere noch weiter gehen, wie der französische Existentialist Raymond Aron zum Beispiel, der behauptet, die Geschichte habe nicht etwa eine einzige Bedeutung, sondern eine »Pluralität von Interpretationssystemen« seien zulässig und der einzelne könne »die Relativität der Geschichte« nur durch »das Absolutum der Entscheidung überwinden«, das die »Macht des Menschen bestätigt, der sich selbst schafft, indem er seine Umwelt beurteilt und sich selbst wählt«.[32] Ein solch individualistischer, anthropozentrischer Relativismus, wie er übrigens auch Bultmanns Geschichtstheologie kennzeichnet, ist in Wirklichkeit ein Eingeständnis philosophischen Unbehagens angesichts wiederholten Versagens in der Suche nach dem Sinn der geschichtlichen Ereignisse.[32]

Neben diesem intellektuellen »Sumpf der Verzweiflung« des 20. Jahrhunderts finden wir ein verzweifeltes, emotionales Bedürfnis vor, im historischen Unternehmen des Menschen einen Sinn zu finden. Das läßt sich bestens an dem veränderten Zeitverständnis des modernen Menschen zeigen. In der Antike wurde die Zeit als etwas Positives dargestellt. So urteilt der große Kunsthistoriker Erwin Panofsky, der sich eingehend mit diesem Gebiet beschäftigt hat:

»Nirgendwo findet man in diesen antiken Darstellungen das Stundenglas, die Sense oder Sichel, die Krücken oder die Zeichen eines besonders fortgeschrittenen Zeitalters . . . In anderen Worten, die antiken Bilder für die Zeit sind entweder Symbole universaler Macht und unendlicher Fruchtbarkeit, aber nicht Symbole von Zerfall und Zerstörung.«[33]

Panofsky weist nach, daß eine Personifizierung der dynamischen klassischen Zeit mit der furchterregenden Figur des Saturn in der humanistischen Renaissance erfolgte – damals entstand also das Image von der Zeit als Zerstörer. Und heute? Die Zeichnungen vom Riesen Zeit weisen fast nichts von der schöpferischen Kraft ihrer antiken Gegenstücke auf; für uns ist die Zeit ein Symbol des Zerfalls, dem alles Leben unterworfen ist. So erinnert uns die Figur vom »Vater Zeit« an den Bankrott unserer modernen Versuche, der Geschichte einen Sinn zu verleihen, und dennoch deutet die Beständigkeit dieser Personifizierung auf das weiterhin bestehende Bedürfnis der Menschheit hin, an die Zeit als eine Person zu denken – als ob es jemanden gäbe, der das ganze geschichtliche Geschehen plant und reguliert.

Und die moderne Antwort auf eine angeblich unheilbare Sinnlosigkeit der Geschichte? Denis Baly beschreibt zwei verschiedene Reaktionen: die Erfindung von Mythen, um die Geschichte zu »erklären«, und den Versuch, die Geschichte der diktatorischen Kontrolle des Menschen zu unterwerfen.

In einer solchen Situation des Zerfalls reagiert der Mensch auf zwei widersprüchliche Weisen. Auf der einen Seite versucht er, mit aggressiven Handlungen Ereignisse herbeizuführen, um damit zu zeigen, daß er sie zumindest teilweise unter der Kontrolle hat; und auf der anderen Seite unterwirft er sich den Ereignissen, zieht sich in eine schützende und selbstauslöschende Tarnung zurück, um somit der brutalen Aufmerksamkeit des Schicksals zu entrinnen. Auf lange Sicht bleiben jedoch beide Reaktionen ziemlich wirkungslos, und beide sind äußerst demütigend...

Eine seltsame Sitte in den Dörfern des Nahen Ostens können wir vielleicht als Beispiel zitieren. Jedesmal, wenn es eine Sonnenfinsternis gibt, kommen die Kinder auf die Straßen und schlagen Töpfe und Pfannen zusammen, »um den Wal zu verjagen, der die Sonne verschluckt«. Was hier zu einem Kinderspiel geworden ist, ist jedoch ein Überbleibsel von einer der ältesten religiösen Vorstellungen der Welt, der Glaube, daß die Götter der Schöpfung den Drachen des Chaos besiegten und als Symbol der Ordnung die Sonne und den Mond schufen und sie ihre Funktionen regelmäßig ausführen ließen. Aber die Menschen waren stets von der Furcht gepackt, das Chaos könnte zurückkehren, und sobald die Hauptsymbole der Ordnung scheinbar angegriffen wurden, hoben sie die Waffen gegen den Drachen aus Furcht, er sei schließlich doch noch nicht tot. Es war ihnen nicht genug, für die Geschichte eine Erklärung gefunden zu haben; sie mußten sie stets beobachten und kontrollieren, damit das Chaos und die Sinnlosigkeit nicht wiederkehrten.[34]

Gute Beispiele für diese beiden Reaktionen liefern der marxistische Kommunismus und der »American Way of Life«. Aber hiermit kommen wir auf unsere ursprüngliche Frage zurück: Welche Bedeutung können wir geschichtlichen Ereignissen beimessen, was ist ihr Endziel? Können wir in der Geschichte einen echten Sinn finden und damit den Konsequenzen unrealistischer Traumvorstellungen entrinnen?

Bevor wir irgendwie weiterkommen können, müssen wir genau untersuchen, warum die säkularen Philosophien, die wir diskutiert haben, gescheitert sind. Die Versuche von Kant, Hegel, Marx, Spengler und Toynbee – und im übrigen die aller großen säkularen Geschichtsphilosophen – sind, selbst wenn sie das nicht erreichen, was sie eigentlich wollten, von unschätzbarem Wert, denn sie ermöglichen es uns, zu erfahren, welche Fehler man vermeiden muß, um zu einer gültigen Interpretation der gesamten Geschichte zu gelangen.

Was sind die hervorstechendsten Mängel der Geschichtsphilosophien, mit denen wir uns auseinandergesetzt haben? Zunächst einmal kann man nicht zeigen, daß der Ausgang der Geschichte, den sie für notwendig halten (z. B. Hegels Freiheit, Marx' klassenlose Gesellschaft, Toynbees ökumenische Kultur), tatsächlich notwendig ist. Zweitens: Ihre Voraussagen beruhen stets auf Werturteilen (z. B. Hegels Idealismus, Marx' Materialismus, Spenglers Vorzug für den Instinkt und seine Ehrfurcht vor der Tradition), ohne daß sie je in der Lage wären, sie aus allgemeinen Prinzipien zu begründen. Drittens: Ihren Theorien liegt stets ein ungerechtfertigtes, unbegründbares Menschenbild zugrunde (z. B. das optimistische Menschenbild von Kant, Hegel und Toynbee, das zweideutige Menschenbild von Marx und das pessimistische Menschenbild von Spengler). Viertens werden stets ohne Begründung bestimmte Prinzipien vorausgesetzt (z. B. Hegels Vorstellung, daß die gewöhnlichen Prinzipien von »richtig« und »falsch« auf »große Männer« nicht anzuwenden sind; Marx' Überzeugung, der Zweck heilige die Mittel, die klassenlose Gesellschaft rechtfertige die Revolution).

Was haben diese vier Fehler gemeinsam? Sie alle weisen auf das Fehlen einer absoluten historischen Perspektive hin, was durch die Endlichkeit des Menschen bedingt ist. Man bedenke: da der Mensch in der Geschichte einen bestimmten Platz einnimmt und nicht in die Zukunft blicken kann, ist es ihm völlig unmöglich zu zeigen, daß seine Geschichtskonzeption eine dauerhafte Gültigkeit haben wird. Aus dem gleichen Grund – weil er das menschliche Drama in seiner Totalität nicht überblicken kann – ist es ihm völlig unmöglich, zu wissen, was in der gesamten Geschichte der Menschheit von einem absoluten Standpunkt aus wirklich von Bedeutung ist. Da er sich selbst nur mit einem Bruchteil aller Mitglieder der menschlichen Rasse (die in Vergangenheit, Gegenwart und Zukunft gelebt haben oder leben werden) bekanntmachen kann, hat seine Anschauung vom Wesen des Menschen nur einen begrenzten Wert und ist keinesfalls eine ausreichende Basis für eine historische Verallgemeinerung.

Jetzt sehen wir vielleicht, warum uns die Hegelsche Anschauung von den vier »welthistorischen Reichen« (dem orientalen, griechischen, römischen – und dem germanischen als Ziel des Geschichtsablaufs) so lächerlich erscheint, aber von ihm in aller Ernsthaftigkeit vertreten wurde. Von der Warte des frühen 19. Jahrhunderts schien das Schicksal auf der Seite der germanischen Völker zu sein. Gegenwärtig sieht die Situation wesentlich anders aus. Das grundsätzliche Problem wird somit klar: Da ja kein Historiker, Philosoph oder sonstwer »in einem kleinen Häuschen am Straßenrand« sitzt und zusieht, wie die Geschichte an ihm vorübergeht, kann auch niemand, vom innerweltlichen Standpunkt aus gesehen, die Frage nach dem Ziel der Geschichte beantworten. Wir sind alle »unterwegs«. Wir werden nie alles über unsere Vergangenheit wissen, und unsere Zukunft ist recht ungewiß. In diesem Dilemma spielten die Geschichtsphilosophen oft die Rolle des Blinden, der die Blinden anführt.

Gibt es einen Ausweg? Gibt es eine Antwort auf die Frage nach dem Sinn der Geschichte – eine Frage, auf die in jeder Epoche nach einer Antwort gesucht worden ist und die besonders heute nach einer Antwort verlangt? Es gibt allerdings eine Antwort, aber es ist nicht möglich, daß wir sie allein aus unserer menschlichen Situation heraus finden, denn die menschliche Perspektive des Geschichtsablaufs ist begrenzt. Was wir brauchen ist – im Science-Fiction-Jargon – eine »Invasion aus dem Weltall«.

Um konkreter zu werden: Nehmen wir einmal an, daß der gesamte Geschichtsablauf einem Gott bekannt wäre, der ihn und die Menschen, die daran teilnehmen, gewollt und geschaffen hat. Wenn das der Fall wäre, wäre es doch denkbar, daß dieser Gott auf irgendeine Weise in den Bereich des Menschen eintreten würde, um ihm zu erklären, was dabei wichtig und was bedeutungslos ist, um ihn über die wahre Natur der menschlichen Teilnehmer aufzuklären und gültige ethische Werte zu vermitteln und Ursprung und Ziel des geschichtlichen Dramas zu offenbaren. Dann könnte die Frage nach dem Ausgang der Geschichte erfolgreich und sinnvoll beantwortet werden. Ein gigantisches »Wenn!« werden Sie vielleicht sagen und haben damit auch recht. Aber genau das ist die zentrale Behauptung der christlichen Religion: daß Gott *tatsächlich* in den Bereich des Menschen eingetreten ist – in der Person von Jesus Christus – und *tatsächlich* den Menschen in Berührung mit ewigen Werten gebracht hat. »Gott war in Christus«, sagt die christliche Verkündigung, »um die Welt mit sich zu versöhnen« (2. Kor. 5, 19).

Was ist denn nun das christliche Geschichtsverständnis, und wie läßt es sich prüfen? Am besten kann man das vielleicht an dem dreifachen Werk des christlichen Gottes verstehen, wie es sich in seiner dreieinigen Natur offenbart. Der Gott des christlichen Glaubens offenbart sich als Vater, Sohn und Heiliger Geist – als Schöpfer, Erlöser und Heiliger des historischen Lebens des Menschen. Das christliche Geschichtsverständnis kann man sich als eine Linie vorstellen, die mit der Schöpfung anfängt, in deren Mitte sich der Erlösungsakt Gottes in Jesus Christus befindet und die im heilenden Gericht endet.

Karl Löwith hat das christliche Geschichtsbild sehr gut als »geradlinig, aber zentriert«[35] bezeichnet, im Gegensatz zu dem alten griechischen Glauben an die hoffnungslose zyklische Wiederholung der Zeitalter.

Weil Gott der Schöpfer und der Erhalter der Geschichte ist, ist jeder Akt des historischen Dramas bedeutungsvoll. So versicherte Jesus den Menschen: »Kauft man nicht zwei Sperlinge um einen Pfennig? Dennoch fällt deren keiner auf die Erde ohne euren Vater... darum fürchtet euch nicht; ihr seid besser als viele Sperlinge« (Matth. 10, 29). Es gibt kein Ereignis in der Geschichte, daß so unbedeutend ist, daß sich der Vater im Himmel nicht darum kümmert. In der Tat, wie der Reformator Calvin auf der Grundlage klarer biblischer Lehre erklärte, Gott ist der souveräne Herr der Geschichte. Er ist nicht, »wie sich manche Sophistiker vorstellen, tatenlos und fast schlafend, sondern ständig in Aktion«.[36] Die christliche Schöpfungslehre nimmt somit jeglichem historischen Nihilismus den Wind aus den Segeln.

Der christliche Gott ist auch ein Gott der Erlösung. Die christliche Offenbarung lehrt, daß die gesamte menschliche Rasse der Selbstsucht verfallen ist, und daß diese nicht von den Menschen selbst geheilt werden kann. Wie Luther es ausgedrückt hat, der Mensch ist *incurvatus in se* (»In sich auf sich selbst hin verbogen«) und hält deshalb seine eigenen Interessen – ob auf persönlicher oder nationaler Ebene – für wichtiger als die von anderen. Auf der Grundlage dieses christlichen Realismus formulierte der große englische Historiker Lord Acton sein Axiom: »Macht korrumpiert, absolute Macht korrumpiert absolut.« Aber der Gott des christlichen Glaubens sah den Menschen in dieser verzweifelten Notlage und kam in der Person von Jesus Christus in die menschliche Situation, mit der Absicht, das egozentrische Dilemma des Menschen zu lösen. Indem Jesus ein Leben völliger Selbstlosigkeit lebte, konnte er tun, was ein bloßer Mensch nie tun könnte: die Verfehlungen anderer Menschen auf sich nehmen, zusammen mit der Todesstrafe, die diese Sünden verdienten. Durch seinen Tod und seine Auferstehung hat er die Macht von Sünde und Tod besiegt und alle Mitglieder der menschlichen Rasse befreit, die ihre Not erkennen und akzeptieren, was er für sie getan hat. Dieser große Akt aufopfernder Liebe wird zum Mittelpunkt der Geschichte, an ihm läßt sich die Bedeutung aller anderen Handlungen messen. Dadurch wird eine absolute Ethik der Liebe geschaffen, die alle Menschen zusammen in der Liebe vereint, denn Christus starb für alle, ohne Ausnahme.

G. Kitson Clark kommentiert die Bitte des gekreuzigten Jesus: »Vater, vergib ihnen, denn sie wissen nicht, was sie tun« folgendermaßen:

Dieser Satz sollte am Anfang aller Geschichtsbücher erscheinen, als Gebet und als Feststellung einer Tatsache. Er ist nicht die Verleugnung der Existenz oder Macht des Bösen: in diesem Augenblick wäre eine solche Verleugnung unmöglich gewesen. Es handelt sich auch nicht um eine Verleugnung des geistigen oder physischen Schmerzes, der vom Bösen verursacht wird. Das zu leugnen wäre in diesem Augenblick auch nicht möglich gewesen. Aber jener Schmerz wurde nicht denen angerechnet, die das Böse verursacht hatten: er wurde von dem Richter akzeptiert, getragen und ausgelöscht. Durch eine solche Handlung wurden die Bande der Sünde, die die Welt gefangen hielten, zerschnitten.

Ich kann Ihnen nicht erklären, was das bedeutet, aber ich kann folgendes sagen: Dies ist nicht nur ein Ereignis von ewiger Bedeutung, es ist auch ein Beispiel, das man nachahmen sollte . . . Es ist notwendig, sich mit dem gemeinsamen Los der Menschheit zu identifizieren, bis man, wie Popes Spinne, »in jedem Faden Gefühl hat und an der Linie entlang lebt«. Dennoch sind die Anstrengung und der Schmerz, mit göttlicher Hilfe, der Weg zur Freiheit.[37]

Die Bibel spricht auch von dem Gericht Gottes: Sein Heiliger Geist wird »der Welt die Augen auftun über die Sünde und über die Gerechtigkeit und über das Gericht« (Joh. 16, 8). Überall in der menschlichen Geschichte hat Gott die Taten der Menschen gerichtet. Wie Calvin sagte:

Er demütigte die stolzen Menschen von Tyrus durch die Ägypter, die Hochmütigkeit der Ägypter durch die Assyrer, die Überheblichkeit der Assyrer durch die Chaldäer, das Selbstvertrauen von Babylon durch die Meder und Perser, nachdem Kyrus die Meder unterworfen hatte. Er bestrafte die Undankbarkeit der Könige von Israel und Juda und ihre gottlose Rebellion, trotz der Gunst, die er ihnen erwiesen hatte, manchmal durch die Assyrer, manchmal durch die Babylonier . . . Welche Meinung man sich auch über die Handlungen von Menschen bilden mag, der Herr benutzte sie, um sein Werk zu tun, aber die blutrünstigen Zepter hochmütiger Könige zerbrachen.[38]

Natürlich kann man nicht alle geschichtlichen Ereignisse so einfach wie diese hier als Vollstreckung göttlichen Gerichts deuten. Jedoch Augustin sah im Zusammenbruch des dekadenten Rom ganz klar Gottes Hand am Werk, und wir sehen sie heute in der Vernichtung des dämonischen Faschismus des Dritten Reiches. Der christliche Glaube bestätigt, daß dieses Gericht Gottes in der gesamten Geschichte zum Zuge kommt, denn »was ein Mensch sät, das wird er ernten«. Auch wenn ihm jetzt noch nicht alle Zusammenhänge klar sind, so kann der Christ doch mit einer der Hauptfiguren in Thornton Wilders Roman *The Cabala* sagen: »Glauben sie etwa, die (skeptischen) Narren, ihre Beobachtung sei besser als die Erfindungen eines Gottes?«

Die Geschichte der Menschheit bewegt sich auf ein Endgericht hin, bei dem das Böse des menschlichen Egoismus schlußendlich und endgültig beseitigt wird. »Es ist aber nichts verborgen, was nicht offenbar werde, noch heimlich, was man nicht wissen werde. Darum, was ihr in der Finsternis saget, das wird man im Licht hören, was ihr redet ins Ohr in den Kammern, das wird man auf den Dächern ausrufen« (Lukas 12, 2–3).

Dieses Versprechen eines endgültigen Gerichtes am Ende der Zeit gibt dem christlichen Geschichtskonzept eine Richtung und einen letzten Sinn. Jeder Augenblick des Lebens eines Christen muß dann existentiell im Licht von John Donnes Frage gelebt werden: »Was wäre, wenn heute nacht die letzte Nacht der Welt wäre?«[39]
Das Ende der Zeit kann nicht berechnet werden, aber die Tatsache dieses Endes ist gewiß. Für den Christen ist das kein Schrecken, sondern eine Hoffnung, denn nicht nur findet dann die endgültige Abrechnung statt, sondern er wird auch seinem Gott und Retter von Angesicht zu Angesicht begegnen, er wird den sehen, der einst für ihn starb, um ihn von der Hölle des Selbst zu befreien und ihm zu vollkommener Freiheit in Christus zu verhelfen.

Können wir nun wissen, daß unsere Vorstellung wirklich der Wahrheit entspricht, daß es nicht nur ein Mythos ist, wie das Geklapper mit den Pfannen, um »den Wal zu verscheuchen, der die Sonne verschluckt?« In der Tat, wir können. In den nächsten beiden Kapiteln werde ich mich genauer mit den objektiven, historischen Tatsachen auseinandersetzen, die ich hier nur kurz zusammenfassen möchte:[40]

1. Auf der Basis allgemein akzeptierter Prinzipien textlicher und historischer Analyse läßt sich zeigen, daß die Evangelien verläßliche

historische Dokumente sind – die primären Quellen über das Leben Christi.

2. In diesen Quellen werden Jesus göttliche Privilegien zuteil, er behauptet, Gott »im Fleisch« zu sein. Die Wahrheit seiner Behauptungen macht er von seiner kommenden Auferstehung abhängig.

3. In allen vier Evangelien wird die körperliche Auferstehung Christi in allen Einzelheiten geschildert; die Auferstehung Christi beweist seine Göttlichkeit.

4. Die Tatsache der Auferstehung kann nicht aus philosophischen Gründen a priori abgelehnt werden; Wunder sind nur dann möglich, wenn sie so definiert werden – aber eine solche Definition schließt eine vernünftige geschichtswissenschaftliche Untersuchung von vornherein aus.

5. Wenn Christus Gott ist, dann spricht er die Wahrheit in bezug auf die absolute göttliche Autorität des Alten Testamentes und des bald danach geschriebenen apostolischen Neuen Testamentes; die Wahrheit über seinen Tod für die Sünden der Welt und über das Wesen des Menschen und der Geschichte.

6. Aus all dem bisher Gesagten ergibt sich, daß alle biblischen Aussagen in bezug auf die Philosophie der Geschichte als geoffenbarte Wahrheit angesehen werden müssen und daß alle menschlichen Versuche einer Interpretation der Geschichte in bezug auf ihren Wahrheitsgehalt an ihrer Übereinstimmung mit biblischer Offenbarung zu messen sind.

Es gibt aber noch eine andere Art und Weise, die Behauptungen und Ansprüche Christi zu prüfen, und damit möchte ich schließen. Er versprach: »Wer bereit ist, Gott zu gehorchen, wird merken, ob meine Lehre von Gott ist, oder ob ich meine eigenen Gedanken vortrage« (Joh. 7, 17). Der Apostel Paulus berichtet uns unter göttlicher Eingebung: »So kommt der Glaube aus der Predigt, das Predigen aber durch das Wort Christi« (Röm. 10, 17).

Das bedeutet: Wenn jemand ehrlich die Wahrheit über Christi Behauptungen erkennen will, braucht er sich bloß mit Gottes Wort in der Schrift in Berührung zu bringen, und Gottes Wort wird sich in seiner persönlichen Erfahrung als richtig erweisen. Erforderlich ist lediglich, daß man seinen Unglauben aufgibt: »Herr, ich glaube, hilf meinem Unglauben.« Ich kann sagen, daß ich nie jemandem begegnet bin, der dieses Gebet des Zweiflers gebetet hat, ohne daß es positiv beantwortet worden wäre.

Als die römische Welt zusammenfiel und mit ihr die gesamte westliche Zivilisation zusammenbrach, stand den Menschen vor Angst das Herz still. In dieser Situation sprach Cyprian für sich und die anderen Christen das Wort: »Wir wollen inmitten der Ruinen der Welt aufrecht stehen und nicht auf dem Boden liegen wie die, die keine Hoffnung haben.«[41]

Heute stehen wir einer Welt gegenüber, die in vielen Dingen der Zeit Cyprians unangenehm ähnlich ist. Säkulare Geschichtsphilosophen können uns nicht helfen, weil sie selbst von ihrer Zeit gesteuert sind. Aber der Eine, der vor 2000 Jahren auf dem Kreuz aufrecht stand, und der heute unser Leben verändern kann – und der mit Sicherheit in Herrlichkeit wiederkehren wird, um über die Lebenden und Toten zu richten, er kann uns aus dem Staub heben und uns eine Hoffnung geben, die nie enttäuscht wird.

Kapitel 2

Jesus Christus und die historische Forschung

Teil I

Was weiß der Historiker über Jesus Christus?

Die frühesten Berichte, die wir von dem Leben und dem Dienst Jesu haben, vermitteln den Eindruck, daß dieser Mann weniger umherwandelte und Gutes tat, sondern vielmehr anderen mächtig auf die Nerven ging.

Die Parallele zu Sokrates ist hier nicht zu übersehen: Beide reizten ihre Zeitgenossen derart zur Wut, daß sie schließlich hingerichtet wurden. Aber während Sokrates zur »Selbsterkenntnis« mahnte, schockte Jesus seine Zeitgenossen damit, daß er ständig von ihnen verlangte, zu erkennen, wer *er* sei. »Wer sagen die Leute, daß ich sei? Was haltet ihr von Christus? Wessen Sohn ist er?« – das waren die Fragen, die Christus stellte. Und es scheint ganz klar zu sein, daß der Fragesteller nicht deshalb fragte, weil er die Antwort wissen wollte, weil er vielleicht selbst nicht wußte, wer er war und ihm jemand hülfe, es herauszufinden! Ganz im Gegenteil, Jesus war sich seines eigenen Seins voll bewußt, wenn er die Frage stellte: »Wer bin ich?« Er wollte durch seine Fragen erreichen, daß die anderen auch erkannten, wer er war.

In diesem Kapitel möchte ich Jesu irritierende Fragen über ihn selbst noch einmal stellen: Wer war er? Wer behauptete er zu sein? Gibt es irgend etwas, das die Wahrheit seiner Ansprüche bestätigt? Zunächst einmal will ich die historische Grundlage für unser Wissen vom Leben Jesu und für seine Behauptungen diskutieren. Danach können wir seine Ansprüche genau formulieren und zeigen, wie sie bewiesen wurden – durch die Auferstehung.

Obwohl diese Themen stets heftig umstritten sind (und das ist immer so gewesen, denn sie verlangen unvermeidlicherweise ein neues Durchdenken der persönlichen Weltanschauung), ist es mir durchaus ein Vergnügen, sie zu diskutieren; denn einst, als ich ein Philosophiestudent an der Cornell University war, mußte ich mich durch diese Probleme hindurchkämpfen – und das Ergebnis war, daß ich mich zum christlichen Glauben bekehrte. Wie Professor C. S. Lewis in Cambridge wurde ich »kämpfend und um mich tretend«[1] durch das historische Beweismaterial für Christi Behauptungen in das Reich Gottes gebracht; meine Erfahrung hat dann das, was ich zunächst nur intellektuell akzeptierte, vollauf bestätigt.

Der unmittelbare Anlaß für dieses Kapitel ist folgender. Am 26. November 1962 hielt Dr. Avrum Stroll vom Fachbereich Philosophie der Universität von British Columbia einen Vortrag mit dem Titel: »Hat es Jesus wirklich gegeben?« Prof. Strolls Bemerkungen fanden weithin Beachtung, und ich habe dazu in der Presse eine Stellungnahme veröffentlicht. Seine Meinung, die ich vom geschichtswissenschaftlichen Standpunkt aus für unhaltbar halte, wird im letzten Satz seines Vortrags zusammengefaßt:

»Eine Ansammlung von Legenden wuchs um diese Figur (Jesus), wurde von mehreren Nachfolgern der Gruppe in den Evangelien aufgezeichnet und durch Paulus schnell über die ganze Mittelmeerwelt verbreitet. Aus diesem Grunde ist es völlig unmöglich, diese legendären Elemente in der Schilderung von der Person Jesu von denen, die tatsächlich der Wahrheit entsprechen, zu trennen.«

Meiner Meinung nach beruht Strolls Schlußfolgerung auf vier ernsten geschichtswissenschaftlichen und philosophischen Fehlern, und wir werden uns gleich näher damit beschäftigen. Aber ich möchte zunächst einmal feststellen, daß Prof. Stroll und ich uns in einem Punkt völlig einig sind. Entgegen der Meinung des Präsidenten des Philosophischen Klubs der Universität, Briggs, der nach der Vorlesung erklärte: »In Wirklichkeit halten wir diese Fragen über Atheismus oder Jesus nicht für sehr wichtig, im Vergleich etwa zu der Frage, ob uns die Brennstoffe der Erde ausgehen« – halte ich die Frage, mit denen sich Dr. Stroll beschäftigt, für ungeheuer wichtig.

Selbst wenn nur ein Bruchteil jener Behauptungen, die Jesus Christus über sich selbst und seine Jünger über ihn aufstellten, zutreffen, dann sieht sich der Unvoreingenommene mit einer »Erschütterung der Fundamente« (so Tillich) konfrontiert. Er wird genötigt, seine persönliche Weltanschauung völlig neu zu durchdenken. Andererseits, wenn die Aussagen über Jesus unbegründet sind, hatte der Apostel völlig recht mit seinem Satz: Ist Christus nicht auferstanden, . . . so sind wir die elendesten unter allen Menschen (1. Kor. 15, 14–19).

Scharfsinnige Beobachter unserer neurotischen Epoche scheinen sich mehr um den Mangel an Geist und geistlichen Menschen zu sorgen, als um das Versiegen der Energiequellen. Und die Frage der historischen Gültigkeit der Behauptungen Jesu hat direkt mit dem religiösen Bankrott des 20. Jahrhunderts zu tun. Trotz unserer radikal unterschiedlichen Standpunkte bezüglich der *de facto*-Gültigkeit des historischen Bildes, das uns von Jesus Christus präsentiert wird, glaube ich doch, daß Dr. Stroll mir zustimmen würde, wenn ich mich der folgenden Aussage von Millar Burrows (Yale), dem Erforscher der Schriftrollen vom Toten Meer, anschließe:

Es gibt eine Art von christlichem Glauben, der die Dogmen des christlichen Glaubens als Bekenntnissätze ansieht, die der einzelne als Mitglied der glaubenden Gemeinschaft akzeptiert, obwohl sie mit vernünftiger Erkenntnis oder belegbaren Fakten nichts zu tun haben. Wer eine solche Meinung vertritt, will nicht zugeben, daß historische Untersuchungen irgend etwas über die Einzigartigkeit Christi aussagen können. Sie denken skeptisch über die Möglichkeit, überhaupt etwas über den historischen Jesus zu wissen. Ich kann mich mit einer solchen Haltung nicht einverstanden erklären. Ich bin tief davon überzeugt, daß die historische Offenbarung in Jesus von Nazareth der Eckstein jedes wahrhaft christlichen Glaubens sein muß. Jede historische Frage über den wahren Jesus, der vor 19 Jahrhunderten in Palästina lebte, ist deshalb von grundlegender Bedeutung.[2]

Die vier grundlegenden Fehler von Avrum Stroll

Was stimmt nun eigentlich an der Behauptung Strolls, daß die uns zugänglichen Berichte über Jesus »eine Mischung aus Tatsache und Legende sind, die sich nicht mehr zuverlässig entwirren lassen?« Seine Argumentation scheitert an vier methodischen Fehlern, von denen zwei geschichtswissenschaftlicher und zwei philosophisch-logischer Natur sind. Dadurch werden seine Schlußfolgerungen nicht nur auf historischer und philosophischer Ebene ungültig, sondern auch im theologischen Bereich; denn christliche Theologie ist von Logik und Geschichte nicht zu trennen. Ich möchte gleich dazu bemerken, daß es mir nicht darum geht, Strolls theologische Fähigkeiten zu beurteilen, vielmehr will ich darauf hinweisen, daß er geschichtswissenschaftlich unsauber vorgeht und philosophische Schnitzer macht, die schwer begreiflich sind.

(1) Bei der Untersuchung der Zuverlässigkeit neutestamentlicher Quellen beruft sich Prof. Stroll fast ausschließlich auf die Meinungen moderner »Experten«. Wissenschaftlich könnte man sein Vorgehen nur dann nennen, wenn er sich mit den Dokumenten selbst auseinandersetzte, anhand der allgemein akzeptierten historischen und literarkritischen Methoden. Prof. Stroll selbst schrieb in seiner

populären Einführung in die Philosophie[3]: »*Die Zuverlässigkeit einer Behauptung entscheidet nicht die Berühmtheit eines Fachmannes, sondern vielmehr das Anführen von Beweismaterial, das die Behauptung entweder bestätigt oder widerlegt.*«

Die »Fachleute«, die Prof. Stroll zitiert, gehören stets einer bestimmten Richtung an, nämlich dem radikalen Strang der neutestamentlichen Kritik, die von rationalistischen Voraussetzungen des 19. Jahrhunderts ausgeht (wie z. B. Albert Schweitzer), oder der formgeschichtlichen Schule von Dibelius und Bultmann – ein Ansatz, der heute in der biblischen Forschung vielfach als irreführend und überholt gilt. A. H. McNeill, vom Trinity College, Dublin, und C. S. C. Williams vom Merton College, Oxford, präsentieren in ihrem Buch »*Introduction to the Study of the New Testament*«[4] (»Einführung in das Studium des Neuen Testaments«) sieben äußerst harte Kritiken an dem Ansatz der formgeschichtlichen Methode. Wir werden uns mit einigen dieser Kritiken am Ende dieses Kapitels beschäftigen. Prof. Stroll allerdings sind solche Kritiken anscheinend völlig unbekannt.

(2) Stroll vernachlässigt die Primärdokumente in der Geschichtswissenschaft unverzeihlich. Die frühesten Berichte der Christenheit, die wir besitzen, sind nicht die Evangelien, sondern die Briefe des Paulus. Diese fertigt Prof. Stroll in seinem 20seitigen Vortrag in neun Zeilen ab, mit der bemerkenswerten Begründung, daß »alle von ihnen irgendwann einmal bezüglich ihrer Echtheit in Frage gestellt worden sind« und daß »Paulus Jesus niemals begegnet ist«. Die Tatsache ist, daß es kaum irgendeinen kompetenten Theologen gibt, der die Autorschaft der paulinischen Briefe leugnen würde (mit Ausnahme der Pastoral-Briefe und des Epheserbriefes). Die Tatsache, daß Paulus selbst nicht zu den ursprünglichen Jüngern Jesu gehörte, ist von untergeordneter Bedeutung, wenn wir bedenken, daß der Verfasser eines der vier Evangelien (Lukas) auch die Apostelgeschichte schrieb, in der alle Anstrengung unternommen wird zu zeigen, daß die zwölf Apostel sich darüber einig waren, daß die Verkündigung des Paulus über Jesus mit dessen eigenen Lehren, an die sie sich noch erinnerten, übereinstimmte.

(3) Prof. Stroll verstößt ein zweites Mal gegen seine eigenen Regeln philosophischer Beweisführung. So lesen wir in seinem Buch: »Ein Zirkelschluß liegt dann vor, wenn die gleiche Aussage sowohl als Voraussetzung als auch als Schlußfolgerung gebraucht wird, oder wenn eine der Voraussetzungen nicht begründet werden kann, wenn man nicht zuerst die Schlußfolgerung als wahr annimmt.«

Welchen Zirkelschluß finden wir in Prof. Strolls eigener Darstellung des Lebens Jesu? Er schreibt: »Selbst wenn es einen Grund gäbe zu glauben, daß Teile des Materials (der Evangelien) von Augenzeugenberichten von Jesu Leben stammen, so macht das Anwachsen der Legenden, die Beschreibung der Wunder, die Jesus vollführt haben soll, es sehr schwer, wenn nicht unmöglich, von ihnen irgendein verläßliches Zeugnis über die beschriebenen Ereignisse zu erhalten.« Hier erklärt Dr. Stroll, daß *ganz gleich*, ob es sich um Augenzeugenberichte handelt oder nicht, die Berichte der Evangelien nicht echt sein können, weil sie berichten, daß Jesus Wunder vollbracht habe. Aber wie weiß man denn, ob Jesus tatsächlich Wunder vollbrachte oder nicht, wenn nicht durch Untersuchung der Primärquellen? Hier argumentiert Stroll im Kreise, denn er setzt von vornherein voraus, daß Jesus in der Tat keine Wunder vollbracht hat. C. S. Lewis beantwortete das alte Argument von Hume in seinem bereits klassischen Werk über Wunder:

Nun müssen wir natürlich mit Hume übereinstimmen, daß, wenn es eine absolut »einmütige Erfahrung« gegen Wunder gibt, in anderen Worten: wenn nie welche vorgekommen sind, wir dann fragen müssen: wenn nie welche vorgekommen sind, wir dann fragen müssen: Warum haben sich niemals Wunder ereignet? Unglücklicherweise jedoch können wir nur dann wissen, daß die Erfahrung einhellig gegen Wunder spricht, wenn wir wissen, daß alle Wunderberichte falsch sind. Und wir können nur dann wissen, daß alle Wunderberichte falsch sind, wenn wir bereits wissen, daß es nie irgendwelche Wunder gegeben hat. Wir argumentieren also im Kreise.[5]

Wie wir im nächsten Kapitel sehen werden, kann kein Geschichtswissenschaftler dokumentarisches Beweismaterial allein deshalb ablehnen, weil es sich um außergewöhnliche Ereignisse handelt, die dort berichtet werden. Wenn die Quellen genügend zuverlässig sind, dann müssen die bemerkenswerten Ereignisse als solche hingenommen werden, selbst wenn sie nicht durch Analogie mit anderen Ereignissen oder durch eine a priori-Vorstellung von natürlicher Kausalität erklärt werden können. L. J. McGinleys Kritik an Bultmann – auf den sich Dr. Stroll vor allem stützt – kann sehr gut auf Dr. Stroll selbst angewandt werden: »Jedesmal, wenn Bultmann den historischen Wert eines Abschnittes wegen seines übernatürlichen Inhaltes leugnet, hat er aufgehört . . . ein Historiker zu sein, der die Quellen untersucht . . . und seine Kritik hat keinen Wert für die Untersuchung der Evangelien.«[6]

Schließlich »erklärt« Prof. Stroll irrtümlicherweise das »unhistorische« Bild von Jesus im Neuen Testament als das Produkt »messianischen Fiebers«, das für die palästinensischen Juden, die unter dem Joch römischer Unterdrückung im ersten Jahrhundert n. Chr.

lebten, typisch gewesen wäre. Er vergleicht die »Messiasse« der Schriftrollen vom Toten Meer mit Jesus und behauptet: die »psychologische Unstabilität« der Zeit produzierte aus einem eschatologisch orientierten nazarenischen Lehrer mit Namen Jesus einen göttlichen Christus. Wie wir sehen, beweist eine solche Argumentation einen bedauerlichen und unentschuldbaren Mangel an Wissen über die jüdische Messiaserwartung zur Zeit Christi. Historisch kann man nachweisen, daß in jedem wesentlichen Punkt Jesu Selbstverständnis als Messias von allen Vorstellungen, die unter den Juden kursierten, radikal abwich, und im besonderen kann man ihn nicht mit dem essenischen »Lehrer der Gerechtigkeit« vergleichen, der in den Schriftrollen vom Toten Meer beschrieben wird. Weiterhin war die Verwandlung eines menschlichen Jesus in einen göttlichen Christus eine Aufgabe, zu der weder die apostolische Gemeinschaft noch Paulus psychologisch oder ethisch fähig waren – selbst wenn Jesus ihre stereotypen Messiaserwartungen erfüllt hätte, was er nicht tat. Es zeigt sich also, daß Prof. Strolls Vorgehen völlig unwissenschaftlich ist, und das Ergebnis ist dementsprechend.

Sind die Quellen des Neuen Testaments historisch zuverlässig?

Wir wollen uns jetzt mit einer der Hauptfragen beschäftigen, nämlich, ob die Dokumente des Neuen Testaments genügenden historischen Wert besitzen, um uns ein verläßliches Bild von Jesu Selbstverständnis zu vermitteln, und von den Behauptungen, die andere über ihn aufstellten. Wir wollen hier nicht naiv voraussetzen, daß die neutestamentlichen Berichte »inspiriert« oder »unfehlbar« sind, und dann zu beweisen versuchen, was wir von vornherein angenommen haben. Wir betrachten die Dokumente zunächst einmal nur als Dokumente und behandeln sie so, wie wir jedes beliebige andere historische Material behandeln würden. In der Bestimmung der Zuverlässigkeit der Dokumente vermeiden wir Prof. Strolls ersten Fehler – den Verlaß auf moderne, rationalistische »Autoritäten« – denn wir werden uns direkt mit den Dokumenten selbst beschäftigen und sie den Prüfungen unterwerfen, die allgemein in der Geschichtswissenschaft und Literarkritik angewandt werden. C. Sanders gibt in seiner Einführung in die Erforschung der englischen Literaturgeschichte[7] drei solche Prüfungsmethoden an: die »bibliographische«, »innertextliche« und »außertextliche« Prüfung.

Mit dem *bibliographischen* Test meinen wir die Analyse der textlichen Überlieferung, durch die uns ein Dokument erreicht. Im Fall der neutestamentlichen Dokumente ist die Frage: Sind die Texte, die wir heute haben, wirklich die, die ursprünglich geschrieben wurden? Die Antwort auf diese Frage ist ein uneingeschränktes Ja. Sir Frederic G. Kenyon, ehemaliger Direktor und Hauptbibliothekar des Britischen Museums, faßt den textlichen Vorteil, den die neutestamentlichen Dokumente über alle anderen Manuskripte antiker klassischer Autoren besitzen, wie folgt zusammen:

In keinem anderen Fall ist die Zeitspanne zwischen der Verfassung der Schrift und dem Datum, an dem die frühesten existierenden Manuskripte geschrieben wurden, so kurz wie beim Neuen Testament. Die Bücher des Neuen Testaments wurden in der zweiten Hälfte des ersten Jahrhunderts verfaßt; die frühesten existierenden Manuskripte (mit Ausnahme von einigen Bruchstücken) stammen aus dem vierten Jahrhundert, d. h. etwa 250 bis 300 Jahre später. Dies scheint eine ziemlich große Zeitspanne zu sein, aber es ist nichts im Vergleich zu dem, was wir an Manuskripten großer klassischer Autoren haben. Wir glauben, daß wir einen im wesentlichen zuverlässigen Text der sieben Schauspiele von Sophokles haben; das erste Manuskript jedoch, das wir besitzen, wurde mehr als 1400 Jahre nach dem Tod des Dichters geschrieben. Gleiches gilt für Aeschylus, Aristophanes und Thukydides, während sich für Euripides das Intervall auf 1600 Jahre vergrößert. Für Plato können wir etwa 1300 Jahre angeben.[8]

Aber das ist noch nicht alles. Seit der Zeit, da Kenyon die obigen Worte schrieb, sind zahlreiche Papyrusstücke mit Teilen des Neuen Testaments entdeckt worden, die bis ins erste Jahrhundert zurückreichen und somit die 250 bis 300 Jahre Lücke, von der Kenyon sprach, auch noch überbrücken. Kurz vor seinem Tod schrieb Kenyon über die neuen Entdeckungen: »Die Zeitspanne zwischen der ursprünglichen Abfassung und den frühesten Manuskripten, die heute verfügbar sind, wird so klein, daß man sie im Grunde vernachlässigen kann, und die Gründe für irgendwelche Zweifel, ob uns die Schriften so überliefert sind, wie sie geschrieben wurden, sind jetzt beseitigt. Sowohl die *Authentizität* wie auch die *allgemeine Integrität* der Bücher des Neuen Testaments dürfte schlußendlich als gesichert betrachtet werden.«[9]

Und so äußerte sich A. T. Robinson, der Verfasser einer griechischen Grammatik[10]: »Es gibt etwa 8000 Manuskripte der lateinischen Vulgata und mindestens 1000 andere frühe Versionen. Nehmen wir mehr als 4000 griechische Manuskripte hinzu, so haben wir 13 000 Manuskriptkopien vom Neuen Testament. Außerdem kann man einen beachtlichen Teil des Neuen Testaments von Zitaten von frühen christlichen Autoren reproduzieren.«

Wer gegen die Echtheit der neutestamentlichen Texte Bedenken anmeldet (ein Musterbeispiel hierfür war Nestles *Novum Testamentum Graece)*, schreibt damit gleichzeitig die gesamte antike Literatur ab; vom rein bibliographischen Standpunkt aus können wir uns kaum besser authentizierte Texte denken.

Die *innertextliche* Prüfung ist der zweite Test für dokumentarische Echtheit. Hier folgt die historisch-literarische Forschung den Fußstapfen des Aristoteles, der im Zweifelsfalle dem Angeklagten, also dem Dokument recht gab, nicht dem Kritiker.[11] Das bedeutet, daß man auf die Behauptungen des untersuchten Textes Rücksicht nehmen muß und nicht einfach Verfälschung oder Irrtümer annehmen darf, es sei denn, der Autor disqualifiziere sich durch Widersprüche oder nachweislich unrichtige Darstellungen. Deshalb müssen wir bei den paulinischen Briefen der Tatsache, daß sie für sich selbst den Anspruch erheben, von Paulus geschrieben worden zu sein, großes Gewicht beimessen. Im Falle der gesamten neutestamentlichen Texte müssen wir ihre wiederholten Behauptungen, Augenzeugenberichte zu sein (oder Berichte, die von ähnlich verläßlichen Quellen stammen) ernst nehmen.

Man könnte unzählige Beispiele anführen, aber ich will mich hier mit einigen wenigen begnügen. Lukas beginnt sein Evangelium mit den Worten: »Schon viele haben versucht, die Ereignisse darzustellen, die Gott unter uns geschehen ließ und die wir durch die Berichte der Augenzeugen kennen, die von Anfang an alles miterlebt hatten und den Auftrag erhalten haben, die gute Nachricht weiterzugeben. Darum habe auch ich mich dazu entschlossen, alles bis hin zu den ersten Anfängen sorgfältig zu erforschen und es dir, verehrter Theophilus, der Reihe nach zu berichten. Ich tue das, damit du die Zuverlässigkeit der Lehre erkennst, in der man dich unterwiesen hat« (Luk. 1, 1–4). Das vierte Evangelium beansprucht, von einem Augenzeugen der Kreuzigung geschrieben zu sein. In Johannes 19, 35 erklärt der Autor: »Und der das gesehen hat, der hat bezeugt, und sein Zeugnis ist wahr, und er weiß, daß er die Wahrheit sagt, damit auch ihr glaubet.«

Die ersten Sätze des 1. Johannesbriefes lauten wie folgt: »Das da von Anfang war, das wir gehört haben, das wir gesehen haben mit unsren Augen, das wir beschaut haben und unsre Hände betastet haben, vom Wort des Lebens – und das Leben ist erschienen, und wir haben gesehen und bezeugen und verkündigen euch das Leben, das ewig ist, welches war bei dem Vater und ist uns erschienen –, was wir gesehen und gehört haben, das verkündigen wir euch . . .« Das innertextliche Beweismaterial beschränkt sich nicht auf die Selbstansprüche der Evangelien. C. H. Turner z. B.[12] wies darauf hin, daß das Markus-Evangelium an vielen Stellen an einen Augenzeugenbericht erinnert; der Gebrauch der Fürwörter an manchen Stellen läßt vermuten, daß Markus hier Erinnerungen des Apostels Petrus direkt niedergeschrieben und dabei lediglich die erste mit der dritten Person vertauscht hat; manche Begebenheiten werden so geschildert, wie nur Petrus sie in Erinnerung haben konnte. Solche innertextlichen Beobachtungen liefern eine solide Grundlage für die Behauptung, die Dokumente des Neuen Testaments seien verläßliche historische Quellen.

Bei der Untersuchung dokumentarischer Echtheit muß der Historiker sich auch folgende Frage stellen: Was sagen andere historische Texte zu dem Selbstzeugnis der Dokumente aus? Sorgfältige Vergleiche der neutestamentlichen Berichte mit unabhängigem Material haben ihren Anspruch, primäre Quellen zu sein, bestätigt. Sir William M. Ramsay z. B. kam nach sehr detaillierter archäologischer und geographischer Untersuchung des Lukas-Evangeliums entgegen der kritischen Haltung, die die Tübinger Schule im 19. Jahrhundert gegenüber dem Lukas-Evangelium einnahm, zu der Schlußfolgerung: »Die Zuverlässigkeit von Lukas' Geschichtsschreibung ist unübertroffen.«[13]

Unabhängige schriftliche Quellen bestätigen den historischen Wert der Evangelien als Primärquellen, so z. B. die Schriften des Papias, dem Bischof von Hierapolis (von denen uns nur Fragmente erhalten geblieben sind). Papias erhielt seine Informationen von dem »Ältesten«, dem Apostel Johannes (ich zitiere Papias, wie er in des Eusebius *Historia ecclesiestica* zitiert wird, III. 39) (ca. 130–140 n. Chr).

Der Älteste pflegte auch folgendes zu sagen: Markus, der Übersetzer des Petrus, schrieb genau all das auf, was er (Petrus) erwähnte, ganz gleich, ob es sich nun um Aussagen Jesu handelte oder nicht; jedoch behielt er bei seinen Aufzeichnungen eine Ordnung bei. Denn er war weder ein Zuhörer noch ein Begleiter des Herrn; aber später, wie ich sagte, begleitete er Petrus, der lehrte, so wie die Umstände es geboten; er machte also keine Sammlung der Aussprüche des Herrn. Markus machte keine Fehler und schrieb die Dinge so nieder, wie er (Petrus) sie erwähnte; er achtete auf dies eine besonders, daß er nichts von dem, was er hörte, ausließ, und auch keine falsche Aussage mit einbezog.

Über das Matthäus-Evangelium schrieb Papias: »Matthäus schrieb die Werke in hebräischer (d. h. aramäischer) Sprache nieder«, und die Anerkennung, die das Buch in der frühen Kirche fand, spricht sehr für sein frühes Datum und seinen historischen Wert. McNeill und Williams schreiben: »Das Evangelium (des Matthäus) war das beliebteste in der frühen Kirche, auch wenn ihm das Prestige der beiden Zentren des Frühchristentums, Rom und Ephesus, und gleichermaßen auch das Prestige der beiden größten Apostel, Petrus und Paulus, fehlte. Und die starken jüdischen Elemente hätten es auf Ablehnung stoßen lassen, wäre es erst im 2. Jahrhundert erschienen. Daraus folgt insgesamt, daß es sich um ein frühes Dokument handelt, das weithin bekannt war und apostolische Zustimmung besaß.«[14]

Ein anderes, sehr gutes außertextliches Zeugnis bezüglich der Zuverlässigkeit der Evangelien stammt von Irenäus, dem Bischof von Lyon:

Matthäus veröffentlichte sein Evangelium bei den Hebräern (d. h. den Juden) in ihrer eigenen Sprache, während Petrus und Paulus in Rom das Evangelium predigten und dort die Kirche gründeten. Nach ihrem Dahingehen (d. h. Tod, der laut Überlieferung zur Zeit von Neros Verfolgung im Jahre 64 stattfand), wurde uns die Substanz von Petri Predigten von Markus, dem Jünger und Übersetzer von Petrus, überliefert. Lukas, der Begleiter von Paulus, schrieb ein Buch über das Evangelium, das von seinem Lehrmeister gepredigt wurde. Johannes, der Jünger des Herrn, der auch an seiner Brust lehnte (dies ist ein Hinweis auf Joh. 13, 15 und 21, 20), schrieb selbst ein Evangelium, während er in Ephesus in Asien lebte.

Diese Bemerkungen von Irenäus sind von besonderem Wert, denn er war ein Schüler von Polykarp, dem Bischof von Smyrna (der im Jahre 196 als Märtyrer starb, nachdem er 86 Jahre lang ein Christ gewesen war), und Polykarp war ein Jünger des Apostels Johannes selbst gewesen. Irenäus hatte von Polykarp oft über die Augenzeugenberichte von Jesus gehört, die er vom Apostel Johannes und von anderen erhielt, die Jesus persönlich gekannt hatten.[15]

Auf der Grundlage überwältigenden bibliographischen, inner- und außertextlichen Forschungsmaterials kann die historische Zuverlässigkeit der Evangelien als Primärquellen über das Leben Jesu als gesichert betrachtet werden. Wann wurden die wichtigsten Schriften des Neuen Testaments verfaßt? Die Briefe des Paulus, so erfahren wir von der modernen Forschung, stammen aus den Jahren 51–62, das Markus-Evangelium aus den Jahren 64–70, die Evangelien von Matthäus und Lukas aus 80–85; die Apostelgeschichte wurde kurz nach dem Evangelium des Lukas geschrieben, denn sie bildet mit dem Evangelium ein zweiteiliges Gesamtwerk; das Evangelium des Johannes wurde nicht später als 100 n. Chr. verfaßt. Dabei ist zu beachten, daß die hier angegebenen Daten die *spätest* möglichen sind. Es gibt guten Grund, in den meisten Fällen frühere Daten anzugeben (z. B. das Lukas-Evangelium und die Apostelgeschichte wurden vermutlich schon vor 64 geschrieben, denn Paulus starb mit ziemlicher Sicherheit während der Verfolgung des Nero, aber sein Tod wird in der Apostelgeschichte nicht berichtet). Die Vermutung, daß diese Texte in Wirklichkeit noch älter sind, wird vor allem durch die archäologische Forschung gestützt. So schreibt W. F. Albright: »Meiner Meinung nach wurde jede der neutestamentlichen Schriften von einem getauften Juden zwischen den vierziger und achziger Jahren des ersten Jahrhunderts n. Chr. verfaßt (sehr wahrscheinlich irgendwann zwischen 50 und 75 n. Chr.).«[16]

Ich habe schon erwähnt, wie stark sich Prof. Stroll auf die Arbeit der sogenannten formgeschichtlichen Schule von Dibelius und Bultmann stützt. Wir sind jetzt in der Lage, zu erkennen, warum in den letzten beiden Jahrzehnten diese Schule in theologischen Kreisen immer mehr an Einfluß verloren hat. Die Formkritiker versuchen durch literarische Analyse »hinter« die neutestamentlichen Dokumente zu gelangen, so wie sie uns überliefert worden sind. Man nimmt beispielsweise an, die Evangelien seien das Endprodukt einer langen mündlichen Tradition, die gemäß den Umständen der jeweiligen Gemeinden – aufgrund des jeweiligen *Sitzes im Leben* – abgewandelt wurden. Auf gleiche Weise hat man z. B. versucht, »hinter« »Ilias« und die »Odyssee« von Homer zu gelangen, aber man erkannte recht schnell, daß es so nicht ging. Die Historiker gerieten in ein völliges Chaos, denn da es nicht möglich war, genau und objektiv festzustellen, wo die eine »präliterare Quelle« aufhörte und eine andere begann, waren die Ansichten der Kritiker äußerst widersprüchlich. H. J. Rose diskutierte das Problem in einem Handbuch zur griechischen Literatur[17]:

»Die Hauptwaffen der Separatisten bestanden schon immer in der Literarkritik, und man geht wohl nicht zu weit, wenn man sagt, daß eine derartige Haarspalterei, solche Jagden nach mikroskopischen Diskrepanzen und logischen Fehlern es außerhalb der Homerforschung seit dem Tode von Rymar und John Dennis wohl nirgendwo gegeben hat.«

Seit Rose diese Worte schrieb, haben Dibelius und Bultmann versucht, mit gleichen Methoden das Neue Testament zu bearbeiten, aber es ist heute weithin anerkannt, daß es so nicht geht. Zunächst einmal beruht diese Methode auf rationalistischen Vorurteilen gegen alles Übernatürliche, die dazu führen, daß die Frage, welche »Formen« die Grundlage der neutestamentlichen Texte bilden, durch subjektive Urteile entschieden wird. Sie ist aber vor allem deshalb völlig unhaltbar, *weil die Zeitspanne zwischen der Abfassung des Neuen Testaments, so wie es uns vorliegt, und den Ereignissen in Jesu Leben, von denen sie berichten, zu kurz ist, um eine gemeinsame Redaktion durch die Urkirche zu gestatten.*

John Drinkwater lehnte den Bultmannschen Ansatz in seinem Buch über englische Dichtung als Methode zum Studium englischer Balladen ab, und McNeill und Williams[18] weisen ganz richtig auf folgende Tatsache hin: »Kein Teil der Evangelien ging durch eine so lange Zeit mündlicher Überlieferung wie jede echte Ballade.« Damit wollen wir nicht sagen, daß die Autoren des Neuen Testaments nie auf irgendwelche Quellen zurückgegriffen haben; ganz im Gegenteil, Lukas erklärt ausdrücklich, daß er das getan hat. Aber wir wollen damit sagen, daß in der kurzen Zeitspanne zwischen dem Leben Jesu und den Evangelien es nicht möglich war, daß die Urkirche aus einem Moralprediger Jesus einen »Glaubenschristus« fabrizierte. Wir wissen aus der Mischna[19], daß es eine jüdische Sitte war, die Lehre eines Rabbi auswendig zu lernen, denn ein guter Schüler war wie eine »abgedichtete Zisterne, die keinen Tropfen verliert«, und wir können sicher sein, daß die Urkirche, die von Jesus derart beeindruckt war, diesem Ideal folgte. Fernerhin sollte man (insbesondere Prof. Stroll) daran denken, daß es selbst der formgeschichtlichen Forschung nie gelungen ist, alle übernatürlichen Elemente aus dem Leben Jesu zu entfernen, denn »alle Teile der Evangeliumsberichte ergeben ein konsequentes Bild von Jesus, dem Messias, dem Sohn Gottes.«[20]

Fassen wir zusammen: Prof. F. F. Bruce (University of Manchester), den wir gerade zitiert haben, ist einer der größten Experten der Schriftrollen vom Toten Meer. Er urteilt über den historischen Wert der neutestamentlichen Dokumente wie folgt:

Die frühesten Prediger des Evangeliums kannten den Wert von Zeugnissen aus erster Hand und beriefen sich immer wieder darauf. »Wir sind Zeugen«, sagten sie immer wieder mit großem Vertrauen. Und es kann keineswegs so einfach gewesen sein, wie einige Autoren anscheinend meinen, Taten und Worte von Jesus in jenen frühen Jahren einfach zu erfinden, wenn so viele seiner Jünger noch lebten, die sich genau daran erinnern konnten, was geschehen war und was nicht. Es gibt auch klare Hinweise dafür, daß die frühen Christen sehr genau unterscheiden zwischen dem, was Jesus sagte und was ihre eigene Meinung war. Wenn Paulus zum Beispiel in 1. Korinther 7 die schwierige Frage von Ehe und Scheidung diskutiert, macht er eine sorgfältige Unterscheidung zwischen den Lehren des Herrn und seiner eigenen Meinung: »Ich, nicht der Herr« und »Nicht ich, sondern der Herr«.

Aber die Evangelisten des Urchristentums mußten nicht nur mit den ihnen freundlich gesinnten Augenzeugen rechnen; es gab noch andere, die ebenfalls die wichtigsten Fakten über das Leben und den Tod Jesu kannten. Die Jünger konnten es sich nicht leisten, Ungenauigkeiten (ganz zu schweigen von absichtlichen Manipulationen der Tatsachen) zu riskieren, die sofort von denen als solche enthüllt worden wären, die ihnen feindlich gesinnt waren und sie deshalb mit Vergnügen einer Verfälschung von Tatsachen beschuldigt hätten. Im Gegenteil, eines der Merkmale der apostolischen Verkündigung ist der vertrauensvolle Appell an das Wissen der Hörer; sie sagten nicht nur: »Wir sind Zeugen dieser Dinge«, sondern auch »wie ihr selbst wisset« (Apg. 2, 22). Hätte es irgendeine Tendenz gegeben, von den Tatsachen in irgendeiner Weise abzuweichen, hätte die Anwesenheit von feindlich gesinnten Leuten im Publikum zur Korrektur geführt.[21]

Was kann also der Historiker über Jesus Christus wissen? Er weiß zunächst einmal und vor allem, daß das Neue Testament von Jesus ein tatsachengetreues Bild liefert und daß man dieses Bild weder durch Wunschdenken noch durch philosophische Voreingenommenheit oder literarkritische Manöver wegdiskutieren kann.

Kapitel 3

Jesus Christus und die historische Forschung

Teil II
Jesus Christus – Gott »im Fleisch«

Im letzten Kapitel beschäftigten wir uns mit der Frage, was wir aus geschichtlich nachweisbaren Tatsachen über den Gründer des Christentums wissen können. Wir entdeckten, daß vom rein wissenschaftlichen Standpunkt gesehen, die Dokumente des Neuen Testaments verläßliche Quellen historischer Information sind. In der Tat, wir stellten fest, daß die Zuverlässigkeit der uns vorliegenden Handschriften die der meisten Quellen anerkannter klassischer Literatur und Geschichte bei weitem übertrifft. Wir wissen ferner, daß das Neue Testament Augenzeugenberichte über das Leben und die Äußerungen von Jesus enthält und bereits im Umlauf war, als Freunde und Feinde, die Jesus kannten, noch am Leben waren und übertriebene, ungenaue oder ungerechtfertigte Behauptungen über ihn widerlegen konnten.

Wenn Sie nicht in irgendeiner Weise den christlichen Standpunkt bevorzugen (und als ich zur Universität kam, war ich sicherlich weit von einem christlichen Standpunkt entfernt), dann werden Sie an der vorausgegangenen Beweisführung vermutlich folgendes recht irritierend finden: sie hängt in keiner Weise von theologischen Fragen ab, sie beruht einzig und allein auf der historischen Methode, einer Methode, die wir alle – Christen, Rationalisten, Agnostiker oder tibetanische Mönche – gebrauchen, um historische Daten zu untersuchen. Jetzt verstehen wir vielleicht, warum C. S. Lewis, der große Experte auf dem Gebiet der englischen Renaissance, dies über seine Bekehrung vom Atheismus zum Christentum schreibt:

Anfang 1926 saß der hartgesottenste Atheist, den ich je gekannt habe, in meinem Zimmer mir am Kamin gegenüber und bemerkte, daß der Beweis für die Historizität der Evangelien überraschend triftig sei. »Sonderbar«, fuhr er fort, »all das Zeug von Frazer über den sterbenden Gott – sonderbar. Es sieht fast so aus, als sei es wirklich einmal geschehen.« Um zu verstehen, welchen Stoß mir das versetzte, müßte man den Mann kennen, der sich seitdem nie wieder auch nur im geringsten für das Christentum interessiert hat. Wenn er, der zynischste alle Zyniker, der hartnäckigste aller Hartnäckigen, nicht mehr – wie ich damals noch gesagt hätte – »sicher« war, was blieb mir dann? Gab es denn kein Entkommen mehr?[1]

Folglich, meint Lewis, rückte ihm Gott immer näher. In diesem Kapitel wollen wir uns zunächst einmal damit beschäftigen, wer dieser Jesus war, von dem das Neue Testament berichtet. Dann werden wir auf das Ereignis zu sprechen kommen, durch das sich all seine unglaublichen Behauptungen plötzlich als wahr erwiesen: die Auferstehung.

Der Sohn Gottes der ersten Dokumente

Wie wir zu Anfang des letzten Kapitels feststellten, bemühte sich Jesus vor allen Dingen darum, daß sich seine Zeitgenossen ein richtiges Bild von ihm selbst machten. Wir dürfen also annehmen, daß er uns ein Bild von sich selbst vermitteln wollte, das mit seiner Persönlichkeit übereinstimmt. Niemand will mißverstanden werden, und sicherlich ist es im Falle einer Person wie Jesus, der einen so ungeheuren Einfluß auf die ganze Weltgeschichte hatte, von großer Bedeutung, daß jegliches Mißverständnis aus dem Weg geräumt wird.

Heute finden wir viele Schilderungen vom Leben Jesu, die mehr auf humanistischer Philosophie als auf den historischen Dokumenten beruhen. So haben wir zum Beispiel die Schilderung von Jesus in dem Buch von Walter E. Bundy[2]:

In unserem modernen Verständnis von Jesus müssen wir ihn belassen, wo, wie und was er war, so wie er wirklich war – menschlich. In seinem ganzen Leben und Werk stellte sich Jesus auf die Seite der Menschheit. Spekulation errichtet nur eine Trennung zwischen ihm und uns und macht ihn unwirklicher. Es gibt ganz klare religiöse Gefahren in der Vergöttlichung – Gefahren, die für das Christentum zerstörend wirken.

Als moderner Liberaler des 20. Jahrhunderts zeichnet Bundy ein rein menschliches Bild von Jesus und warnt vor den Gefahren, ihm göttliche Eigenschaften zuzusprechen. Aber wie *war* Jesus in *Wirklichkeit*? Wird er als Bundys moralischer Lehrer dargestellt, eine Art westlicher Konfuzius, der umherging und den Menschen Ratschläge gab, die sie sowieso nicht haben wollten? Oder war er jemand, der von dem Ideal des Humanismus des 20. Jahrhunderts weit entfernt war?

Um diese Frage zu beantworten, müssen wir durch das Gewirr moderner »Rekonstruktionen« von Jesu Leben hindurchblicken. Wir müssen zu den Quellen selbst gehen. Nur dann können wir das vermeiden, was C. S. Lewis in einem anderen Werk[3] als die »dämonische Schöpfung fiktiver Jesusse« bezeichnet. Hören wir einmal

Screwtape zu, einem älteren Teufel, der seinen Neffen in der Kunst antidokumentarischer Versuchung unterweist:

> In der letzten Generation förderten wir den Begriff eines »historischen Jesus« auf liberal-humanitärer Basis. Heute stellen wir einen neuen »historischen Jesus« mit marxistischen, katastrophischen und revolutionären Zügen heraus. Die Konstruktionen, die wir etwa alle dreißig Jahre zu ändern beabsichtigen, bieten vielfältige Vorteile. Vor allem sind sie dazu angetan, die Verehrung der Menschen auf etwas zu lenken, das überhaupt nicht besteht, denn jeder »historische Jesus« ist unhistorisch. Die Urkunden sagen, was sie sagen, da kann nichts hinzugefügt werden. Also muß jeder neue »historische Jesus« aus ihnen dadurch herausgeholt werden, daß man in einem Punkt etwas unterschlägt, in einem andern etwas übertreibt und eine Art (von den Menschen unter unserem Einfluß gern »glänzend« genannter) Spekulation anwendet, auf die im gewöhnlichen Leben keiner zehn Franken setzen würde, die jedoch genügt, um im Herbstkatalog eines jeden Verlagshauses eine reiche Ernte neuer Napoleon-, neuer Shakespeare- und neuer Swiftliteratur auftauchen zu lassen.

Wenn wir uns mit den Dokumenten selbst beschäftigen, um anstatt von einer der Screwtapeschen Konstruktionen uns ein Bild von dem wirklich historischen Jesus zu zeichnen, müssen wir zwei wichtige Punkte beachten. Zunächst einmal werden wir nicht versuchen, zwischen Jesu Selbstverständnis und dem Bild, das die Autoren des Neuen Testaments sich von ihm machten, zu unterscheiden. Alle derartigen Bemühungen (und die radikale theologische Forschung hat so etwas oft versucht) sind von vorneherein zum Scheitern verurteilt, denn Jesu Worte werden uns ja nur durch die Autoren des Neuen Testaments vermittelt. Das sollte uns nicht entmutigen, denn wir finden die gleiche Situation bei allen großen historischen Persönlichkeiten vor, die uns selbst keine Schriften hinterlassen haben (z. B. Alexander der Große, Augustus, Cäsar, Karl der Große), und wir würden trotzdem nicht behaupten wollen, daß wir kein ausreichendes historisches Bild ihrer Persönlichkeit besitzen. Zweitens: die Schriften des Neuen Testaments beruhen, wie wir im letzten Kapitel gesehen haben, auf Augenzeugenberichten, und wir dürfen deshalb annehmen, daß ihre Schilderung von Jesus historisch zuverlässig ist.

Bei der Untersuchung des historischen Jesus ist es natürlich nicht zulässig, mit der Voraussetzung zu beginnen, daß Jesus nicht mehr als ein Mensch gewesen sein kann. In diesem Fall würden unsere Schlußfolgerungen einfach unsere Vorurteile widerspiegeln und nicht den tatsächlichen Inhalt der Dokumente. Mit anderen Worten: wir müssen uns bemühen, den Jesus der ersten Quellen objektiv zu erfassen, ob wir nun mit dem Ergebnis einverstanden sind oder nicht. Es geht hier, glaube ich, nicht darum, ob Jesus ein Mensch war. Kaum jemand würde das heute leugnen, denn aus den

Berichten erfahren wir, daß er müde und hungrig war. Er weinte, er litt, blutete und starb – kurz, er war in der Tat so menschlich, wie man nur sein kann.

Es geht also nicht um die Frage, ob er ein Mensch, sondern ob er *nur* ein Mensch war. Es ist für uns sehr lehrreich, daß es in der Urkirche eine Irrlehre gab, die die Menschlichkeit Jesu in Frage stellte – man war von den Zeugnissen von Jesu Göttlichkeit derart beeindruckt, daß manche lehrten, daß er nur »scheinbar« (*dokein* im Griechischen) und nicht in Wirklichkeit Mensch war. Heute, im rationalistisch orientierten Zeitalter der Moderne, ist es die Göttlichkeit Jesu, die in Frage gestellt ist, und darauf können uns nur die Dokumente antworten.

Und was sagen die Dokumente? Sie sagen einmütig und konsequent, daß Jesus sich für nichts weniger als Gott »offenbart im Fleisch« hielt, und daß seine Jünger durch seine Worte und Taten schließlich auch zu dieser Überzeugung gelangten. Wir wollen uns also einmal die neutestamentlichen Berichte in chronologischer Reihenfolge ansehen.

(1) *Die Briefe des Paulus*

Wir beginnen mit den Briefen des Paulus, denn sie sind die ältesten Manuskripte, die wir über das Urchristentum besitzen. Sie stammen aus den Jahren 51–62 n. Chr. In der Apostelgeschichte erfahren wir, wie die Apostel ihn und seine Lehren autorisierten. Wir können somit Paulus, ohne zu zögern, zitieren. Ferdinand Christian Baur und die Tübinger Schule des 19. Jahrhunderts versuchten, einen Keil zwischen Jesus und Paulus zu treiben; doch die heutige Bibelforschung hat ihren Ansatz klar abgelehnt.

In den Schriften des Paulus wird der göttliche Charakter von Jesus auf drei Weisen bestätigt.

Erstens: Paulus gibt Jesus den Titel *kyrios* (Herr). In der vorchristlichen griechischen Übersetzung des Alten Testaments (der »Septuaginta«) wird *kyrios* an Stelle des hebräischen Namens Gottes, *Jehova* (besser *Jahweh* oder JHVH).[4] Man stelle sich einmal vor, was das bedeutet: Paulus, ein monotheistischer Jude, der von dem großen Rabbi Gamaliel geschult worden war und sich deshalb im Alten Testament bestens auskannte, beschreibt Jesus mit einem Wort, das im Griechischen den heiligsten Namen des einen Gottes bedeutet!

Folgende Abschnitte zeigen, wie sehr Paulus Jesus mit dem Gott des Alten Testaments identifizierte:

Jesaja 45, 22–23

Wendet euch zu mir, so werdet ihr gerettet, aller Welt Enden; denn ich bin Gott und sonst keiner mehr. Ich habe bei mir selbst geschworen, und Gerechtigkeit ist ausgegangen aus meinem Munde, ein Wort, bei dem es bleiben soll: Mir sollen sich alle Knie beugen . . .

Philipper 2, 10–11

. . . daß in dem Namen Jesu sich beugen sollen aller derer Knie, die im Himmel und auf Erden und unter der Erde sind, und alle Zungen bekennen sollen, daß Jesus Christus der Herr sei (*kyrios*), zur Ehre Gottes, des Vaters.

Hier nimmt Paulus einen Abschnitt aus dem Alten Testament, der in erhabener Weise die Majestät und Einheit Gottes beschreibt, und wendet ihn direkt auf Jesus an. Man könnte weitere Beispiele anführen, so z. B. 2. Thessalonicher 1, 9 (wo Jes. 2, 10, 19, 21 zitiert wird); 1. Korinther 1, 31 und 2. Korinther 10, 17 (wo Jer. 9, 23 f. zitiert wird); 1. Korinther 10, 9 (wo 4. Mose 21, 5 f. zitiert wird).[5]

Zweitens: In den Sätzen, wo »Gott, unser Vater, und unser Herr Jesus« (1. Thess. 3, 11) und »unser Herr Jesus Christus, und Gott, unser Vater« (2. Thess. 2, 11) und »unser Herr Jesus Christus, und Gott, unser Vater« (2. Thess. 2, 16) das Subjekt ist, gebraucht Paulus ein Verb in der Form des *Singulars*. Daraus wird völlig klar, daß für ihn Jesus und der Gott des Alten Testaments eine Einheit bildeten. Diese Schlußfolgerung wird noch dadurch verstärkt, daß beide Sätze in *Gebeten* gebraucht werden; Paulus glaubte also, daß man genausogut zu Jesus wie zu Gott dem Vater beten konnte.

Drittens: Paulus war der Überzeugung, Jesus würde am Ende der Zeit als göttlicher Richter wiederkehren (2. Thess. 1, 7–10):

. . . wenn nun der Herr Jesus sich offenbaren wird vom Himmel in Feuerflammen mit der Macht seiner Engel, Vergeltung zu üben an denen, die Gott nicht kennen wollen, und an denen, die nicht gehorsam sind dem Evangelium unsres Herrn Jesus. Die werden Strafe leiden, das ewige Verderben, fern von dem Angesicht des Herrn und von seiner herrlichen Macht, wenn er kommen wird, daß er herrlich erscheine bei seinen Heiligen und wunderbar bei allen Gläubigen an jenem Tage; denn was wir euch bezeugt haben, das habt ihr geglaubt.

(2) Die Evangelien

Als nächstes wollen wir uns das älteste der vier Evangelien ansehen, das Markus-Evangelium, das in den Jahren 64–70 n. Chr. von einem Begleiter des Apostels Petrus geschrieben wurde. Zu Anfang seines Buches erklärt Markus ganz klar und eindeutig, daß Jesus mit dem Gott des Alten Testaments zu identifizieren ist.

Dies ist der Anfang des Evangeliums von Jesus Christus. Wie geschrieben steht im Propheten Jesaja: »Siehe, ich sende meinen Boten vor dir her, der da bereite deinen Weg.«

Markus zitiert hier Maleachi 3, 1 (oder Jes. 40, 3), aber mit einer bedeutenden Änderung. Im Alten Testament lesen wir: »Siehe, ich (Jehova) will meinen Boten senden, der *vor mir den Weg* bereiten soll.« Markus jedoch ändert den Vers so, daß es heißt: »der da bereite *deinen* Weg«, d. h. Jesu Weg.

Markus will damit sagen: wenn der Gott der Propheten von Vorbereitungen für seine *eigene* Ankunft spricht, meint er die Ankunft von *Jesus*. Mit anderen Worten; Jesus *ist* der Gott der Propheten.

So finden wir schon gleich zu Anfang des Markus-Evangeliums jene scheinbar größenwahnsinnige Behauptung, die uns in den Evangelien immer wieder begegnet: Jesus ist *kyrios*. Im 2. Kapitel maßt es sich Jesus an, Sünden zu vergeben – und die Schriftgelehrten erkennen ganz richtig, daß, wenn er nicht selbst Gott ist, er Gott lästert, denn nur Gott kann Sünden vergeben.

Und nach etlichen Tagen ging er wieder nach Kapernaum; und es ward kund, daß er im Hause war. Und es versammelten sich viele, so daß sie nicht Raum hatten, auch nicht draußen vor der Tür; und er predigte ihnen das Wort. Und es kamen etliche zu ihm, die brachten einen Gichtbrüchigen von vieren getragen. Und da sie ihn nicht konnten zu ihm bringen vor dem Volk, deckten sie das Dach auf, da er war, und machten eine Öffnung und ließen das Bett hernieder, darin der Gichtbrüchige lag. Da nun Jesus ihren Glauben sah, sprach er zu dem Gichtbrüchigen: Mein Sohn, deine Sünden sind dir vergeben. Es waren aber etliche Schriftgelehrte, die saßen allda und dachten in ihrem Herzen: Wie redet dieser so? Er lästert Gott! Wer kann Sünden vergeben denn allein Gott? Und Jesus erkannte alsbald in seinem Geist, daß sie so bei sich dachten, und sprach zu ihnen: Was denket ihr solches in euren Herzen? Was ist leichter, zu dem Gichtbrüchigen zu sagen: Dir sind deine Sünden vergeben, oder zu sagen: Stehe auf, nimm dein Bett und wandle? Auf daß ihr aber wisset, daß des Menschen Sohn Vollmacht hat, zu vergeben die Sünden auf Erden, – sprach er zu dem Gichtbrüchigen: Ich sage dir, stehe auf, nimm dein Bett und gehe heim! Und er stand auf, nahm sein Bett und ging alsbald hinaus vor allen, so daß sie sich alle entsetzten und Gott priesen und sprachen: Wir haben solches noch nie gesehen (Mark. 2, 1–12).

Aber sieht sich Jesus selbst nicht einfach als Mensch mit besonderen Privilegien? Gebraucht er nicht den Ausdruck »Menschen Sohn«? Diesen Ausdruck, von dem Humanisten oft gesagt haben, Jesus mache sich damit zum »Stellvertreter der gesamten Menschheit«, ist in Wirklichkeit eine der erhabensten Bezeichnungen, die Gottes Messias im Alten Testament gegeben wird (vgl. Dan. 7, 13). Jesus wendet diese bildhafte Beschreibung ausdrücklich auf sich selbst an und wird deshalb der Gotteslästerung für schuldig befunden und zum Tode verurteilt (Mark. 14, 61–64):

»Er aber schwieg stille und antwortete nichts. Da fragte ihn der Hohepriester abermals und sprach zu ihm: Bist du der Christus, der Sohn des Hochgelobten? Jesus aber sprach: Ich bin's; und ihr werdet sehen des Menschen Sohn sitzen zur rechten Hand der Kraft und kommen mit des Himmels Wolken. Da zerriß der Hohepriester seine Kleider und sprach: Was bedürfen wir weiter Zeugen? Ihr habt gehört die Gotteslästerung. Was dünkt euch? Sie aber sprachen alle das Urteil über ihn, daß er des Todes schuldig wäre. Da fingen etliche an, ihn anzuspeien und sein Angesicht zu verdecken und ihn mit Fäusten zu schlagen und zu ihm zu sagen: Weissage uns! Und die Knechte schlugen ihn ins Angesicht.

Obwohl man sonst nicht viel Gutes über den Hohenpriester und seinen Scheinprozeß sagen kann, eines ist sicher: Er erkannte ganz klar, daß Jesus behauptete, nicht weniger als Gott »offenbart im Fleisch« zu sein, und wenn er das, was zu sein er behauptete, nicht war, mußte er ein Gotteslästerer sein.

Die Evangelien von Matthäus (dem Apostel) und Lukas (ein Arzt, der Paulus auf seinen Missionsreisen begleitete), wurden nicht später als 80–85 n. Chr. geschrieben (Albright würde sagen, vermutlich vor 75) und geben das gleiche göttlich-menschliche Bild von Jesus, das wir in Markus finden. Der Bericht von der Jungfrauengeburt in diesen beiden Evangelien ist unzweideutig. Obwohl das hebräische Wort *almah,* das in der Prophezeiung des Jesaja gebraucht wird, sowohl »junge Frau« als auch »Jungfrau« bedeuten kann, so gibt es bezüglich der Bedeutung des griechischen Ausdrucks keine Zweifel: *parthenos* (in Matthäus und Lukas) kann nicht anders als mit »Jungfrau« übersetzt werden. Wie Karl Barth ganz richtig erläutert hat, weist die Jungfrauengeburt darauf hin, daß Gott der Vater in Jesus in einzigartiger Weise den Bereich der Geschichte betrat und an Jesu Geburt aktiv beteiligt war. Der Jesus dieser Evangelien erhebt Ansprüche, die von der Eigenschaft der Göttlichkeit untrennbar sind. So sagt Jesus z. B. in Matthäus 10, 32–33. 39:

Wer nun mich bekennet vor den Menschen, den will ich auch bekennen vor meinem himmlischen Vater. Wer mich aber verleugnet vor den Menschen, den will ich auch verleugnen vor meinem himmlischen Vater . . . Wer sein Leben findet, der wird's verlieren; und wer sein Leben verliert um meinetwillen, der wird's finden.

Seinen göttlichen Lebenszweck beschreibt Jesus wie folgt: »Des Menschen Sohn ist gekommen . . ., daß er . . . gebe sein Leben zu einer Erlösung für viele« (Matth. 20, 28), und diese Behauptung ist gleichfalls ein integraler Bestandteil des Markus-Evangeliums (Mark. 10, 45). In seinen letzten Worten, die er vor seiner Himmelfahrt an die Jünger richtet, nimmt Jesus die göttlichen Attribute der

Allmächtigkeit und Allgegenwart für sich in Anspruch und stellt sich damit auf die gleiche Stufe wie Gott der Vater:

Und Jesus trat zu ihnen, redete mit ihnen und sprach: Mir ist gegeben alle Gewalt im Himmel und auf Erden. Darum gehet hin und machet zu Jüngern alle Völker: taufet sie auf den Namen des Vaters und des Sohnes und des Heiligen Geistes und lehret sie halten alles, was ich euch befohlen habe. Und siehe, ich bin bei euch alle Tage bis an der Welt Ende (Matth. 28, 18–20).

In der Apostelgeschichte (die von Lukas geschrieben wurde) wird Paulus auf der Straße nach Damaskus zum Christentum durch die Erkenntnis bekehrt, daß Jesus der *kyrios* ist (Apg. 9, 5). Die ganze apostolische Verkündigung (wie C. H. Dodd so gut gezeigt hat) dreht sich um diese Tatsache. »Was soll ich tun, daß ich gerettet werde?« wird gefragt. Die Antwort lautet: »Glaube an den Herrn Jesus, so wirst du und dein Haus selig!« (Apg. 16, 30–31). »In keinem andern ist das Heil, ist auch kein andrer Name unter dem Himmel den Menschen gegeben, darin wir sollen selig werden« (Apg. 4, 12). Das vierte Evangelium ist durch und durch christozentrisch und identifiziert an jedem Punkt den ewigen Vater mit dem historischen Jesus. Der Prolog bestätigt Jesu Präexistenz und ewige Einheit mit Gott. Die Aussagen, die mit *ego eimi* beginnen (ich bin, z. B. ich bin das Licht, Brot etc.), spielen auf das »Ich bin, der ich bin« an, mit dem Gott sich bei seinen Offenbarungen im Alten Testament selbst bezeichnete (vgl. 2. Mose 3, 14)[6]. Erlösung, sagt Jesus, ist nur durch ihn möglich. »Ich bin der Weg, die Wahrheit und das Leben; niemand kommt zum Vater denn durch mich.« Die zahlreichen Wunder-Zeichen *(semeia),* die Jesus in den Evangelien vollbrachte, deren Höhepunkt schließlich *das* große Zeichen ist – die Auferstehung –, werden berichtet, »daß ihr glaubet, Jesus sei der Christus, der Sohn Gottes, und daß ihr durch den Glauben das Leben habet in seinem Namen« (Joh. 20, 31). Wir bekommen die Realität der Auferstehung voll zu spüren, wenn der zweifelnde Thomas dem auferstandenen Jesus gegenübergestellt wird und gesteht: »Mein Herr und mein Gott!« *(ho kyrios mou kai ho theos mou* – Joh. 20, 28). Daß der Apostel Johannes tatsächlich der Autor des Evangeliums war, wird von Irenäus bestätigt, der Polykarp (Schüler des Apostels) kannte.

Aus frühesten Dokumenten des Neuen Testaments ergibt sich also ein einheitliches Bild: Jesus Christus war »Gott im Fleisch«. Er konnte sagen: »Wer mich sieht, der sieht den Vater« (Joh. 14, 9). Und so haben ihn die Christen von den ersten Tagen an gesehen. In der ersten Schilderung eines christlichen Gottesdienstes von einem Nichtchristen lesen wir: »An einem festgesetzten Tag hatten sie (die

Christen) die Angewohnheit, sich vor Tagesanbruch zu treffen und zu Ehren Christi ein Lied zu singen, als sängen sie es Gott« (quasi Deo). Diese Passage stammt aus einem Brief, der ca. 112 n. Chr. von dem Gouverneur von Bithynien, Plinius dem Jüngeren, an den Kaiser Trajan geschrieben wurde. Von Anfang bis heute haben alle Christen – griechisch-orthodox, römisch-katholisch und protestantisch – Christus als Gott verehrt, auf der Grundlage des unbestechlichen geschichtlichen Zeugnisses von Jesu eigenen Nachfolgern und denen, die ihn gut kannten.

Der Jesus der ersten Quellen hat also nichts mit dem humanistischen Moralisten von Bundy zu tun, und genausowenig mit dem Revoluzzer der Marxisten und allen anderen Versuchen des 20. Jahrhunderts, ihn im Bild eines kulturellen Idealismus zu zeichnen. Der Jesus der historischen Dokumente mag uns vielleicht nicht gefallen. Aber, ob er uns gefällt oder nicht, dort begegnen wir ihm als göttliches Wesen, von dem unser persönliches Schicksal sowohl in der Zeit als auch in Ewigkeit abhängt.

Sprechen die Dokumente die Wahrheit?

Jetzt haben wir den Punkt erreicht, wo wir uns mit einer Interpretation des dokumentarischen Porträts von Jesus auseinandersetzen müssen. Die Dokumente stellen einen göttlichen Christus dar. War er nun *tatsächlich* so, wie das Neue Testament ihn schildert? Vom rein logischen Standpunkt aus gesehen: wenn Jesus *nicht* Gott »offenbart im Fleisch« war, dann gibt es drei und nur drei mögliche Interpretationen der Tatsachen, nämlich:

1. Jesus behauptete, der Sohn Gottes zu sein, aber wußte, daß er es nicht war, d. h. er war ein Betrüger.

2. Jesus meinte, er sei der Sohn Gottes, aber war es nicht in Wirklichkeit, d. h. er war ein Verrückter.

3. Jesus behauptete nie, der Sohn Gottes zu sein, sondern seine Jünger legten ihm diese Behauptung in den Mund; d. h. die Jünger waren Betrüger, Verrückte oder naive Übertreiber.

Ich bin der Überzeugung, daß eine genaue Untersuchung dieser drei Interpretationen zeigen wird, daß keine von ihnen sich mit unserem geschichtlichen oder psychologischen Wissen vereinbaren läßt. Nehmen wir uns also diese Möglichkeiten eine nach der anderen vor.

Der Gedanke, daß Jesus ein Betrüger war, der eine Behauptung aufstellte, von der er genau wußte, daß sie nicht der Wahrheit entsprach, hat nie viel Anklang gefunden, selbst nicht bei fanatischen Religionsgegnern. Die hohe Ethik von Jesu Lehren und der edle Charakter seiner Person machen eine solche Interpretation äußerst unwahrscheinlich. W. E. H. Lecky, der große Geschichtswissenschaftler des 19. Jahrhunderts (und sicherlich ein Ungläubiger im Blick auf die Gottesoffenbarung in Jesus), schrieb über ihn:[7] »Der Charakter von Jesus war nicht nur von höchster Tugend, sondern regte auch wie sonst nichts zur Nachahmung an und hat einen solchen Einfluß ausgeübt, daß man ohne Zweifel sagen kann: Der einfache Bericht von drei kurzen Jahren eines aktiven Lebens hat mehr dazu beigetragen, um die Menschheit zu verbessern, als alle Abhandlungen der Philosophen und Mahnungen der Moralisten.«

Dieses Urteil ist von Menschen aller (oder gar keiner) religiösen Überzeugung tausendfach bestätigt worden. Ist es denkbar, daß Jesus in Mißachtung primitivster moralischer Erkenntnisse nach dem Prinzip »der Zweck heiligt die Mittel« sein ganzes Leben und seine ethischen Lehren auf einer gigantischen Lüge aufgebaut hat? Er machte sich viel Mühe, den Menschen seiner Zeit zu erklären, daß der Teufel ein Lügner und der Vater aller Lügen ist, und daß die Lügner die Kinder des Teufels sind (Joh. 8, 44). Ist es dann denkbar, daß Jesus über sich selbst und seine Absicht so unverschämt gelogen hat? Wer auch nur ein Körnchen von ethischem Urteilsvermögen besitzt, kann diese Frage nur mit einem uneingeschränkten Nein beantworten.

Aber vielleicht beruhten die Behauptungen Jesu bezüglich seiner Gottessohnschaft und seiner messianischen Botschaft nicht auf absichtlichem Betrug, sondern auf einem ehrlichen Mißverständnis? Dieser Meinung war Albert Schweitzer in seiner »Suche nach dem historischen Jesus« (zuerst veröffentlicht im Jahre 1906), ein Werk, das den eschatologischen Charakter von Jesu Botschaft sehr gut wiedergibt, dessen »historischer Jesus« allerdings, wie heute allgemein von Fachleuten des Neuen Testaments bestätigt wird, im wesentlichen nur die rationalistischen Voraussetzungen Schweitzers widerspiegelt.

Es ist in diesem Zusammenhang äußerst interessant, daß Schweitzer es für notwendig hielt, zu untersuchen, ob Jesus, der scheinbar von der Fiktion besessen war, er sei der allmächtige Gott, nicht etwa geisteskrank war. Schweitzers »Psychiatrische Studie von Jesus« (seine Dissertation aus dem Jahre 1912) ist ein großangelegter, dennoch vergeblicher Versuch, zu zeigen, daß der rein menschliche Jesus geistig gesund sein konnte und trotzdem die Überzeugung hegen, er sei der endzeitliche Menschensohn, der am Ende der Zeit mit den Himmelsscharen wiederkommen würde, um die Welt zu richten. Wie Dr. Winfred Overholser, ehemaliger Präsident der American Psychiatric Association, in seinem Vorwort zur englischen Ausgabe von Schweitzers These feststellte, ist es ihm nicht gelungen, die Möglichkeit einer Wahnvorstellung völlig auszuschließen, wenn Jesus nur ein gewöhnlicher Mensch war:

»Manche Paranoide offenbaren fast nur Vorstellungen von ihrer eigenen Größe, und es gibt Patienten, deren ›Größe‹ hauptsächlich religiöser Natur ist, so wie der Glaube, sie seien direkt von Gott angewiesen worden, die Welt zu bekehren oder Wunder zu vollbringen.«[8]

Tatsache ist, daß wir der Schlußfolgerung, daß Jesus geistesgestört gewesen sein muß, wenn er sich für Gott hielt, es aber nicht war, nicht entrinnen können. Noyes und Kolb charakterisieren in ihrem Standardwerk über Psychiatrie[9] Schizophrenie als ein Verhalten, das »eine Flucht vor der Wirklichkeit« ermöglicht. Eine größere Flucht vor der Wirklichkeit als der Glaube, man sei Gott, wenn man in Wirklichkeit nicht mehr als ein sterblicher Mensch ist, kann es wohl kaum geben.

Ich bin sicher, daß man sofort die »Männer in den weißen Kitteln« bestellen würde, sollte ich oder jemand anders ernsthaft das für sich behaupten, was Jesus von sich behauptete! Umgekehrt jedoch ist es klar, daß die Annahme, Jesus sei geistesgestört gewesen, sich mit seinen vernünftigen Lehren nicht in Einklang bringen läßt. Der Psychiater J. T. Fisher hat kürzlich die von vielen stillschweigend gehegte Überzeugung ausgesprochen:

Wenn man alle Artikel, die je von den bestqualifiziertesten aller Psychologen und Psychiater über das Thema geistiger Hygiene geschrieben worden sind, zusammenfassen sollte – wenn man sie zusammennehmen, sichten und den Überfluß an Phrasen weglassen würde – wenn man diese reinen Stücke wissenschaftlicher Erkenntnis von den fähigsten aller lebenden Dichter in kompakter Form ausdrücken lassen würde, hätte man eine unbeholfene und unvollständige Zusammenfassung der Bergpredigt. Im Vergleich würde sie recht schlecht dastehen. Fast zweitausend Jahre lang hat die christliche Welt die vollständige Antwort auf ihr rastloses und fruchtloses Verlangen gehabt. Hier ... haben wir das Grundschema für ein erfolgreiches menschliches Leben mit einem Optimum an geistiger Gesundheit und Befriedigung.[10]

Wenn nun die Lehren Jesu das Grundschema für ein »Leben mit einem Optimum an geistiger Gesundheit« darstellen, dann kann es sich bei dem, der sie lehrte, wohl kaum um einen Verrückten handeln. Wenn die Berichte von Jesu Leben zuverlässig sind, und Jesus war kein Betrüger, dann war er entweder Gott »offenbart im Fleische«, wie er sagte, oder ein Verrückter. Wenn wir die letztere Alternative nicht akzeptieren können (und wenn wir uns die Konsequenzen einmal überlegen, wer kann diesen Gedanken wirklich zu Ende denken?), dann bleibt uns nur noch eine Möglichkeit: Jesus behauptete Gott zu sein aus dem einfachen Grunde, weil *er Gott war*.

(1) *Jesus und die messianischen Erwartungen*

Aber gibt es nicht einen dritten Ausweg aus diesem Dilemma? Könnte man sich nicht vorstellen, daß die Nachfolger Jesu ein völlig falsches Bild von ihm zeichneten, aus dem absichtlichen oder unbewußten Verlangen, ihn im bestmöglichen Licht darzustellen? Das, so erinnere man sich, ist natürlich die Behauptung von Prof. Stroll: das ›messianische Fieber‹, so meint er, packte die Juden, die im ersten Jahrhundert von den Römern beherrscht wurden, und deshalb wurde Jesus von Nazareth von manchen im wahrsten Sinne des Wortes ›vergöttert‹. Diese Theorie, auch wenn sie auf den ersten Blick hin plausibel erscheint, läßt sich genausowenig halten wie die anderen Hypothesen, mit denen wir uns bereits auseinandergesetzt haben, und zwar aus folgenden Gründen:

1. Es gab schon zahlreiche Spekulationen über den verheißenen Messias, aber so wie Jesus seine Mission als Messias sah, hatte sie niemand erwartet. Deshalb war Jesus ein denkbar schlechter Kandidat für eine Vergötterung als Messias.

2. Die Apostel und Evangelisten waren psychologisch, ethisch und religiös zu einer solchen Verfälschung der Tatsachen nicht fähig.

3. Die Gottessohnschaft Jesu wird durch die Auferstehung bewiesen. Das historische Beweismaterial für dieses einzigartige Ereignis konnte nicht einfach »fabriziert« werden.

Wir wollen uns diesen Punkten zuwenden.

1. Wenn die These, daß die Juden zur Zeit Jesu aus ihm einen Messias machten, wirklich glaubwürdig sein soll, dann müßten seine Lehren und sein Selbstverständnis im Prinzip mit der Messiaserwartung seiner Zeitgenossen übereinstimmen. Wir wissen jedoch, daß dies in allen wesentlichen Punkten nicht der Fall war, so z. B. Jesu Haltung gegenüber den Nichtjuden. Der verstorbene Grinfield-Dozent über die Septuaginta an der Universität von Oxford, Edersheim, schrieb:[11]

Angesichts von all dem (der Ablehnung, mit der die Juden des ersten Jahrhunderts den Heiden in Palästina begegneten), muß es als eine unglaubliche Wahrheit geschienen haben, daß der Herr Jesus Christus in Israel erklärte, Auftrag seines Kommens und Königreiches sei nicht etwa, aus den Heiden Juden zu machen, sondern beide in gleicher Weise zu Kindern des Vaters im Himmel zu machen; nicht den Heiden das Joch des Gesetzes aufzuerlegen, sondern die Juden und Heiden davon zu befreien oder vielmehr seine Forderungen für alle zu erfüllen! Die völlig unerwartete Offenbarung war, vom jüdischen Standpunkt aus gesehen, der Zusammenbruch der Trennwand zwischen Juden und Heiden, die Wegnahme der Feindseligkeit des Gesetzes, die ans Kreuz genagelt wurde. Es gab nichts, was dem gleich kam, keine Spur davon läßt sich weder in den Lehren noch im Zeitgeist finden. Ganz im Gegenteil. Dem Zeitgeist von damals – dem ähnelte Christus wohl am wenigsten.

Der große jüdische Gelehrte S. W. Baron stellte eine detaillierte Untersuchung[12] über die »Messiaserwartungen« zur Zeit Jesu an. »Aktivisten der Zeloten erwarteten von dem Erlöser, daß er mit dem Schwert in der Hand erscheinen und das Volk zum Ansturm gegen die Militärmacht der Römer führen würde«, so schreibt Baron, »die am stärksten apokalyptisch ausgerichteten Juden erwarteten die Erlösung in Form einer kosmischen Katastrophe, aus der eine neue Welt entstehen würde, und das ausgewählte Volk würde, einer völlig veränderten Menschheit voraus, auf die endgültige Erlösung zugehen. Selbst jene mit weniger hochfliegenden Erwartungen waren der Überzeugung, der Messias würde den Rest der verlorenen zehn Stämme zurückbringen und Israel und Juda wieder vereinen.« Das hört sich wohl kaum an wie der Jesus des Neuen Testaments: »Mein Reich ist nicht von dieser Welt.« Baron sieht Jesus »im wesentlichen als pharisäischen Juden«[13] aber in den Berichten sind die Pharisäer seine hauptsächlichsten Gegner. Er hielt sich ständig für jenseits des Gesetzes und weigerte sich, die legalistischen Traditionen der Pharisäer anzuerkennen.

Was die Sadduzäer betrifft, so würde keiner behaupten wollen, daß es zwischen ihnen und Jesus irgendeine Übereinstimmung gab, denn sie waren rationalistisch ausgerichtet (sie leugneten die Möglichkeit der Auferstehung von den Toten, die Existenz von Engeln etc.). Und obwohl die Beziehungen zwischen Pharisäern und Sadduzäern durch Haß und Mißtrauen geprägt waren, so waren beide Parteien durch Jesus so verstört, daß sie sich gegen ihn zusammenschlossen (Matth. 16, 1). Die Tatsache, daß das offizielle Judentum Jesus der Gotteslästerung beschuldigte und ihn deswegen hinrichten ließ, ist schon Beweis genug, daß Jesus den messianischen Erwartungen der damaligen Zeit in keiner Weise entsprach. Aber wie steht es denn mit der Sekte der Essener, die die Schriftrollen vom Toten Meer hinterließ? Millar Burrows und F. F. Bruce haben (wie auch andere Fachleute) jenseits allen Zweifels gezeigt, daß das Selbstverständnis des »Lehrers der Gerechtigkeit«, um den die Essener sich scharten, sich in allen wesentlichen Punkten von dem Selbstverständnis Jesu unterschied. Unter anderem weist Burrows nach, daß es »in den Qumran-Texten keine Spur von einem präexistenten Messias gibt. Nirgendwo gibt es einen Hinweis, daß sich bei der Geburt des ›Lehrers der Gerechtigkeit‹ irgend etwas Wunderhaftes abgespielt habe«; »die erlösende Wirkung des Todes Christi« war den Essenern gleichfalls ein unbekanntes Konzept. Es ist auch sehr zu bezweifeln, daß sich die Juden einen »leidenden Messias überhaupt vorstellen konnten«. Man glaubte nicht, daß der »Lehrer der Gerechtigkeit« vor der allgemeinen Auferstehung am Ende der Zeiten von den Toten auferstehen würde, während man von Jesus glaubte, daß er kurz nach seiner Kreuzigung auferstanden sei. Was für die Gemeinschaft von Qumran höchstens eine Hoffnung war, war für die Christen eine Tatsache, eine Garantie all ihrer Hoffnungen.

Ferner weist Burrows nach, daß der Ausdruck »Menschensohn«, mit dem Jesus sich oft selbst bezeichnete, in der Qumran-Literatur nicht ein einziges Mal für den Messias gebraucht wird, was besonders wichtig ist. Es gibt keinerlei Hinweis, daß der Lehrer der Gerechtigkeit in irgendeiner Weise als göttlich angesehen wurde[14]. Wir sehen, daß jegliche Analogie zwischen Jesus und dem Essener »Lehrer der Gerechtigkeit« ungerechtfertigt ist; Jesus hätte den Essener Messiaserwartungen in keiner Weise entsprochen.

Wir haben somit folgendes festgestellt: Wenn irgend jemand den Menschen Jesus zum Gott erhoben haben sollte, so müssen es seine Jünger gewesen sein – gegen den allgemeinen Konsensus der jüdischen Ideologie des 1. Jahrhunderts. Aber, wie Burrows richtig erwähnt: »Jesus war der Vorstellung des erwarteten Sohnes Davids, die alle Juden hegten, so unähnlich, daß seine eigenen Jünger es fast für unmöglich hielten, ihn mit dem Messias zu identifizieren.«[15] Und selbst als sie schließlich davon überzeugt waren, er sei Gottes Auserwählter, hätten sie ihn so einfach zum Gott erklären können? R. T. Harford[16] kommentierte: »Die jüdische Religion dieser Periode beruhte auf zwei Hauptprinzipien, der ungeteilten Einheit Gottes und der großen Pflicht, seinem erklärten Willen zu gehorchen.« Hätten die Jünger und Nachfolger von Jesus, die fest am jüdischen Glauben festhielten, einen bloßen Menschen vergöttert und dadurch den zentralen Glaubenssatz des Judentums mißachtet: »Ihr sollt keinen anderen Gott neben mir haben«?

Waren jene Nachfolger Jesu, psychologisch gesehen, von ihrem

Temperament her – zu so etwas überhaupt fähig? Sicherlich konnten sie – wie Jesus selbst – in diesem Fall entweder nur Betrüger oder Geistesgestörte sein. Die Dokumente beschreiben sie als ganz gewöhnliche Leute – Fischer, die mit beiden Beinen auf der Erde standen, hartköpfige Steuereintreiber usw. – Leute, die manchmal mehr als das gewöhnliche Maß an Skepsis besaßen (man denke nur daran, wie Petrus nach Jesu Tod zu seiner alten Lebensweise zurückkehrte, und an den »zweifelnden Thomas«). Es handelte sich wohl kaum um Menschen, die so leicht Opfer einer gigantischen Halluzination wurden!

Was hat denn die Nachfolger Jesu schließlich und unwiderruflich davon überzeugt, daß er genau das war, was zu sein er behauptete, nämlich die Inkarnation Gottes? Was verwandelte sie von einer geschockten und gebrochenen Gruppe nach der Kreuzigung zu einer Gemeinschaft, die die Erlösungsbotschaft Jesu in der gesamten römischen Welt predigte, bis das Reich selbst und damit die ganze westliche Welt christlich wurde? Die Antwort liegt in der Auferstehung. Mit einer kurzen Diskussion darüber wollen wir schließen.

(2) Die Auferstehung

Jesus wurde in Jerusalem während des größten Festes im Jahr gekreuzigt – dem Passahfest. In der Stadt wimmelte es von Menschen, und wir wissen, daß sich die Massen in die quasi-juristischen Vorgänge einmischten; es ist daher klar, daß die Öffentlichkeit über die Ereignisse wohl informiert war.

Weil Jesus behauptet hatte, daß er nach drei Tagen wieder auferstehen würde und in der Tat dies als Hauptbeweis für seine Gottessohnschaft angab (vgl. Matth. 12, 38–40; Joh. 1, 18–22), sorgten die jüdischen Führer dafür, daß Wachen am Grab aufgestellt wurden, um die Jünger daran zu hindern, den Leib Christi zu stehlen und dann zu behaupten, er sei auferstanden. Den Berichten zufolge stand Jesus tatsächlich auf, und zwar körperlich, und wurde im Laufe von vierzig Tagen immer wieder gesehen, bis er öffentlich gen Himmel fuhr. Seine Erscheinungen werden in allen Einzelheiten berichtet.

Während die beiden noch erzählten, stand plötzlich der Herr selbst mitten unter ihnen. Er grüßte sie: »Ich wünsche euch Frieden!« Sie erschraken, denn sie meinten, einen Geist zu sehen. Aber er sagte: »Warum seid ihr so erschrocken? Warum kommen euch solche Zweifel? Schaut mich doch an, meine Hände, meine Füße, dann erkennt ihr, daß ich es wirklich bin. Faßt mich an und überzeugt euch; ein Geist hat doch nicht Fleisch und Knochen wie ich!« Während er das sagte, zeigte er ihnen seine Hände und seine Füße. Als sie es in ihrer Freude und Verwunderung noch immer nicht fassen konnten, fragte er: »Habt ihr etwas zu essen da?« Sie gaben ihm ein Stück gebratenen Fisch, und er aß es vor ihren Augen.

Da sagten die andern Jünger zu ihm (Thomas): Wir haben den Herrn gesehen. Er aber sprach zu ihnen: Wenn ich nicht in seinen Händen sehe die Nägelmale und lege meinen Finger in die Nägelmale und lege meine Hand in seine Seite, kann ich's nicht glauben. Und über acht Tage waren abermals seine Jünger drinnen und Thomas mit ihnen. Kommt Jesus, da die Türen verschlossen waren, und tritt mitten ein und spricht: Friede sei mit euch! Danach spricht er zu Thomas: Reiche deinen Finger her und siehe meine Hände und reiche deine Hand her und lege sie in meine Seite und sei nicht ungläubig, sondern gläubig! Thomas antwortete und sprach zu ihm: Mein Herr und mein Gott! (Luk. 24, 36–43; Joh. 20, 25–28).

Die Berichte lassen uns nicht im Zweifel darüber, daß sich die Autoren des Unterschiedes zwischen Mythos und Tatsachenbericht sehr wohl bewußt waren, und daß sie die Auferstehung als Tatsache verkündigten. So schrieben sie: »Wir haben uns nicht auf geschickt erfundene Märchen gestützt, als wir euch das machtvolle Kommen unseres Herrn Jesus Christus bekanntmachten. Wir haben mit eigenen Augen seine göttliche Hoheit gesehen (2. Petr. 1, 16).

Dadurch, daß Jesus tatsächlich von den Toten auferstand, wurde den Jüngern klar, daß Jesus die Wahrheit gesprochen hatte. Immerhin gab es mehrere religiöse Führer, die Jünger um sich scharten und sich als Messias verehren ließen. Alle außer Jesus starben und gerieten in Vergessenheit. Wie läßt es sich erklären, daß ausgerechnet Jesus eine Bewegung gründen konnte, die später die ganze römische Welt eroberte? Die einzig mögliche Erklärung ist die Auferstehung. Die anderen Messiasse konnten ihre Versprechen nicht erfüllen. Theudas erklärte im Jahre 44. v. Chr., daß er die Wasser des Jordans teilen würde, und in den Jahren 52–54 sammelte ein »ägyptischer« Messias (dessen Name unbekannt ist) eine Menge von 30 000 Juden um sich und erklärte, auf seinen Befehl hin würden die Mauern von Jerusalem einstürzen, aber beide Unternehmen endeten im kläglichen Versagen ihrer Helden, begleitet von einem Blutbad durch römische Soldaten.[17] Das Christentum jedoch bezog seine Stärke aus der *bestätigten* Behauptung Jesu, die Mächte des Todes überwunden zu haben.

Aber kann der moderne Mensch an so ein »Wunder« wie die Auferstehung glauben? Die Antwort wird vielleicht überraschen: Die Auferstehung läßt sich gerade deshalb akzeptieren, *weil* wir in einem modernen Zeitalter leben, im Zeitalter der Einsteinschen Relativität und der Heisenbergschen Unbestimmtheitsrelation. Für uns ist im Gegensatz zur Newtonschen Epoche das Universum kein sicheres, voraussagbares Spielfeld, in dem wir alle Regeln kennen. Seit Einstein hat kein moderner Mensch das Recht mehr, die Möglichkeit von Ereignissen aufgrund von ihm bekannten »natürlichen Gesetzen« auszuschließen. Wir können lediglich wissen, ob ein Ereignis stattfinden *kann,* wenn wir feststellen, ob es in der Tat stattgefunden *hat* oder nicht. Das Problem der »Wunder« muß deshalb im Bereich historischer Untersuchung und nicht im Bereich philosophischer Spekulation gelöst werden. Man nehme hier zur Kenntnis, daß der Historiker bei der Behauptung eines angeblich geschehenen »Wunders« gar nichts Neuartiges vorfindet. Alle historischen Ereignisse sind einzigartig, und nur aufgrund einer Überprüfung anhand der vorliegenden Quellen kann man entscheiden, ob es sich um eine Tatsache handelt oder nicht. Kein Historiker hat ein Recht auf ein geschlossenes System natürlicher Kausalität, denn, wie der Cornell-Logiker Max Black in einem Essay dargestellt hat, ist das Konzept der Ursache »eine seltsame, unsystematische und unberechenbare Vorstellung«, und deshalb muß »jeder Versuch, ein ›universales Kausalitätsgesetz‹ zu formulieren, sich als sinnlos erweisen.«[18]

Wie der Erlanger Historiker Ethelbert Stauffer erklärte: »Was machen wir (als Historiker), wenn wir Überraschungen erleben, die allen Erwartungen zuwiderlaufen, vielleicht gegen alle unsere Überzeugungen sind und selbst gegen das ganze Wahrheitsverständnis unserer Zeit? Wir sagen das, was ein großer Historiker in solchen Fällen stets zu sagen pflegte: ›Es ist sicherlich möglich.‹ Und warum nicht? Für die kritischen Historiker ist nichts unmöglich.«[19] Wenn die Auferstehung tatsächlich stattgefunden hat – dann können wir sie nicht deshalb als unmöglich ablehnen, weil sie unseren philosophischen Vorstellungen widerspricht. Vielmehr müssen wir zu dem gehen, der auferstand, um die Lösung zu finden – und seine Erklärung, ob sie uns nun paßt oder nicht, ist die, daß nur Gott selbst, der Herr des Lebens, die Macht des Todes überwinden konnte.

Es hat natürlich Versuche gegeben, die Auferstehung auf naturalistischer Basis zu erklären. Der deutsche Rationalist Venturini (1768 in Braunschweig geboren) behauptete allen Ernstes, Jesus sei auf dem Kreuz nur in Ohnmacht gefallen und dann in dem kühlen Grab wieder zu sich gekommen. Diese Ohnmachtstheorie ist für alle Versuche dieser Art typisch: sie sind unendlich unwahrscheinlicher als die Auferstehung selbst, und sie widersprechen ganz klar allem historischen Beweismaterial. Es gibt gar keinen Zweifel, daß Jesus am Kreuz starb, die römischen Hinrichtungskommandos waren ja keine Anfänger! Er hätte nach seiner Kreuzigung auch den schweren Stein gar nicht von seinem Grab wegrollen können. Und selbst wenn wir das trotz all dieser Unwahrscheinlichkeiten noch glauben wollten, was geschah denn später mit ihm?

Wenn wir uns jedoch einig sind, daß er starb und begraben wurde, dann bringt uns die manchmal vorgebrachte »Erklärung«, daß sein Leichnam gestohlen wurde, auch nicht viel weiter. Wer sollte ihn genommen haben? Sicherlich nicht die Römer oder die Juden, denn sie wollten die christliche Sekte auf jeden Fall und mit allen Mitteln unterdrücken. Und sicherlich nicht die Christen, denn hätten sie das getan und später die Einzelheiten seiner Auferstehung erfunden, dann hätten sie den ganzen Lehren ihres Meisters widersprochen, die er predigte und für die er schließlich starb. J. V. Langmead Casserly kommentierte die Versuche, die Auferstehung wegzudiskutieren, wie folgt: »...die Behauptung, daß die Auferstehung wirklich stattgefunden hat, ist wie ein Messer, das an die Kehle der Religionsgegner gehalten wird und der Religionsgegner, dessen Glaubenshaltung bedroht ist, wird für seine eigene Schöpfung, seinen teuersten Besitz, wie eine Tigerin um ihre Jungen kämpft.«[20]

Man nehme hier zur Kenntnis, daß, wenn die Jünger Jesu die Auferstehung verkündeten, sie das als Augenzeugen taten, zu einer Zeit, wo die Menschen, die mit den Ereignissen zu tun hatten, immer noch am Leben waren. Im Jahre 56 n. Chr. schrieb Paulus, daß mehr als 500 Menschen den auferstandenen Jesus gesehen hatten und daß die meisten von ihnen immer noch am Leben waren (1. Kor. 15, 1 ff.). Es ist keinesfalls glaubwürdig, daß die frühen Christen ein solches Märchen hätten erfinden können und es dann unter jenen predigten, die es ganz einfach hätten widerlegen können, indem sie den Leichnam Jesu vorzeigten.[21] Die Schlußfolgerung? Jesus ist auferstanden und verlieh dadurch seiner Behauptung, Gott zu sein, Gültigkeit. Er war weder ein Betrüger noch ein Verrückter, und seine Nachfolger erzählten auch keine Märchen, sie waren Zeugen der Inkarnation Gottes, und Jesus war der Gott, den sie gesehen hatten.

Appell eines Historikers

Heute ist es besonders in Universitätskreisen sehr in Mode, Agnostiker zu sein. Die Tage des starren Atheismus scheinen der Vergangenheit anzugehören. Aber ob der Agnostiker in irgendeiner Weise besser dasteht, läßt sich bezweifeln. Der Atheist zumindest hat die Notwendigkeit erkannt, bezüglich der Grundfragen der menschlichen Existenz Stellung zu beziehen; der Agnostiker macht häufig

aus seiner Unentschlossenheit einen Halbgott. In Wirklichkeit –
wie Heidegger, Sartre und andere zeitgenössische Existentialisten
betonen – besteht alles Leben im Treffen von Entscheidungen, und
niemand kann sich dem entziehen. Historiker müssen ständig Entscheidungen treffen, und der einzig zuverlässige Führer ist die
Wahrscheinlichkeit (denn absolute Sicherheit gibt es nur im Bereich
der reinen Logik und Mathematik, wo man per definitionem überhaupt keine Tatsachen antrifft).[22] In diesen beiden Kapiteln habe
ich mich bemüht, zu zeigen, daß das Gewicht historischer Wahrscheinlichkeit für die Gültigkeit von Jesu Anspruch spricht, Gott
»offenbart im Fleisch« zu sein, der Erlöser der Menschheit und der
kommende Richter der Welt.[23] Diese rein intellektuelle Schlußfolgerung verlangt, daß wir auf persönlicher Ebene die Konsequenzen
ziehen und danach handeln. Wenn Jesus sagte, er würde die Lau-
warmen ausspeien (Offb. 3, 16), dann meinte er damit, man müsse
auf seine Ansprüche hin handeln. Er lehrte ganz klar: »Wer nicht
für mich ist, ist gegen mich.«

Wie können wir auf die Tatsache seiner Gottessohnschaft hin handeln? Nur auf diese eine Weise. Wir kommen zu dem Punkt, da wir
anerkennen, daß die Probleme unserer Existenz, der Tod und die
Selbstsucht, die dem Tod seinen Stachel verleiht, nur in Jesu Gegenwart gelöst werden können. Wir blicken von uns selbst weg auf
seinen Tod und seine Auferstehung, um dort die Antwort auf unsere tiefsten Nöte zu finden. Wir legen uns in seine Hände.

Was ist das Ergebnis einer solchen persönlichen Hingabe an den
auferstandenen Christus? Ich selbst kann es bezeugen: *Die Freiheit*
– denn der Diener Christi ist keines Menschen Sklave. In einer sich
in furchterregender Weise verändernden Welt ist er fest auf den sich
nie ändernden Christus gegründet und kann daher unter Gottes
Führung seine Fähigkeiten voll ausschöpfen. Wenn Gott sich Ihnen
genähert hat, wenn er Sie »einschließt«, warum lassen Sie ihn dann
nicht die Lücke völlig schließen? Pascal hat es einst so treffend gesagt: Sie haben nichts zu verlieren und alles zu gewinnen.

Kapitel 4

Die Geschichte des Urchristentums

Das Schreiben einer Weltgeschichte[1] ist eine abschreckend schwierige Aufgabe, und eine große Flut von Einzeldarstellungen in den Spezialgebieten der Geschichtsforschung macht das Leben des allgemeinen Historikers täglich schwerer. Deshalb ist die Veröffentlichung einer Weltgeschichte von einem angesehenen Historiker ein bedeutsames Ereignis. Und wenn dieses Werk von den Kollegen des Autors viel Lob erhält[2], dann ergibt sich damit für die Forschung unbedingt die Aufgabe, sich genau damit zu beschäftigen.

Es geht uns hier vor allem um die geschichtliche Entwicklung des Urchristentums, und wir wollen einmal sehen, welche Bedeutung Prof. William H. McNeill in seinem Werk *The Rise of the West*[3] (»Der Aufstieg des Westens«) der Kirche in der Entwicklung der westlichen Kultur beimißt.

Wir wollen uns bemühen, die Diskussion nicht auf das Niveau »Spezialist contra Allgemein-Historiker« absinken zu lassen, denn, wie Kritiken an Toynbees Werk gezeigt haben, läßt sich damit lediglich beweisen, daß niemand alles über alles wissen kann. Wir wollen vielmehr vor allem Prof. McNeills Methode kritisch analysieren und untersuchen, welche allgemeinen Grundvoraussetzungen das Gesamtbild von der Kirche in McNeills Werk beeinflußt haben. Letztlich gibt es sicher auch manches, was der christliche Historiker aus McNeills *Magnum Opus* lernen kann, und wir wollen auch darauf kurz eingehen.

Prof. McNeill über den Ursprung der Kirche[4]

In seinem 807seitigen Werk widmet Prof. McNeill dem Ursprung des Christentums und dem Leben und Werk Jesu ganze vier Seiten.[5] Das auffallendste an dieser kurzgefaßten Behandlung des Themas ist der Zusammenhang: die Anfänge des Christentums werden unter der allgemeinen Überschrift »Religion« abgehandelt, unter welcher wir eine Diskussion des Ursprungs verschiedener Hochreligionen finden, die die »hochkulturelle Tradition« von McNeills »eurasischer Ökumene« bildeten. Man findet Vergleiche zwischen dem Ursprung des Christentums, des Mahayana-Buddhismus und des Hinduismus. Angeblich gemeinsame Elemente dieser drei Religionen werden besonders hervorgehoben, scheinbare Diskrepanzen sind für Prof. McNeill von untergeordneter Bedeutung. Die »Ähnlichkeiten« zwischen den verschiedenen Religionen werden diskutiert, noch bevor McNeill sich mit ihnen einzeln auseinandergesetzt hat. Zwar erwähnt er kurz den »in der Theorie kompromißlosen Monotheismus des Christentums« und die Geschichtsorientiertheit der christlichen Weltanschauung (im Gegensatz zu den indischen Religionen), aber hauptsächlich geht es ihm darum, zu zeigen, daß Christentum, Mahayana-Buddhismus und Hinduismus »übereinstimmend die Erlösung als Ziel des menschlichen Lebens definieren«, ein Ideal der Gleichheit predigen und einen »Erlösergott« verkünden, der »zugleich eine Person und allumfassend« ist.

In *The Rise of the West* tritt der Ursprung des Christentums nicht als einzigartiges Problem auf, vielmehr stellt er nur einen Aspekt des religiösen Phänomens schlechthin dar. Die Ursache solcher religiösen Erscheinungen wie das Christentum wird nicht im religiösen Bereich selbst gesucht; vielmehr versucht McNeill, die Anfänge des Christentums durch andere Merkmale des historischen Dramas verständlich zu machen.

Wichtige Ähnlichkeiten zwischen dem Christentum, dem Mahayana-Buddhismus und dem Hinduismus lassen sich auf Anleihen zwischen vorerst mehr oder weniger unabhängigen und isolierten religiösen Überlieferungen zurückführen. Aber man darf auch die Möglichkeit paralleler Erfindungen nicht ausschließen, denn wenn die sozialen und psychologischen Bedingungen der unterdrückten Völker und unteren Klassen der Städte in allen Teilen Westasiens tatsächlich ähnlich waren, dann müßten wir eigentlich erwarten, zwischen den verschiedenen religiösen Bewegungen, die in solchen Milieus entstanden, Ähnlichkeiten zu finden.[6]

McNeill macht also »soziale und psychologische Bedingungen« für die Entstehung von Religionen verantwortlich. Der Ursprung des Christentums dient praktisch nur als Beispiel, an dem McNeill seine geschichtswissenschaftliche Grundanschauung erläutert, die von Stavrianos so formuliert wurde: »McNeills Ansatz beruht auf der Voraussetzung, daß die menschliche Geschichte nicht allein die Summe der Geschichte getrennter Kulturen ist, sondern daß es eine Verbindung gibt, die die Grenzen von Völkern und Kontinenten transzendiert, und daß diese Verbindung aus kultureller Diffusion erwächst.«[7] Toynbee versuchte stets, einzelne Kulturen zu isolieren, und seine synkretistische Einstellung zu den Hochreligionen bereitete ihm deswegen Schwierigkeiten, denen McNeill deshalb entgeht, weil er ohnehin für den Ursprung der verschiedenen Religionen gleichartige Ursachen vermutet.

Nachdem McNeill nun einmal beschlossen hat, die allgemeinen Sozialbedingungen in der eurasischen Ökumene als den grundlegenden Faktor in der Entstehung des Christentums anzusehen, bereiten ihm die besonderen geschichtswissenschaftlichen Probleme der christlichen Ursprünge nicht viele Sorgen. Warum soll man sich die Mühe machen, auf der Basis der geschichtlichen Dokumente zu erklären, warum »Jesus und eine Handvoll galiläischer Landsleute« zugegebenerweise auf nachfolgende Generationen »einen großen Einfluß ausübten«? Obwohl »die Geburt des Christentums eines der zentralen Dramen der menschlichen Geschichte darstellt«, sind Analysen des Phänomens »durch die voller Rätsel steckende Frühgeschichte des Christentums Grenzen gesetzt«. Für McNeill besteht »das Bemerkenswerte an der ganzen Sache darin, daß seine (Jesu) Lehren seinen Tod überlebten«. Die Erklärung liegt für McNeill in der eschatologischen Kraft seiner Botschaft und der subjektiven Wirkung des Pfingsterlebnisses auf die Jünger, als sie »plötzlich fühlten, wie der Heilige Geist auf sie herabkam, bis sie schließlich völlig davon überzeugt waren, daß ihr Meister, der gerade am Kreuz gestorben war, noch mit ihnen war«. Letzten Endes muß man den Aufstieg der christlichen Kirche durch die Bedürfnisse der damaligen Zeit verstehen: »Ganz unabhängig von der Frage lehrmäßiger Wahrheit half das Christentum, der Hinduismus und der Mahayana-Buddhismus den Menschen bei der schwierigen Aufgabe, in einer megalopolitischen Kultur zu leben.«[8]

Obwohl McNeills Theorie über den Ursprung des Christentums durchaus zum Nachdenken anregt, hält sie doch einer näheren Untersuchung nicht stand. Es lassen sich bei McNeill zwei gravierende methodische Fehler nachweisen: Er untersucht das Christentum selbst gar nicht als einzelnes Phänomen, sondern versucht lediglich, es in ein allgemeines religiöses und kulturelles Schema zu pressen; außerdem vernachlässigt er die historischen Dokumente, die vom Ursprung des Christentums berichten.

(1) Das Problem geschichtswissenschaftlicher Theorien

Es ist klar, daß wir an dem allgemeinen Verfahren von Historikern, geschichtliche Ereignisse nach bestimmten Gesichtspunkten zu ordnen, im Prinzip nichts aussetzen können. Denn der Historiker, im Unterschied zum Geschichtsschreiber, muß Verallgemeinerungen wagen, um der überwältigenden Menge von Tatsachen, die zu interpretieren seine Aufgabe ist, einen Sinn zu verleihen. Im Aufstellen von Theorien muß der Historiker jedoch extrem vorsichtig sein. Der einzige Weg, sich dem Vorwurf der Anpassung der Fakten an seine Theorie zu entziehen, ist der: Er muß die einzelnen Phänomene zunächst als solche untersuchen, bevor er sie in einen Zusammenhang mit anderen bringt. Im Falle religiöser Bewegungen ist besondere Vorsicht geboten, denn oberflächliche Ähnlichkeiten verbergen oft grundsätzlich unterschiedliche Anschauungen, wie man in der vergleichenden Religionswissenschaft in bitterer Erfahrung gelernt hat. Gegen Ende des 19. Jahrhunderts wurden zahlreiche Versuche angestellt, um zu zeigen, daß die höheren Weltreligionen nur Variationen ein- und desselben Motivs sind; aber bald erkannte man, daß es so nicht ging.

In der theologischen Forschung ist man sich heute weitgehend einig, daß es fundamentale Unterschiede zwischen dem Christentum und den anderen Weltreligionen gibt, denen weitaus mehr Bedeutung beizumessen ist als den Ähnlichkeiten. Man muß daher Erklärungen für den christlichen Glauben innerhalb des christlichen Glaubens selbst suchen und nicht bloß auf allgemeine religiöse oder kulturelle Bedingungen verweisen.[9] R. E. Hume (Übersetzer der Upanischaden aus dem Sanskrit, ehemaliger Professor für Religionsgeschichte) gab dafür ein gutes Beispiel, als er die »radikalen Unterschiede« zwischen den Lehren Jesu und den großen indischen Religionen erläuterte. Während die Bibel von einem persönlichen Gott spricht, gibt es im Hinduismus nur ein unpersönliches, philosophisches Absolutum (Brahma) – und der Buddhismus war ursprünglich atheistisch. Für Jesus hatte die materielle Welt einen großen Wert, denn sie war die Schöpfung Gottes. Für den Hinduismus hingegen ist die Welt lediglich eine vorübergehende wertlose Illusion (Maya). Diese Anschauung von der Wertlosigkeit des Materiellen und das hinduistische Kastensystem stehen im starken Gegensatz zu der Achtung, mit der Jesus der menschlichen Persönlichkeit begegnete.

Die gleiche Geringschätzung der wirklichen Welt finden wir auch im Buddhismus – auch hier also ein grundlegender Widerspruch zur Botschaft Christi –, und Erlösung bedeutet für den Buddhisten, aus der ermüdenden Folge von Re-Inkarnationen auszubrechen und sich mit dem Nirwana zu vereinen. Für den Christen ist das Böse Sünde gegen einen persönlichen und liebenden himmlischen Vater; dem Hinduisten ist so etwas gänzlich unbekannt, für ihn gibt es nur Avidya (philosophische Unwissenheit) und die Verletzung überkommener gesellschaftlicher Konventionen; für den Buddhisten ist positives Handeln, Wollen und Begehren die Wurzel allen Übels. Das Christentum lehrt, daß Gott uns eine freie Erlösung anbietet, weil Jesus an unserer Statt unsere Sünden gesühnt hat; die indischen Religionen kennen nur die unpersönliche Macht des *Karma,* und der einzelne muß sich selbst Erlösung verschaffen. Die physische Auferstehung von Christus in Raum und Zeit und die aller Menschen am Ende der Zeit widerspricht dem grundsätzlichen Dualismus zwischen Seele und Körper in den indischen Glaubensvorstellungen. Man könnte hier noch lange fortfahren.[10]

Es ist somit klar, daß McNeills Erklärung für die Entstehung des Christentums nicht ausreicht. Dafür unterscheiden sich die verschiedenen Hochreligionen allzu sehr.

(2) *Was sagen die Dokumente?*

Um festzustellen, wie das Christentum seinen Anfang nahm, muß der Historiker sich mit den primären Quellen beschäftigen, die von den Anfängen der christlichen Religion berichten. Dazu gehören die Dokumente, die im Neuen Testament zusammengefaßt sind, und zahlreiche Dokumente aus jüdischen und römischen Quellen des 1. Jahrhunderts (Tacitus, Plinius, Josephus etc., auch die Qumran-Schriften).

In gewissem Maße tut McNeill das auch. So behauptet er, daß der Bericht über Pfingsten in der Apostelgeschichte »noch alle Zeichen der Echtheit« trüge.[11] Aber seine Erklärung für die Entstehung des Christentums ist im Prinzip *nicht* von diesen Quellen abgeleitet, denn die Schriften des Neuen Testaments erklären den Erfolg des Christentums nach dem Tod seines Begründers nicht auf der Grundlage eschatologischer Predigt oder psychologischer Zusicherung, sondern der objektiven Tatsache von Jesu Auferstehung.[12] Die Dokumente, die die Zeugnisse enthalten, wurden von Augenzeugen geschrieben – oder von Menschen, die die Augenzeugen befragten. Und die Zeitspanne zwischen der Niederschrift der Erscheinungen Jesu nach der Auferstehung und den Erscheinungen selbst war so kurz, daß Theorien von »gemeinschaftlicher Redaktion durch die Urgemeinde« nicht glaubwürdig sind (wie wir in den vorausgegangenen Kapiteln bereits gesehen haben).

Die Tatsache, daß Abschnitte wie der folgende überhaupt geschrieben wurden, obwohl Jesus das Reich Gottes auf Erden scheinbar doch nicht herbeigeführt hatte und die Jünger enttäuscht und voller Zweifel waren, läßt sich nur dadurch erklären, daß der Beweis für Jesu Auferstehung auch den letzten Skeptiker unter den Jüngern überzeugte.

Da sie aber davon redeten, trat er selbst, Jesus, mitten unter sie ... Sie erschraken aber und fürchteten sich, meinten, sie sähen einen Geist. Und er sprach zu ihnen: Was seid ihr so erschrocken, und warum kommen solche Gedanken in euer Herz? Sehet meine Hände und meine Füße, ich bin's selber. Fühlet mich an und sehet; denn ein Geist hat nicht Fleisch und Bein, wie ihr sehet, daß ich habe. Und als er das gesagt hatte, zeigte er ihnen die Hände und die Füße. Da sie aber noch nicht glaubten vor Freuden und sich verwunderten, sprach er zu ihnen: Habt ihr hier etwas zu essen? Und sie legten ihm vor ein Stück von gebratenem Fisch ... Und er nahm's und aß vor ihnen (Luk. 24, 36–43).[13]

Die eschatologisch-psychologische Erklärung für das erstaunliche Wachstum des Christentums nach dem Tode Jesu erklärt im Grunde gar nichts. Denn was hätte die Jünger angesichts ihrer maßlosen Enttäuschung dazu bewegen können, völlig fiktive, wenn auch in allen Einzelheiten genau ausgearbeitete Auferstehungsberichte, wie den gerade zitierten, zu erfinden? Wie wir bereits erwähnt haben, gab es einen Pseudomessias, der lautstark verkündete, er werde den Jordan teilen. Als seine Versuche im Jahre 44 n. Chr. scheiterten, starb seine Bewegung aus. Das gleiche wiederholte sich, als ein anderer Messiaskandidat in den Jahren 52–54 versuchte, die Mauern von Jerusalem durch Geschrei zum Einsturz zu bringen.[14] Wenn Gott seinen Sohn Jesus nicht von den Toten auferweckt hätte, ist es dann vorstellbar, daß seine Botschaft die Grundlage einer Kirche geworden wäre, die schließlich die gesamte römische Welt eroberte? Und wenn die Auferstehung tatsächlich reine Erfindung war, hätten die Jünger dann die Torheit besessen, von dieser Fiktion als einer Tatsache zu sprechen, von der jeder Kenntnis nehmen müsse – und das in den jüdischen Gemeinden, die so sehr darum bemüht waren, die christliche Irrlehre zu vernichten?[15]

In einem anderen Zusammenhang offenbart uns Prof. McNeill mit seinem Scharfblick, welchen Schwierigkeiten seine Erklärung für die Entwicklung des Christentums begegnet:

Die Reformation ohne Luther, die Jesuiten ohne Loyola oder die moderne Naturwissenschaft ohne Galilei sind völlig undenkbar. Es ist ein Nachteil geschichtswissenschaftlicher Abhandlungen wie dieser, daß diese einzigartigen Persönlichkeiten und der strategische Augenblick persönlicher Erkenntnis oder persönlicher Entscheidung durch Verallgemeinerungen leicht unterdrückt werden.[16]

Hätte sich McNeill mehr auf die primären Quellen über das Leben Jesu und den »strategischen Augenblick« darin konzentriert – die Auferstehung, durch die für alle sichtbar wurde, daß er tatsächlich »Gott im Fleische« war – hätte er bei seinem Versuch, den Ursprung der Kirche Christi zu erklären, mehr Erfolg gehabt. Denn jede Erklärung vom Ursprung einer Kirche, die sich lediglich in allgemeinen Diskussionen der sozialen und religiösen Bedürfnisse der Zeit ergeht und dabei ihren Begründer völlig außer acht läßt, ist von vornherein zum Scheitern verurteilt.

Die Entwicklung der Kirche

Wenn Prof. McNeill auch keine befriedigende Erklärung für den Ursprung des Christentums bietet, so bedeutet das keineswegs, daß sein Bericht von der weiteren Entwicklung der Kirche wertlos ist. Im Gegenteil: an verschiedenen Stellen von *The Rise of the West* finden wir sehr interessante Darstellungen von besonderen Problemen der Kirchengeschichte. Besonders bemerkenswert sind die Darstellungen des Autors von der Ekklesiologie der Kirchenväter, von der Kirche in der großen kulturellen Synthese des Hochmittelalters und besonders von der Entwicklung der orthodoxen Kirche im Osten – Beispiele von präziser und konzentrierter Geschichtsschreibung.[17] In diesen und ähnlichen Passagen ist es McNeill gelungen, die Vorzüge des von ihm verfaßten Lehrbuchs auf seine Deutung der Weltgeschichte zu übertragen.

(1) *Eine Gesamtdarstellung, die nicht befriedigt*

Trotz alledem, wenn sich der Kirchenhistoriker mit dem faszinierenden Bericht von McNeill beschäftigt, überkommt ihn ein Gefühl der Unruhe. »Nehmen wir einmal an«, so wird er sich fragen, »man würde die Abschnitte, die sich mit der Kirchengeschichte beschäftigen, vom Rest des Buches trennen und zusammensetzen, ergäbe sich dann eine befriedigende Zusammenfassung der Kirchengeschichte?« Die Antwort auf diese Frage muß sicherlich Nein lauten, besonders was das letzte Drittel von McNeills Werk angeht, das sich mit der Zeit vom Jahre 1500 bis heute beschäftigt. In seiner Diskussion der Renaissance und Reformation[18] läßt sich bereits erkennen, was den Leser erwartet. Im Gegensatz zur sonst üblichen Praxis beschäftigt er sich zuerst mit der Reformation und dann mit der Hochrenaissance, um die letztere mit der säkularen, naturwissenschaftlich bestimmten Weltanschauung des Rationalismus im 18. Jahrhundert in Zusammenhang zu stellen. Die stillschweigende Voraussetzung dabei ist die, daß die Reformation – deren »theologische Leidenschaften« der Autor »leichter verstehen als teilen« kann – zusammen mit einer Gedankenwelt geschildert werden sollte, die weitgehend verschwand, als die Renaissance eine neue anthropozentrische Perspektive verkündete. Dieser Eindruck wird dadurch bestätigt, daß McNeill von diesem Punkt an nur noch gelegentlich die Kirchengeschichte erwähnt. Weder Wesley noch Whitefield werden mit Namen genannt, und ein einzelner Satz über die Methodisten-Bewegung[19] ist der einzige Hinweis, den der Leser auf die ungeheuer einflußreichen Erweckungsbewegungen des 18. Jahrhunderts in Europa und Amerika erhält. Bewegungen, deren Einfluß noch heute im sozialen Bereich und im Dienst der Barmherzigkeit sichtbar wird und auf denen der lebendige Glaube von heute beruht.[20]

Die Kirchengeschichte Amerikas wird praktisch völlig außer acht gelassen. Es ist schwer zu glauben, daß Roger Williams, Jonathan Edwards, Timothy Dwight, Charles Finney, Dwight Moody und Billy Graham – um nur einige zu erwähnen, die einen großen Einfluß auf das amerikanische religiöse Leben ausübten – von McNeill überhaupt nicht erwähnt werden. Was noch mehr erstaunt, ist die allgemeine Vernachlässigung der weltweiten Missionstätigkeit der Christen im 19. Jahrhundert. McNeill spricht von der Mission etwa ein halbes dutzendmal in Verbindung mit anderen Themen.[21] Wenn man dies mit Kenneth Scott Latourettes Monumentalwerk über die Ausbreitung des Christentums vergleicht, das drei seiner sieben Bände allein dem 19. Jahrhundert widmet – dem »großen Jahrhundert« der Ausbreitung des Christentums –, muß es einem doch seltsam vorkommen, wieso McNeill das völlig ignorieren kann.[22]

Welchen Einfluß übte die Kirche im Laufe der Jahrhunderte aus? McNeill scheint sich nicht besonders darum zu kümmern; hier und da finden wir ein paar wertvolle Hinweise (gewöhnlich in Fußnoten), so z. B. über die demokratisierende Wirkung des Christentums im römischen Reich[23] und über den Beitrag des Christentums zur gesellschaftlichen Differenzierung im Frankenreich.[24] Große Einflußbereiche der Kirche, besonders in neuerer Zeit, bleiben unerwähnt: Die positive Wirkung der Reformation auf Erziehung, Naturwissenschaft und das Studium der Literatur[25]; die religiösen Motivationen für das Zeitalter der Entdeckung und Forschung[26]; der die Synthese fördernde Einfluß protestantischer Theologie auf das Leben und Denken des 17. Jahrhunderts[27], der Einfluß der Kirche auf die Entwicklung moderner Krankenhäuser und Wohlfahrtseinrichtungen etc. So schreibt Latourette:

Das Christentum war der Hauptantrieb für die Formulierung internationaler Gesetze. Ohne es hätte es den Völkerbund und die Vereinten Nationen nie gegeben. Durch seinen Namen, sein Symbol, bezeugt die größte Organisation, die je zur Erleichterung des durch Krieg zugefügten Leides geschaffen wurde, das Rote Kreuz, ihren christlichen Ursprung. Diese Liste könnte beliebig fortgesetzt werden.[28]

Diese »Liste« wird in McNeills Werk leider gar nicht erst erwähnt.

Natürlich ist auch für McNeill die Entwicklung der westlichen Welt nicht vom Einfluß der Kirche unabhängig. McNeill sieht die gesamte Entwicklung des Westens als eine »Schwingung zwischen Extremen«, die zu einer Unstabilität führt, welche nach McNeill für den europäischen Kulturstil charakteristisch ist.[29] Der Einfluß des Christentums wird streng im Rahmen dieser Dialektik interpretiert. Die Kirche war für die »transzendente mystische« Stimmung des 5. und 6. Jahrhunderts verantwortlich, die vorübergehend den klassischen »Naturalismus und Rationalismus«[30] ersetzte. McNeill sieht das christliche und das griechisch-römische Erbe als zwei entgegengesetzte Spannungspole, die als Erklärung für das »rastlose Wachstum«[31] des Westens angegeben werden. Diese Spannungen zwischen dem heidnisch-griechischen und dem jüdisch-christlichen Erbe wurden durch den Zusammenstoß zwischen Renaissance und Reformation derart verstärkt, daß die »intellektuellen und moralischen Energien Europas« einen neuen Höhepunkt erreichten.[32] Da McNeill eine Offenbarung von Wahrheit nicht als Ursache für die Entstehung des Christentums anerkennt, ist es klar, daß für ihn der Einfluß des Christentums eben nur in seiner spezifischen Rolle in der dialektischen Entwicklung des Westens besteht.

(2) *Wirtschaftlicher Reduktionismus*

Das Problem liegt jedoch noch tiefer. Denn McNeill hält den Einfluß, den die Entwicklung des Westens auf die christliche Kirche gehabt hat, im allgemeinen für bedeutender als den Einfluß, den die Kirche auf die westliche Kultur hatte. Genauso wie er versucht hat, den Ursprung des Christentums aus allgemeineren Faktoren (die religiösen Bedürfnisse der eurasischen Ökumene) zu erklären, so sieht McNeill die Entwicklung und den Einfluß der christlichen Kirche ständig von der Warte seiner im wesentlichen nichtreligiösen These.

Das sieht man besonders gut in einem anderen Werk McNeills, das treffend als eine Art Vorversuch für *The Rise of the West*[33] bezeichnet wurde, und tatsächlich hat der Autor selbst in seinem Vorwort für die Auflage aus dem Jahre 1964 (nach der Veröffentlichung von *The Rise of the West*) erklärt: »Sollte ich das Kapitel über die Vergangenheit noch einmal schreiben, würde ich vielleicht einige Sätze ändern, aber nichts Grundlegendes.«[34] In beiden Werken wird die

allgemeine Geschichtsschau durch »die geographischen Kontakt-
möglichkeiten und -methoden zwischen fremden Völkern und Kulturen bestimmt«.[35] So folgt der »Fußgängerepoche« (ca. 2000 v.
Chr.) die »Pferdeepoche«, die bis zur »am Meer orientierten Ökumene« andauert (ca. 1500 n. Chr.), und jene wiederum wurde durch
das Zeitalter mechanischer Transportmittel (um ungefähr 1850)
über Land und Meer und seit dem Vorhandensein wirtschaftlich
nutzbarer Flugzeuge (ca. 1950) durch eine »polar orientierte Ökumene« ersetzt.[36]

Eine kritische Untersuchung dieser Einteilung würde den Rahmen
dieses Buches sprengen, und wir wollen keineswegs leugnen, daß
McNeills im wesentlichen wirtschaftliche Theorie, die uns zum
Nachdenken über die Bedeutung der Kartoffel und des Holzpflu-
ges[37] anregt, durchaus wichtige Erkenntnisse vermittelt. Aber ist es
nicht seltsam, daß McNeill seine These in *Past and Future* entwik-
kelt, ohne die Geburt Christi oder die protestantische Reformation
überhaupt zu erwähnen und ohne sich auch nur im geringsten um
die Zeiteinteilung in »vor und nach Christus« zu kümmern? Hier
stimmt wohl irgend etwas nicht; offensichtlich wird geographischen und wirtschaftlichen Faktoren eine Bedeutung beigemessen,
die an den Gegebenheiten historischer Tatsachen vorbeigeht. Derartige Vorliebe für den wirtschaftlichen Aspekt des Lebens führt
zum »Reduktionismus« – ein Verfahren, Tatsachen so zu erklären,
daß der Einfluß bestimmter Bereiche völlig unbeachtet bleibt – für
einen Wissenschaftler eine »schwere Sünde«. So wird das Christentum wegen seines Beitrages zur europäischen Kriegsfreudigkeit (!)
erwähnt[38], wegen seiner angeblich pessimistischen Haltung gegenüber der jetzigen Welt[39] und wegen seiner angeblichen Sünden-
bock-Philosophie, die die Entstehung von »sozialen Demarka-
tionslinien« begünstigte und eine »Gesellschaft« produzierte.[40]
Passagen wie die folgende sind für die reduktionistische Denkweise
McNeills beispielhaft:

Manche gewohnheitliche Tätigkeiten wurden durch das Wetter bedingt. Im Norden
mußte man meistens auf Trab sein, weil man sich nur so warmhalten konnte. Kein
indischer Heiliger hätte lange übers Unendliche grübeln können, wäre er dem Frost
des europäischen Winters ausgesetzt gewesen, und als die mittelalterlichen Mönche
orientalische Askese in Europa einführten, paßten sie sich an das Klima an.[41]

Wie mein Freund Prof. Donald Masters erklärte, ist der christliche
Historiker von solchen Reduktionismen frei, denn »er sieht Gott als
die große schöpferische Kraft« in der ganzen Geschichte; »er
glaubt, daß Gott im physischen Universum handelt, aber daß er
auch direkt mit dem Geist der Menschen kommuniziert«.[42]

McNeills Relativismus überläßt ihm eine chaotische Menschheitsgeschichte, in die um jeden Preis irgendwie eine Ordnung gebracht werden muß, selbst wenn dabei wichtige geistige Faktoren geographisch-wirtschaftlichen Überlegungen untergeordnet werden.[43]

Voraussetzungen in der Behandlung der Kirchengeschichte

Wie ist es möglich, daß Latourette und McNeill in ihrer Erwähnung und Auslassung von Tatsachen, in ihrer Interpretation der Fakten der Kirchengeschichte so unterschiedlich verfahren? Die Antwort ist klar: Sie nähern sich dem Gebiet mit sehr unterschiedlichen Geschichtsphilosophien, d. h. mit sehr unterschiedlichen Lebensauffassungen. Der existentialistische Historiker Raymond Aron hat gut bemerkt: »Die Bedeutung der ›Gesamtgeschichte‹ ist die Bedeutung, die wir der Existenz zusprechen und der Folge von Formen, die sie im Laufe der Zeit annimmt.«[44]

Welche Bedeutung spricht Prof. McNeill der menschlichen Existenz zu? Von welchen Voraussetzungen her interpretiert er das menschliche Drama? Vor einem Vierteljahrhundert bemerkte McNeill in seiner Magisterthese über die Grundvoraussetzungen von Herodotus und Thukydides weise:

Es geht nicht darum, ob der eine Historiker a priori Voraussetzungen hat und der andere nicht, sondern darum, wessen Voraussetzungen bewußt sind und untersucht worden sind und wessen Grundvoraussetzungen unbewußt sind.[45]

McNeills eigene Grundvoraussetzungen sind ihm sehr wohl bewußt und werden auch genau untersucht, auch wenn sie in seinen Büchern nicht immer offen dargestellt werden.[46] Im allgemeinen kann man leicht feststellen, daß er eine rationale Lebensanschauung dem zeitgenössischen Irrationalismus vorzieht und das Schicksal der Menschheit mit einem »heroischen Optimismus« betrachtet, auch wenn ein nuklearer Weltuntergang eine konkrete Möglichkeit geworden ist.[47]

Was nicht so offensichtlich ist, selbst wenn wir es stets haben durchblicken lassen, ist die konsequent säkulare Haltung, mit der McNeill an die Geschichte herangeht. Am besten können wir das an einem Abschnitt aus *Past and Future* zeigen, in dem er den Ausdruck »Fülle der Zeit« gebraucht:

Es ist ein interessanter, vielleicht auch bedeutungsvoller Zufall, daß – genauso wie der Einbruch der Nomaden in das teilweise Kulturvakuum Europas zu Beginn der Fußgängerepoche in der *Fülle der Zeit* ein beherrschendes Weltzentrum in der Epoche der Seefahrt schuf – der Einbruch der Europäer in die teilweisen Kulturvakua von Nordamerika und Zentral- und Nordasien während der Seefahrtepoche zur Etablierung der beiden größten politischen Staaten geführt hat: Vereinigte Staaten von Amerika und der Union der Sozialistischen Sowjet-Republiken, die gegenwärtig die erfolgreichste Anpassung an die vierte Epoche demonstrieren: die Epoche der mechanischen Fortbewegung.[48]

Der Gegensatz zu dem ursprünglichen Zusammenhang dieses Ausdruckes, auf den McNeill vermutlich anspielt, könnte kaum größer sein, denn Paulus gebraucht ihn, um die christliche Geschichtsphilosophie zu erläutern:

Als aber die Zeit erfüllet ward, sandte Gott seinen Sohn, geboren von einem Weibe und unter das Gesetz getan, auf daß er die, die unter dem Gesetz waren, erlöste, damit wir die Kindschaft empfingen (Gal. 4, 4–5).[49]

Wir sehen, daß McNeills Geschichtsphilosophie, so wie sie in *Past and Future* dargestellt wird, sich von der Geschichtsauffassung des christlichen Glaubens grundsätzlich unterscheidet.

Diese Schlußfolgerung wird durch eine bemerkenswerte Fußnote in *The Rise of the West* bestätigt, wo wir daran erinnert werden, daß niemand, der in einer christlichen Umwelt groß wurde, »leichten Herzens auf die großartige (religiöse) Erklärung des Platzes, den der Mensch im Universum einnimmt, verzichtet«.[50] In einer Diskussion über den »historischen Jesus«, die im Fernsehen von Chikago übertragen wurde, antwortete Prof. McNeill auf eine Frage von Norman Ross über seinen religiösen Standpunkt, er sei, was religiöse Traditionen angehen, ein Agnostiker und sehe sich nicht gedrängt, seinen Standpunkt zu ändern, aber empfehlen könne er diese Haltung nicht unbedingt jedermann.[51]

Wir fragen: Gibt es eine bestimmte Interpretation der Geschichte, der man gegenüber allen anderen den Vorzug geben soll? Oder ist es, wie Raymond Aron behauptet, »unmöglich, der Pluralität der Interpretationssysteme zu entrinnen«,[52] müssen wir uns dem Theologen David Granskou anschließen, der in der Diskussion mit McNeill erklärte, die gleichen Tatsachen, die McNeill zu seinem Agnostizismus führten, stellten die Grundlage seines Glaubens dar? Die Antwort auf solchen Relativismus (der vom Solipsismus nicht weit entfernt ist) haben wir schon an anderer Stelle gegeben. Sie besteht in der Auferstehung Jesu Christi. Nicht ohne Grund kommt Latourette in seinem siebenbändigen Werk »Geschichte der Ausbreitung des Christentums« (einbändige deutsche Ausgabe: Göttingen 1956) zu dem Schluß: »Der Christ erkennt die Auferstehung Jesu Christi als eine Tatsache an.«[53] Mit den gleichen Methoden, mit denen man alle anderen historischen Tatsachen nachprüft, kann man auch untersuchen, ob jenes Ereignis, von dem Jesus die Wahrheit aller seiner anderen Behauptungen abhängig machte, wirklich stattfand. Wir haben in Kapitel 3 eine solche Untersuchung angestellt, deren Ergebnis den nichtchristlichen Weltanschauungen »wie ein Messer an der Kehle sitzt« (so drückte es J. V. Langmead Casserly[54] aus).

Wenn man dem nun entgegenhält, was McNeill auch tut, daß eine ernsthafte Prüfung des Befundes zum Thema »Auferstehung« nur dann sinnvoll ist, wenn man Raum läßt für die Möglichkeit übernatürlicher Wunder[55], so widerlegt McNeill diesen Einwand selbst an anderer Stelle, wo er ganz richtig erklärt, daß die Newtonsche »Weltmaschine« und die »elegante Klarheit der Physik des 19. Jahrhunderts«, die sich darauf gründete, von der Einstein'schen Revolution aufgelöst worden ist.[56] Wie der verstorbene Cambridge-Professor C. S. Lewis in seiner klassischen Widerlegung von Hume nachgewiesen hat, ist seit Einstein das Universum für *jede* Art von Ereignis geöffnet.[57] Die Frage ist nicht mehr, was geschehen *kann,* sondern was geschehen *ist.* Wer sich unvoreingenommen mit den Dokumenten beschäftigt, aus denen wir über die Auferstehung erfahren, wird zu der Schlußfolgerung des Erlanger Historikers Ethelbert Stauffer kommen:

Was tun wir (als Historiker), wenn wir Überraschungen erleben, die wider alle unsere Erwartungen, vielleicht gegen unsere Überzeugungen und vielleicht gegen das ganze Wahrheitsverständnis unseres Zeitalters stehen? Wir sagen, was ein großer Historiker in solchen Situationen stets zu sagen pflegte: Möglich ist das sicherlich. Und warum nicht? Für den kritischen Historiker ist nichts unmöglich.[58]

Eine solche Haltung ist in jeder Hinsicht das Kennzeichen eines wahrhaft modernen Historikers. Da dies zu dem auferstandenen Christus führt, öffnet es einen Weg, der uns jenseits des historischen Relativismus zu einer Schau der menschlichen Vergangenheit führt, in der sich die Zeit wahrhaft »erfüllt«.

Umkehrung der Werte

Wenn die christliche Weltanschauung den Tatsachen entspricht, dann sollten die sich daraus ergebenden Folgerungen von nicht geringer Bedeutung für die Beurteilung von Prof. McNeills Werk sein. Zur gleichen Zeit wird Prof. McNeills beeindruckender Beitrag zur Literatur der Weltgeschichte dem christlichen Kirchenhistoriker neue Erkenntnisse vermitteln, die ihm bei seiner eigenen Aufgabe helfen werden.

Die christliche Geschichtsphilosophie kann vier wichtige Beiträge zu McNeills Darstellung der Menschheitsgeschichte leisten. Zunächst einmal wird sie den geographisch-wirtschaftlichen Reduktionismus mit dem sich dabei einschleichenden materialistischen Determinismus korrigieren, die auch in McNeills Werk (trotz der besten humanistischen Absichten!) nicht zu übersehen sind.[59]

Zweitens, wie wir bereits angedeutet haben, schützt die christliche »Weltanschauung«, die ihr Hauptaugenmerk auf den Erlösungsakt Gottes in Christus und die Verkündigung dieses Geschehens durch die Kirche richtet, den Historiker vor der Vernachlässigung wesentlicher Tatsachen in der Kirchengeschichte und vor dem Übersehen des christlichen Einflusses auf die allgemeine Weltgeschichte.

Drittens kann die christliche Perspektive eine wertvolle Erkenntnis zum »Aufstieg des Westens« liefern. Woher stammt die langanhaltende Dynamik, so fragt sich McNeill, die der Westen gezeigt hat? Seine Antwort verweist auf die »drastische Unstabilität« des Westens, die »Unvereinbarkeiten«, die in der westlichen Geschichte am Werk waren. Ein solches Kausalmotiv ist (wie Toynbees »Herausforderung und Antwort« = Theorie) mehr ein formales Prinzip als eine konkrete Erklärung.[60] Liegt die Antwort nicht im Grunde im Entwicklungsgedanken, der von der linearen, teleologisch orientierten Geschichtsschau des Christentums herrührt, und der seitdem Grundbestandteil der westlichen Lebensschau geblieben ist?[61] McNeill ist sich des Unterschiedes zwischen der zyklisch empfindenden, a-historischen Orientierung der nichtchristlichen Welt – und der christlichen Teleologie, die bestimmt wird durch die Schöpfung, die Inkarnation und das Jüngste Gericht, »die dem gewöhnlichen Erdenleben Sinn und Hoffnung verleihen«[62], wohl bewußt. Aber er scheint die ungeheure Bedeutung dieser Tatsache für seine These nicht zu erkennen. Denn wenn, wie ich an anderer Stelle erläutert habe, westliche »Konzeptionen von geschichtlichem Fortschreiten, seien sie religiös oder materialistisch, christlich oder marxistisch, ursprünglich der biblischen Geschichtsvorstellung entstammen«[63], dann ist die Erklärung für die erstaunliche Vitalität unserer Kultur vor allem in der biblisch-gläubigen Gesamtschau der westlichen Völker zu suchen.

Der vierte Beitrag, den die christliche Geschichtsphilosophie zu McNeills Analyse der Weltgeschichte machen kann, liegt im Bereich der Axiologie, der »Wertlehre«.

Es ist natürlich unvermeidlich, daß McNeills Geschichtsdarstellung auf bestimmten Werturteilen beruht (z. B. »Heldentum« und

»Freundlichkeit« angesichts der Herausforderung der modernen Welt)[64] und außerdem Unterscheidungen zwischen »Wichtigem« und »Unwichtigem« vornimmt (wir »sollten uns für glücklich halten, daß wir in einem der großen Zeitalter der Welt leben«).[65] Aber wie soll man solche Werturteile begründen?

Wenn wir im letzten Abschnitt von *The Rise of the West* lesen, daß »es kaum jemals mehr auf gute und weise Männer in allen Teilen der Erde ankam«, da sie »dazu beitragen können, die guten Ideale, die alle oder fast alle Weltführer verkünden, zu verwirklichen, und daß alle bösen Menschen und Mängel uns nicht entmutigen sollten«, dann würden wir gerne in unseren Herzen »Amen« flüstern. Aber bevor wir das tun, sollten wir zunächst einmal sichergehen, daß »gut« und »böse« richtig definiert sind und daß »edle Ideale« gegen jene Zielsetzungen verteidigt werden können, die von zumindest einigen Weltführern verkündet werden. Und *warum* sollten wir uns freuen, gerade in dieser Zeit zu leben oder ihre Herausforderung annehmen – warum sollte der Aufstieg des Westens in irgendeiner Weise einen positiven Wert haben[66]?

Fragen dieser Art werden in McNeills Schriften nicht beantwortet[67], und sie können auch nicht unabhängig von irgendeinem offenbarten Absolutum beantwortet werden. Aus dem Relativismus der menschlichen Situation können keine permanenten Werte kategorisch etabliert werden – von nichts kommt nichts. Nur wenn Absoluta von außerhalb der menschlichen Situation geliefert werden, kann der Mensch auf festem Boden stehen. Hier kann der Christ aushelfen: die zentrale christliche Glaubensauffassung, daß »Gott in Christus war, um die Welt mit sich zu versöhnen«, zeigt, daß die Antworten auf dieses Dilemma des Menschen von dem Einzigen gegeben worden sind, der das tun kann. McNeill zeigt, daß er das ethische Dilemma des modernen Menschen (und ein solcher ist er ja auch) versteht: »Man könnte durchaus dafür argumentieren, daß die liberale demokratische Gesellschaft des Westens im 20. Jahrhundert aus dem humanitären Kapital schöpft, das von den religiösen Gemütern der vergangenen Generationen geerbt worden ist.«[68] Er kann sogar über die Notwendigkeit einer religiösen Erweckung spekulieren:

Ohne eine tiefgreifende religiöse Erweckung halte ich es für wahrscheinlich, daß moralische Lässigkeit und der Geist der Gleichgültigkeit, ja ein Gefühl der Sinnlosigkeit immer mehr die Gemüter der Menschen beherrschen wird, und da sie nichts mehr haben, wofür es sich lohnte zu leben oder zu kämpfen, könnten sie vielleicht sogar aufhören, ihre Art ausreichend genug fortzupflanzen, um einen Rückgang in der Weltbevölkerung zu verhindern. Die Griechen und Römer wurden von einem solchen Gemütszustand gepackt, und der bemerkenswerte demographische Rückgang solcher Nationen in den Tagen des Römischen Reiches hing vielleicht mit der politischen und religiösen Desintegration ihrer überkommenen Lebensweise zusammen.[69]

Es ist schade, daß McNeill nicht erkennt, daß genau so, wie es einst »der Geist der Kirche war, der die Katastrophe der alten (römischen) Welt überlebte und sowohl sich selbst als auch die besten Gaben Europas rettete«[70], dieser christliche Glaube das einzige ist, was auch in Zukunft einen festen Boden für historische Ideale gibt, wie wir sie in *The Rise of the West* vorfinden. Wir wollen McNeills Hoffnungen nicht widersprechen, aber wir müssen mit allem Ernst darauf hinweisen, daß andere Zeitgenossen unser Zeitalter in tiefer Verzweiflung betrachten und uns daran erinnern, daß die bloße Formulierung von Idealen nicht ausreicht. Die Kernfrage ist die, ob eine historische Hoffnung angesichts der allzuhäufigen Unmenschlichkeit des Menschen gegenüber anderen Menschen überhaupt zu rechtfertigen ist.[71]

Die einzig gültige Antwort bleibt die, die der auferstandene Christus gegeben hat, der nicht nur einen Brennpunkt der Erlösung für die menschliche Geschichte geschaffen hat, sondern auch ihre Erfüllung am Ende der Zeiten garantiert.[72]

Zum Schluß noch kurz ein Blick auf die Kehrseite der Münze: Was kann der christliche Kirchenhistoriker von *The Rise of the West* lernen? Obwohl säkulare Weinschläuche platzen, wenn sie versuchen, die christliche Geschichte zu bergen, so ist die christliche Weltschau doch in der Lage, alle Wahrheit in säkularen Lebensanschauungen, alle geschichtliche Wahrheit aufzunehmen. Wenn wir also ein solch großartiges Werk wie *The Rise of the West* vor uns haben, sollte der christliche Historiker nicht nur Kritik üben, sondern ehrfürchtig die Wahrheiten, die hier über das Dilemma des Menschen offenbart werden, zur Kenntnis nehmen. Er sollte noch mehr tun: McNeills Weltgeschichte sollte ihn dazu veranlassen, ähnliche Werke zu schaffen, die die Allgegenwart von Gottes Wirken in der Zeit demonstrieren.[73] Im 5. Jahrhundert antwortete Augustinus mit seinem »Gottesstaat« auf die Herausforderung seiner Zeit[74]. Soll es im 20. Jahrhundert niemanden geben, der berufen ist, den Menschen die Wege Gottes zu deuten?

Kapitel 5

Karl Barth und die zeitgenössische Geschichtstheologie

»Als Karl Barth (1886–1968) beschloß, sich der systematischen Theologie zuzuwenden, verlor die protestantische Geschichtsforschung einen Mann, der potentiell der größte Dogmenhistoriker seit Adolf von Harnack war.« Diese Worte finden wir im Vorwort zur amerikanischen Ausgabe von Barths Werk *Die protestantische Theologie im 19. Jahrhundert* [1], geschrieben von Professor Jaroslav Pelikan. Barths Bedeutung für die historische Forschung wie auch für die Dogmatik wird von allen bestätigt, die seine Werke kennen. Wir wollen uns hier darum bemühen, das Verhältnis (oder Mißverhältnis) zwischen Theologie und Geschichte im Barthschen Denken herauszustellen und eine kritische Darstellung geben, die es dem Leser ermöglicht, die Gefahren in Barths theologischem Ansatz zu erkennen. Ich will mich für den negativ kritischen Ton des Kapitels nicht entschuldigen; meinem Eindruck nach (der auf dem Besuch der Barth-Vorlesungen in der Universität von Chikago im April 1962 beruht) wird Barth zu oft unkritisch gelobt – ein Lob, das ihm selbst genauso viel Verlegenheit bereitet wie anderen. Ich habe schon immer die Überzeugung vertreten und vertrete sie auch heute noch, daß in der *rabies theologorum* Wahrheit zu finden ist, wenn man nur die richtigen Methoden anwendet. Wie wir aus der großartigen Erklärung, mit der der Hebräerbrief beginnt, ersehen können, hat die christliche Theologie eine zwiefältige Verbindung mit der Geschichte.

Nachdem vorzeiten Gott manchmal und auf mancherlei Weise geredet hat zu den Propheten, hat er in diesen letzten Tagen zu uns geredet durch den Sohn. Ihn hat Gott gesetzt zum Erben über alles; durch ihn hat er auch die Welt gemacht. Er ist der Abglanz seiner Herrlichkeit und das Ebenbild seines Wesens und trägt alle Dinge mit seinem kräftigen Wort und hat vollbracht die Reinigung von unsren Sünden und hat sich gesetzt zur Rechten der Majestät in der Höhe.

Gott ist in der allgemeinen Menschheitsgeschichte am Werk, er »trägt alle Dinge mit seinem kräftigen Wort«. Auf ganz besondere Weise jedoch hat er auch an der Geschichte des Menschen teilgenommen – durch seine sühnende Selbstaufopferung in der Person Jesu Christi. Deshalb muß die christliche Theologie stets von der Gesamtgeschichte und von der Heilsgeschichte sprechen. Wir wollen zunächst einmal den Barthschen Ansatz in diesen beiden Bereichen analysieren, und dann werden wir die Auswirkungen auf die evangelikale Theologie unserer Tage untersuchen.

Das Geschichtsverständnis Karl Barths

Prof. Pelikan sagt in seiner Einführung zu Barths *Die protestantische Theologie im 19. Jahrhundert* von dessen Werk *Kirchliche Dogmatik:* »Die vielen historischen Exkurse in Barths Werk, die sich mit der Geschichte von der Lehre der Engel bis zu dem Bild von Judas Ischariot beschäftigen, sind ein Zeichen der Breite seines Wissens und der Tiefe seines Verständnisses.« Trotz all dieser Exkurse jedoch und obwohl Barth häufig von der engen Verbindung zwischen Christentum und Geschichte spricht, zeigt seine *Kirchliche Dogmatik* eine erstaunliche Gleichgültigkeit hinsichtlich des allgemeinen irdischen Erlebens des Menschen. Der folgende Abschnitt gibt Barths Haltung zur Weltgeschichte gut wieder:

Das Urteil, daß alle gesündigt haben, beinhaltet sicherlich ein Urteil über das, was menschliche Geschichte getrennt von dem Willen, Wort und Werk Gottes ist... und eine Kenntnis der Sünde und Schuld des Menschen im Licht des Gnadenwortes Gottes beinhaltet auch ein Wissen, daß diese Geschichte im Stolz des Menschen begründet ist und von diesem bestimmt wird... Die Geschichte der Welt, die Gott in Jesus Christus und im Hinblick auf ihn schuf, kann nicht aufhören, in ihm ihr Ziel und ihren Mittelpunkt zu haben. Aber angesichts dieses Ziels und Mittelpunkts kann Gott zu ihrer Korruption nicht Ja, sondern nur Nein sagen... Was ist das offensichtlich hervorstehende Merkmal der Weltgeschichte?... (Es) ist die alles erobernde Monotonie – die Monotonie des Stolzes, in der der Mensch zu seines eigenen und seines Nächsten Schaden gelebt hat, von der Urzeit durch Ebbe und Flut seines späteren Fort- und Rückschritts sowohl im allgemeinen als auch im einzelnen, der Stolz, in dem er immer noch lebt... und ganz bestimmt auch bis zum Ende der Zeit leben wird... Die Geschichte... inszeniert die kleine Szene aus dem Garten von Eden ständig aufs Neue.[2]

Für Barth ist das »offensichtlich hervorstechende Merkmal der Weltgeschichte« ihre »alles erobernde Monotonie«. Aber wie offensichtlich ist dieses »offensichtlich«? Prof. Max Black, der mich an der Cornell University in Logik unterrichtete – wir nannten ihn kameradschaftlich Black Max (»Schwarzer Max«) – pflegte zu sagen: Bei neun von zehn Fällen, in denen das Wort »offensichtlich« gebraucht wird, ist der Sachverhalt, um den es geht, keineswegs offensichtlich. Es ist sicher, daß die »alles erobernde Monotonie« weder von den biblischen Autoren noch von den protestantischen Reformatoren als »hervorstehendes Merkmal der Weltgeschichte« empfunden wurde. Die Einstellung zur Geschichte, die wir in der Bibel und den Schriften der Reformatoren finden, ist keineswegs negativ, sondern im höchsten Maße positiv, da sie auf der zentralen

Überzeugung basiert, daß die gesamte menschliche Geschichte in den Händen Gottes liegt. Überall in der biblischen Offenbarung begegnet uns die tiefe Überzeugung: »Die Erde ist des Herrn und was drinnen ist, der Erdkreis und die darauf wohnen« (Ps. 24, 1).[3] Die Geschichte hat deshalb einen Sinn, weil die souveräne Macht Gottes hinter ihr steht.

Calvin ist es im Schlußkapitel seiner *Institutio* gut gelungen, die biblische Einstellung zum geschichtlichen Geschehen einzufangen:

Hier zeigt sich seine wunderbare Güte und Macht und Vorsehung; denn manchmal macht er seine Diener zu öffentlichen Rächern und gibt ihnen den Auftrag, eine ungerechte Herrschaft zu bestrafen und ein Volk von seinem Unglück zu befreien, das ungerecht unterdrückt worden ist; manchmal erreicht er dieses Ziel durch den Zorn von Menschen, deren Absicht eine ganz andere ist. So befreite er das Volk Israel von der Tyrannei des Pharao durch Mose... Er demütigte die stolzen Menschen von Tyrus durch die Ägypter, die Hochmütigkeit der Ägypter durch die Assyrer, die Überheblichkeit der Assyrer durch die Chaldäer, das Selbstvertrauen Babylons durch die Meder und Perser, nachdem Kyrus die Meder unterworfen hatte. Er bestrafte die Undankbarkeit der Könige von Israel und Juda und ihre gottlose Rebellion, trotz der Gunst, die er ihnen erwiesen hatte, manchmal durch die Assyrer, manchmal durch die Babylonier... Welche Meinung man sich auch über die Handlungen von Menschen bilden mag, der Herr benutzte sie, um sein Werk zu tun. Aber die blutrünstigen Zepter hochmütiger Könige zerbrachen.[4]

Der Kontrast zwischen dem Barthschen Geschichtsverständnis als »Monotonie« und Calvins schriftgemäßer Auffassung von der Geschichte als einem Bereich, in dem die »wunderbare Güte und Macht und Vorsehung« Gottes in all ihrer Dynamik sichtbar wird, könnte kaum größer sein.

Wie ist aber ein solch fundamentaler Gegensatz möglich, wenn, wie gewöhnlich behauptet wird, Barth sich darum bemüht hat, dem Protestantismus des 20. Jahrhunderts eine in der Bibel begründete Theologie zu geben, in der die großen Wahrheiten der Reformation wiederentdeckt werden? Die Antwort ergibt sich, wenn man sich klar macht, daß Barths Theologie ursprünglich eine Reaktion auf die humanistisch-liberalen Theologien des 19. und frühen 20. Jahrhunderts war. Wie es bei solchen Reaktionen nun einmal häufig passiert, schwang das Pendel dann zu weit in die entgegengesetzte Richtung. Das 19. Jahrhundert war eine Zeit des Optimismus in fast allen Lebensbereichen und vor allem in der Geschichtsphilosophie. Hegel war überzeugt, »daß es auch in der Weltgeschichte vernünftig zugegangen ist« und daß sie sich auf dialektische Weise durch die vier großen »welthistorischen Reiche« unvermeidlich auf das Ziel der Freiheit hinbewegt.[5] Marx und Engels behaupteten, die Grundlage allen Lebens sei der Fortschritt der Produktions- und

Tauschweisen; als Endziel sahen sie die klassenlose Gesellschaft[6]. Mit Ausnahme von Jakob Burckhardt, dem großen Schweizer Historiker, der für das 20. Jahrhundert eine »Unterwerfung unter einzelne Führer und Usurpatoren« voraussah[7], und Lord Acton, ursprünglicher Herausgeber der *Cambridge Modern History*, der aufgrund seiner katholischen Überzeugung zu der Einsicht gelangte: »In allen menschlichen Situationen korrumpiert die Macht – und absolute Macht korrumpiert absolut[8]«, – herrschte im 19. Jahrhundert, was die menschliche Geschichte angeht, ein naiver Optimismus. Der theologische Liberalismus erwuchs aus dem optimistischen Menschenbild des 19. Jahrhunderts. Typisch ist z. B. Shailer Mathew's »Geistliche Interpretation der Geschichte« (*Spiritual Interpretation of History*), in der behauptet wird, »die Geschichte vermittelt uns die Überzeugung, daß die christliche Religion mit der Tendenz des menschlichen Fortschritts im Einklang steht«.[9]

Gegen diesen anthropozentrischen Progressivismus wehrte sich Barth mit aller Gewalt. Sein *Römerbrief* (1919) wendete sich heftig gegen jeden Versuch, den Menschen zum Mittelpunkt unserer Aufmerksamkeit zu machen und ein »humanistisches Reich Gottes auf Erden« zu errichten. Barth betont so sehr die biblische Bestätigung der radikalen Not des Menschen vor Gott, daß er damit jegliches Interesse an der allgemeinen Geschichte und an Gottes schöpferischer und bewahrender Tätigkeit außerhalb der Heilsgeschichte verliert. Wie sehr sich Barth gegen jeden Versuch wehrte, der allgemeinen Menschheitsgeschichte« irgendeinen Sinn zuzusprechen, läßt sich an seiner Auseinandersetzung mit Brunner über »natürliche Offenbarung«[10] und an seiner Ablehnung von Werner Elerts Theologie sehen[11]. Brunner argumentierte auf der Basis biblischer Aussagen (wie Röm. 1, 20), daß es so etwas wie eine biblische »Naturtheologie« gibt, in dem Sinne, daß alle Dinge, die Gott geschaffen hat, objektiv den göttlichen Stempel tragen. Barth weigert sich jedoch hartnäckig, so etwas anzuerkennen. Für ihn wird dieser »göttliche Stempel« nicht etwa durch den Offenbarungsglauben sichtbar gemacht, sondern dieser erschafft ihn erst. Ganz im Gegensatz zu Brunner[12] und Elert[13] will Barth mit der klassischen evangelischen Lehre der Schöpfungsordnungen, die alles historische Leben – christlich und nicht-christlich – durch von Gott geschaffene Strukturen (Familie, Staat etc.) beherrscht sieht, nichts zu tun haben. Bei seiner Ablehnung optimistischer Anthropologien und modernistischer Theologien, die die zentrale christliche Erlösungslehre leugneten, verfiel Barth ins andere Extrem und hielt fast nur das Christus-Ereignis überhaupt für wichtig.

Barths Geschichtsverständnis steht in direkter Beziehung zu dem, was seine Kritiker als »Unitarismus der zweiten Person« bezeichnet haben – die Reduzierung aller Theologie zur Christologie. Keiner wird leugnen, daß ein christusloser Modernismus einer radikalen Korrektur bedurfte, aber man kann Falsches nicht mit entgegengesetzt Falschem wieder gut machen. Besonders heute, da sowohl Christ als auch Nichtchrist danach suchen, der allgemeinen Geschichte eine sinnvolle Interpretation zu geben (wie sich in der Popularität von Toynbees Werk zeigt), müssen wir jenseits von Barth nach einem biblischen, an der Dreieinigkeit Gottes orientierten Konzept der Vergangenheit des Menschen suchen.[14]

Barth und die »Heilsgeschichte«

Barth interessiert sich also nicht für die angebliche »Monotonie« der menschlichen Geschichte, sondern für die bedeutungsvollen Ereignisse der Heilsgeschichte. Da Gottes Offenbarung in Jesus Christus der Brennpunkt seiner theologischen Anstrengungen ist, müssen wir fragen, wie er Zeit und Ewigkeit im Drama der Erlösung miteinander in Beziehung bringt.

Den Schlüssel zu Barths Geschichtstheologie in bezug auf den Heilsplan Gottes finden wir in einem Abschnitt in seinem *Römerbrief:*

Daß die Sünde durch Adam in die Welt kam, ist in keinem Fall als ein streng historisches oder psychologisches Ereignis anzusehen. Die Lehre von der Erbsünde, wie sie im allgemeinen im Westen verstanden wurde, wäre für Paulus niemals eine »attraktive Hypothese« (Lietzmann) gewesen; sie wäre nur eine der vielen historischen und psychologischen Verfälschungen ihrer Bedeutung gewesen. Die Sünde, die durch Adam in die Welt kam, ist wie die Gerechtigkeit, die der Welt durch Christus offenbar wurde, zeitlos und transzendent.[15]

Barth gestattet es nicht, daß man den Sündenfall und die Erlösung von Sünde als *Historie* (d. h. als Tatsachen, die von einem neutralen Geschichtsforscher entdeckt und untersucht werden können) sieht; sie gehören vielmehr in den Bereich der *Geschichte* (d. h. sie sind Offenbarungsereignisse, die mit *Historie* als solcher nicht identifiziert werden dürfen). Den Ereignissen der Heilsgeschichte ist stets eine Verborgenheit zu eigen, die dem »objektiven« Historiker entgeht. Daher wird Barth nicht müde, die Theologen der evangelischen Orthodoxie dafür anzugreifen, daß sie behaupteten, die Offenbarung habe sich direkt in der Historie ereignet, Adam sei in Raum und Zeit gefallen, Christi Erlösungswerk sei ein historisches Ereignis in der vollen Bedeutung des Wortes gewesen. Die Orthodoxie beging Barth zufolge den tragischen Fehler, auf die Geschichte zu zeigen und zu sagen: »*Es gibt* Offenbarung«, ein »es gibt«, das letztlich »profan« ist.[16] Wenn wir uns im Bereich der Theologie befinden, so warnt Barth, »bedeutet geschichtlich nicht historisch fixierbar oder fixiert. Geschichtlich hat also nicht den gewöhnlichen Sinn des Wortes ›geschichtlich‹«.[17]

Aber wie steht es denn mit Barths Opposition gegen Bultmann, wie sie in seiner Kritik des Jahres 1952 an dem Marburger Theologen Ausdruck fand? Ist es nicht wahr, daß Barth die historische Tatsächlichkeit der Auferstehung Christi gegen Bultmanns Entmythologisierungen verteidigt hat?[18] Cornelius Van Til offenbart in seinem jüngsten Buch *Christianity and Barthianism* (»Christentum und Barthianismus«) den Fehlschluß in diesem Argument:

Was Barth als die objektive Grundlage für den Glauben ansieht, wird in *seinem* Christus und in der Auferstehung *seines* Christus gefunden. Und *diese* Auferstehung von *diesem* Christus folgt nicht auf seinen Tod wie ein Ereignis der Zeit aufs andere folgt... Barth zufolge gäbe es für die Botschaft des Evangeliums keine wahre Objektivität, wenn die Auferstehung direkt mit einer geschichtlichen Tatsache in Beziehung gebracht würde, die auf eine andere geschichtliche Tatsache, den Tod Christi, folgt, denn dann wäre die Offenbarung Gottes in der Auferstehung keine göttliche Offenbarung mehr. Denn Offenbarung wäre dann nicht mehr gleichzeitig *verborgen* und offenbart. Damit wären all die Übel einer Naturtheologie und einer egozentrischen Anthropologie zurückgekehrt. Wenn das Barthsche Verständnis von der Objektivität des Evangeliums aufrecht erhalten werden soll, so muß man, seiner eigenen Meinung zufolge, das der Reformation ablehnen. Barth antwortet Bultmann, wie er dem Katholizismus und allen anderen antwortet, eben mit diesem Christus-Ereignis, und diese Antwort basiert auf einem rein subjektiven Fundament. Wir können hier nicht einfach eine Zeitlang auf der Straße der Subjektivität mitgehen, und dann irgendwo einfach stehenbleiben. Bultmann und Barth stehen gemeinsam gegen das Evangelium der Gnade, wie es auf dem Christus der Schrift beruht. Wir dürfen Barth genausowenig wie Bultmann folgen.[19]

Van Til hält mit seiner Meinung nicht hinter dem Berg – und vielen bibeltreuen Christen hat seine Beurteilung von Barth mißfallen. Ein typisches Beispiel ist Edward John Carnell, der nach den Barth-Vorlesungen in Chikago schrieb: »Ich empfand geradezu physischen Schmerz, als ich im Nachrichtenmagazin *Time* las, daß Cornelius Van Til, einer meiner früheren Professoren, erklärt hatte, der Barthianismus stehe der evangelischen Reformation feindlicher gegenüber als der römische Katholizismus. Ich schlage vor, daß Van Til Gott für ein so unverantwortliches Urteil um Vergebung bittet.«[20]

Aber wie »unverantwortlich« ist van Tils Urteil in Wirklichkeit? Daß *ho Logos sarx egeneto* (Joh. 1, 14), daß das Wort Fleisch ward – und hier ist von *historischem* Fleisch die Rede –, ist das Wesen der christlichen Botschaft, nämlich daß Jesus tatsächlich starb und genauso tatsächlich am dritten Tag von den Toten auferstand. Die Autoren des Neuen Testaments scheuen keine Mühe, um uns von der Tatsächlichkeit der in den Evangelien berichteten Ereignisse zu überzeugen. Johannes erklärt, die apostolische Kirche hörte das Wort des Lebens, sah es mit eigenen Augen und berührte es mit den Händen (1. Joh. 1, 1), und in seinem Evangelium erleben wir, wie der zuerst zweifelnde Thomas die Göttlichkeit Jesu anerkennt, nachdem er dem von den Toten Auferstandenen begegnet. Lukas behauptet, sein Bericht von Christus beruhe auf Augenzeugenberichten (Luk. 1, 2). Später lesen wir dann, daß Jesus seine *körperliche* Auferstehung von den Toten aufs Eindrücklichste demonstrierte, indem er vor den Augen der Jünger eine Mahlzeit einnahm – die Jünger hatten ihn nämlich für einen Geist gehalten (Luk. 24, 36–43). Paulus machte die Wahrheit der gesamten christlichen Lehre von der Tatsächlichkeit der Auferstehung abhängig, und erklärte, mehr als 500 Menschen hätten den auferstandenen Christus gesehen (1. Kor. 15, 4–6).

Wenn er behauptete, Jesus sei »um unsrer Sünden willen dahingegeben und um unsrer Rechtfertigung willen auferweckt« (Röm. 4, 25), so kann das doch nur heißen, daß ohne einen wahrhaft historischen (nicht nur geschichtlichen) Tod und Auferstehung wir immer noch in unseren Sünden und unter dem Zorn Gottes wären. Angesichts der Parallele zwischen Adam und Christus, die wir in Römer 5 finden, ist die Historizität von Adams Sündenfall gleichfalls für die christliche Botschaft von grundlegender Bedeutung.[21] Barths »Leugnung der objektiven Existenz des Bösen«[22] steht zweifelsohne mit seinem a-historischen Verständnis vom Sündenfall in Beziehung. Es ist doch klar: wenn die Krankheit des Menschen objektiv nicht identifiziert werden kann, hat auch Gottes Heilmittel keine objektive Wirklichkeit.[23]

Wir sollten deshalb Van Tils Kritik an Barth nicht zu voreilig ablehnen. Vielleicht hat er die Konsequenzen von Barths Trennung zwischen Historie und Theologie klarer erkannt als andere. Der große Cambridge-Historiker Herbert Butterfield hat einmal gesagt: »Es wäre ein gefährlicher Irrtum zu glauben, die Merkmale einer historischen Religion könnten erhalten bleiben, wenn der Christus der Theologen von dem Jesus der Geschichte getrennt wird.«[24] In Barths Geschichtstheologie hat sich genau eine solche Trennung vollzogen.

Wir haben also festgestellt, daß die Barthsche Geschichtstheologie sowohl im Bereich der allgemeinen Menschheitsgeschichte als auch in dem der Heilsgeschichte grundlegend zu bemängeln ist. Aber wie kann das denn sein, wenn Barth immer wieder behauptet, er wolle die ursprüngliche Reinheit sowohl der biblischen Autoren als auch der Reformatoren wiedergewinnen? Wir müssen uns hier noch etwas mit der Motivation hinter den Barthschen Ideen beschäftigen.

Hinweise darauf, worum es Barth nun eigentlich geht, finden wir in seinem nicht gerade einfach geschriebenen Werk *Fides quaerens intellectum. Anselms Beweis der Existenz Gottes,* dessen Absicht darin besteht, Anselms sogenannten »ontologischen Gottesbeweis« von den Mißinterpretationen zu erretten, die ihm von Kritikern im Lauf der Jahrhunderte widerfahren sind. Das Werk sagt in Wirklichkeit viel mehr über Barth als über Anselm aus, aber das soll uns hier nicht kümmern. Worum es uns hier geht, ist das Verständnis von Theologie, das Barth hier offenbart. Am Ende des Buches faßt Barth das Ergebnis seiner Untersuchung wie folgt zusammen:

Der Beweis, so wie Anselm ihn führen wollte und mußte, ist vollzogen. Er selbst erinnert uns wieder daran, was er unter einem Beweis versteht: nicht eine Wissenschaft, die von dem Glauben der Kirche entwickelt und enträtselt werden kann und die den Glauben der Kirche aufgrund einer Quelle, die außerhalb ihrer liegt, etabliert. Es handelt sich um eine Frage der Theologie. Es ist eine Frage des Beweises des Glaubens durch den Glauben, der schon in sich selbst ohne Beweis begründet war.[25]

Hier haben wir eines der wichtigsten Prinzipien von Barths Theologie: die Theologie ist ein autonomer Bereich insofern, als es zwischen ihr und anderen Bereichen menschlichen Wissens oder menschlicher Erfahrung keine Verbindung gibt. Das Christentum kann keine Apologetik haben, muß nicht beweisbar bleiben, sonst würde die Offenbarung ihrer »Verborgenheit« beraubt. Somit muß man Theologie und objektive Geschichte sorgfältig voneinander trennen, denn die Geschichte ist nicht verborgen, sondern jeder Untersuchung zugänglich. Hier unterscheidet sich Barth von Bultmann nur dadurch, daß Bultmann sich offener ausdrückt.[26] Wenn Bultmann sowohl die allgemeine Geschichte (»der Sinn der Geschichte liegt stets in deiner Gegenwart[27]«) als auch die Heilsgeschichte relativiert und existentialisiert (indem er sagt »Jesu Auferstehung fand im Kerygma statt«[28]), zieht er lediglich die Schlußfolgerung aus dem Barthschen Geschichtsverständnis. Der Dualismus zwischen Erde und Himmel – zwischen Geschichte und Theologie – zwischen Jesus und dem Christus – zwischen Bibel und Offenbarung wird damit zum obersten Prinzip erhoben, und das kommt einer Leugnung der Menschwerdung gleich.

Warum wird auf die angebliche Verborgenheit der Offenbarung ein so großer Wert gelegt? Wie wir gesehen haben, gaben sich die biblischen Schreiber die größte Mühe, die *Offenheit* der biblischen Offenbarung zu zeigen, die Gott durch die Propheten und seinen Sohn gegeben hat. Typisch ist die folgende Erklärung, die Paulus dem König Agrippa gab: »... denn es ist ja nicht irgendwo im Winkel geschehen« (Apg. 26, 26). Das Barthsche Konzept von der Verborgenheit mit dem sich daraus ergebenden Dualismus entspringt, so glaube ich, einer Furcht vor dem intellektuellen Angriff von ständig wachsenden »nachchristlichen« Kräften unserer Tage. Barth ist sich der Siege der Naturwissenschaft über die traditionelle Theologie in den letzten zwei Jahrhunderten wohl bewußt[29], und es ist ihm nicht möglich, den Revisionismus der historisch-kritischen Forschung, der fast die gesamte Theologie in ihren Bann geschlagen hat, von sich zu weisen. Die reformatorische Indentifikation von Historie und Geschichte lehnt er als hoffnungslos vorkantianisch ab; wenn man diese Identifikation heute noch aufrechterhält, so lädt man seiner Meinung nach die Kritiker dazu ein, den christlichen Glauben in Stücke zu reißen.

Was hat Barth dann dem »Ungläubigen« zu sagen? In *Nein!* erklärte er, die Erfahrung habe ihn dazu geführt, »Ungläubige« (die Anführungszeichen stammen von ihm) so zu behandeln, »als sei ihre Ablehnung des ›Christentums‹ nicht ernst zu nehmen«.[30] Die gleiche Auffassung vertritt er in seinem Werk über Anselm: »Vielleicht wußte Anselm keine andere Möglichkeit, über das christliche *Credo* zu sprechen, als den Sünder als jemanden anzureden, der nicht gesündigt hatte, den Nichtchristen als Christen, den Ungläubigen als Gläubigen, auf der Grundlage des großen ›Als-ob‹, das in Wirklichkeit überhaupt kein ›Als-ob‹ ist, sondern das zu allen Zeiten das letzte und entscheidende Mittel war, durch das der Gläubige zu dem Nichtgläubigen sprechen konnte.«[31] Barths Angst, er könne die christliche Offenbarung auf historischer Grundlage nicht verteidigen, hat ihn also dahin geführt, daß er wie ein Vogel Strauß seinen Kopf in den Sand steckt und die Existenz des Unglaubens und die ontologische Existenz des Bösen leugnet; er verkündet lediglich ein »transhistorisches« Evangelium, und zwar denen, die, auch wenn sie es energisch leugnen, bereits »Gläubige« sind. Damit ist es Barth zwar glänzend gelungen, den christlichen Glauben vor aller Kritik zu schützen und von der Notwendigkeit jeglicher Apologetik zu befreien – aber der Preis, den er dafür aufbringen muß, ist zu groß, denn damit muß er den Kern des Evangeliums, die Inkarnation Gottes und die realistische Sündenlehre der Bibel aufgeben, und es ist ihm nunmehr unmöglich, das Evangelium zur allgemeinen Menschheitsgeschichte in Beziehung zu setzen. Er hat den historischen Glauben des Christentums zu einer zeitlosen, unerträglichen Religion reduziert, die sich etwa mit dem Buddhismus, dem Hinduismus und ihren theosophischen Gegenstücken vergleichen läßt.

Die Reaktion des Ungläubigen war ironischerweise das genaue Gegenteil von dem, was Barth sich vorgestellt hatte. »Die Ausflüchte der modernen Theologie« lautet ein Artikel, den Samuel Sandmel, ein jüdischer Gelehrter, in der Phi Betta Kappa-Zeitschrift *The American Scholar* veröffentlichte, und es lohnte sich einmal, kurz daraus zu zitieren:

Auf vielen, vielen Seiten finden wir in der Bibel eine Darlegung der Überzeugung, daß Gott sich in der Geschichte offenbart hat. Die Bibel weiß nichts von Transhistorie, und in der Tat ist allein diese Vorstellung 180° von dem entfernt, was die Bibel sagt. Nur die schlechteste Art von Wissenschaft kann es wagen, das Konzept der Transhistorie als biblisch zu bezeichnen. Und da dieses Wort ein Mischwort ist, denn *trans* kommt vom Lateinischen und *Historie* vom Griechischen, wird ein angeblich besserer Ausdruck, *Metahistorie,* angeboten. Auch er ist nicht biblisch. Ist Transhistorie oder Metahistorie eine Erklärung oder eine Ausflucht? Tritt der moderne Theologe in einen intellektuellen Kampf mit dem säkularen Historiker? Beschäftigt er sich mit einem echten Problem und greift er es mit einer überzeugenden Reihe von Ideen und Thesen an? Meiner Meinung nach hat sich hier der Theologe eine Ausflucht geschaffen. Ich würde noch hinzufügen, daß er dabei ist, die bloße Möglichkeit jeglicher Kommunikation mit dem Laien aufzugeben, denn für die meisten von uns hat das Wort Geschichte eine konkrete Bedeutung; das Wort Transhistorie scheint mir nichts zu vermitteln, sondern vielmehr die Verständigung zu erschweren.[32]

Wir sehen also, daß Barth mit dem biblischen Geschichtsverständnis auch die Wirklichkeit des Heils aufgegeben hat, und damit ist ihm auch die Fähigkeit verlorengegangen, dem Ungläubigen unserer Tage ein sinnvolles Evangelium zu verkünden. Wenn man die christliche Theologie aus dem Bereich der Geschichte entfernen will, dann wird sie dabei völlig zerstört und sinnlos.

Das Problem in Kreisen bekenntnistreuer Christen

An diesem Punkt werden diejenigen unter uns, die wir uns als »bekenntnistreue Christen« bezeichnen, einen Seufzer der Erleichterung ausstoßen und Gott danken, daß wir nicht wie die anderen sind, die Dualisten, Metahistoriker, Gegner der biblischen Apologetik oder gar wie dieser Karl Barth. Aber ist das tatsächlich der

Fall? Ist Barths Einfluß wirklich an uns vorübergegangen? Ich glaube das nicht. Einige kurze, aber ernüchternde Beispiele sollen zeigen, wie leicht wir ungeahnt der Barthschen Methodologie verfallen.

Wie wir gesehen haben, weigert sich Barth, der allgemeinen Menschheitsgeschichte irgendeinen Sinn zuzusprechen – er ignoriert die schöpferische Tätigkeit Gottes in der Geschichte der Menschheit. Diese Haltung beruht nicht nur auf Barths Reaktion gegen die progressivistisch-optimistischen Geschichtsphilosophien des Modernismus, sondern vielmehr will Barth das Christentum auf die Ebene der Nichtausweisbarkeit erheben, um es damit ein für allemal vor aller säkularen Kritik zu sichern, da er Angst hat, das Christentum könnte sonst dieser Kritik nicht standhalten.

Wie steht es denn mit zeitgenössischen Evangelikalen? Haben wir ein Werk wie Augustins *Stadt Gottes* hervorgebracht oder eine Interpretation der Geschichte, die sich mit der von Toynbee vergleichen läßt? In der bekenntnistreuen christlichen Zeitschrift *Contemporary Evangelical Thought* erschien ein Artikel von Earl E. Cairns über »Geschichtsphilosophie«. Seine Bibliographie nennt fünf Autoren: John Baillie, Herbert Butterfield, Otto Piper, Eric C. Rust und Toynbee. Sie ist mit dem folgenden Kommentar versehen: »Anstelle einer befriedigenden Bibliographie in Geschichtsphilosophie von evangelikalen Christen werden die obigen Bände aufgeführt, die für verschiedene Standpunkte repräsentativ sind und zu der wichtigsten zeitgenössischen Literatur in diesem Bereich gehören.«[33]

Bei solchen evangelikalen Autoren wie Bernard Ramm findet man Bemerkungen wie: »Was die geistige Interpretation der säkularen Geschichte (oder auch nur der Kirchengeschichte) angeht, so muß sich der Christ genauso wie der säkulare Historiker auf Wahrscheinlichkeiten verlassen.«[34] An dieser Bemerkung ist sicherlich etwas Wahres dran, denn kein christlicher Historiker ist allwissend, aber sind wir nicht zu voreilig bei der Bestätigung unserer Fehlbarkeit, bemühen wir uns nicht viel zu wenig darum, den Absolutheitsanspruch des Christentums auch im Bereich des Geschichtsverständnisses aufrecht zu erhalten? Ich glaube, daß Ramm sich sehr irrt, wenn er sagt: »Die Wirklichkeit der historischen Offenbarung heißt nicht, daß der Christ etwa in einer besseren Position wäre, die Philosophie der Geschichte zu schreiben.«[35] Ganz im Gegenteil – der christliche Historiker ist der *einzige*, der die Philosophie der Geschichte schreiben *kann*, denn allein er ist im Besitz einer Perspektive, die nicht den Begrenzungen seiner eigenen, endlichen Stellung in der Geschichte unterworfen ist, weil sie ihm durch Offenbarung zur Verfügung steht.

In meinem Buch *The Shape of the Past* (»Der Umriß der Vergangenheit«) habe ich dargelegt, wie die säkulare Historiographie von heute in vier Bereichen in eine philosophische Sackgasse geraten ist: (1) Sie kann kein befriedigendes Menschenbild schaffen; (2) es ist ihr nicht möglich, zu entscheiden, welche Ereignisse von Bedeutung sind und welche nicht; (3) es ist ihr unmöglich, die Struktur der Gesamtgeschichte zu erfassen, da sie weder den Ursprung noch das Ziel der Geschichte kennt; (4) da sie keine Lehre von Wiedergeburt und Erneuerung kennt, ist sie nicht imstande, dem Historiker zu sagen, wie er das Prinzip von Croce und Collingwood in die Praxis umsetzen soll. Dieses Prinzip verlangt, daß der Historiker die Vergangenheit neu erleben muß. Ein solches Neuerleben jedoch verlangt eine radikale Veränderung der egozentrischen Persönlichkeit des Historikers, der seine *eigene* Persönlichkeit in die Vergangenheit hineinliest, anstatt sich »zu verlieren« und die Menschen der vergangenen Zeit zu »finden«. Nur der christliche Glaube kann einen Ausweg aus diesem vierfältigen historischen Friedhof zeigen, denn nur das Christentum liefert dem Historiker (1) ein verläßliches, absolutes Bild der menschlichen Natur; (2) ein Kriterium für historische Bedeutung (das Kreuz); (3) die Kenntnis des Ursprungs und Ziels der Geschichte und (4) eine Möglichkeit zur Wiedergeburt des Historikers selbst. Deshalb haben bibeltreue Christen eine heilige Verantwortung, die heutige Geschichtsforschung aus ihrer Sackgasse herauszuführen. Wenn sie diese Aufgabe vernachlässigen, verhalten sie sich doch wie der mitleidlose Priester und der Levit, die dem Mann, den sie auf ihrem Weg von Jerusalem nach Jericho in so großer Not vorfanden, hätten helfen können, jedoch vorübergingen.

In seiner Rezension des Buches *Meaning and Matter of History: A Christian View* (»Sinn und Studienobjekt der Geschichte: Eine christliche Schau«), das von dem Jesuiten M. C. D'Arcy verfaßt wurde, wies E. Harris Harbison von Princeton darauf hin, wie weit D'Arcys zögernde Bereitschaft, christliche Erkenntnisse auch nur dazu zu verwenden, »unsere Schau von menschlichen Anstrengungen und menschlichen Erfolgen zu verbessern«, von der klaren Haltung des Augustinus entfernt ist, der sich nicht scheute, zu erklären, Gott habe den Zusammenbruch des Römischen Reiches herbeigeführt.[36] Vielleicht verdienen wir die gleiche Kritik, und ich habe den Verdacht, daß der Grund dafür die Barthsche Furcht ist, sich vor der Welt bloßzustellen. Jedesmal wenn wir zögern, die allgemeine Geschichte auf Grund der uns in der Schrift offenbarten Erkenntnisse zu interpretieren, weil wir Angst haben, unser Glaube könnte angegriffen werden, befinden wir uns im Lager Barths.

»Sicherlich gibt es unter bekenntnistreuen Christen so etwas wie eine ›metahistorische‹ Anschauung von der Offenbarung nicht« – werden wir denken. Unser Selbstvertrauen wird vielleicht ins Wanken kommen, wenn wir auf das oben zitierte Buch von Dr. Ramm zurückkommen, *Special Revelation and the Word of God.* Da gibt es einen Typ, auf den es der Autor besonders abgesehen hat, der immer wieder angegriffen wird, den »rationalistischen Fundamentalisten«. Was Ramm an ihm nicht ausstehen kann, ist die Tatsache, daß er »eine Bibel haben will«, deren Genauigkeit die der historischen Forschung übertrifft, daß er »die Art von rationaler religiöser Gewißheit sucht, die aus harten historischen Fakten erwächst«.[37] Ramm ist der Meinung, »nur wenn der Heilige Geist oder Gott oder die Gemeinschaft des Bundes nicht gegenwärtig wären, könnten wir von historischer Offenbarung in der Art dokumentierter Geschichtsbeweise reden«.[38]

Ramm tritt hier für ein »Zirkularitätsprinzip« ein, das mehr als nur ein wenig mit dem von Barth und Bultmann gemein hat, denn was er im Grunde sagt, ist, daß die Schrift unabhängig von der Gemeinschaft des Bundes und dem *Testimonium* (dem inneren Zeugnis) des Geistes keine demonstrierbare Wirklichkeit als historische Offenbarung besitzt. In Wahrheit jedoch ist die Realität der historischen Offenbarung durch die Schrift völlig objektiv – und der Geist und die Gemeinschaft *bezeugen* diese Tatsache; sie schaffen sie nicht erst.

Weitaus erschreckender noch ist die Meinung, die George Eldon Ladd in einem Artikel der theologischen Zeitschrift *Dialog* zum Ausdruck gebracht hatte.[39] Prof. Ladd wurde von dem Herausgeber gebeten, einen »konservativ-bekenntnistreuen« (d. h. evangelikalen) Kommentar zu der vorausgegangenen Ausgabe der Zeitschrift zu geben – diese hatte sich mit dem Thema »Tod und Auferstehung« beschäftigt. Artikel jener Ausgabe (z. B. Robert Scharlemanns »Schatten auf dem Grab« und Eoy A. Harrisvilles »Auferstehung und die geschichtliche Methode«) beruhten hauptsächlich auf Barths metahistorischem Ansatz zur Auferstehung und weigerten sich, die Auferstehung als objektive Historie anzuerkennen. Ich kenne den Herausgeber von *Dialog* persönlich und weiß, daß er selbst den metahistorischen Ansatz vertritt. Er teilte mir seine

Überraschung mit bezüglich der Tatsache, daß Prof. Ladds Beitrag so sehr mit den vorausgegangenen Artikeln in *Dialog* übereinstimmte. Mich überraschte – und schmerzte – das ebenfalls sehr. Man lese einmal selbst, was Ladd schrieb:

Das Neue Testament teilt diese moderne Auffassung von Geschichte nicht und stellt die Auferstehung Jesu nicht als ›historisches Ereignis‹ im modernen kritischen Sinne des Wortes dar. Es war ein Ereignis ohne historischen Grund . . . Die Auferstehung ist gleichfalls ohne historisches Beispiel . . . Das grundlegende Problem für den modernen Theologen ist folgendes: Sollen wir auf einer Geschichtsdefinition bestehen, die breit genug ist, um solche supra-historischen Ereignisse wie die Auferstehung einzuschließen – oder sollen wir die moderne Anschauung der Geschichte als Arbeitsmethode akzeptieren, aber dann darauf bestehen, daß es innerhalb der Geschichte eine Dimension gibt, die die historische Kontrolle transzendiert? Letzteres ist die Methode von Karl Barth; und . . . sie scheint die einzige zureichende Erklärung zu sein, die den Daten der Heilsgeschichte genügt.

Hier wiederholt Dr. Ladd Barths Fehler. Er schafft eine »metahistorische« Kategorie der Interpretation, um die theologische Wahrheit der Auferstehung vor der historischen Kritik zu retten. Eigentlich sollte er zwischen der wahrhaft empirischen Methode der Geschichtsforschung unterscheiden, die einfach Tatsachen der Vergangenheit sammelt und analysiert und Phänomene nicht schon deshalb ausschließt, weil man sich keine Kausalkette denken kann, die zu ihrem Geschehen führte, oder aufgrund ihrer Einzigartigkeit, die schließlich allen historischen Ereignissen zu eigen ist – und dem Historizismus, der aus dem historischen Positivismus des 19. Jahrhunderts erwuchs und heute in barthianischen Kreisen als »objektive kritische Geschichte« anerkannt wird.[40] Der Historizismus weigert sich, die Auferstehung als Geschichte (d. h. Historie) anzusehen, da sie so einzigartig ist (d. h. mit keinem anderen historischen Ereignis verglichen werden kann) und da sie dem gewöhnlichen Verständnis von Kausalität widerspricht. Das geht natürlich auf bestimmte rationalistische Vorurteile über das Wesen unseres Universums zurück; man nimmt eben an, Ereignisse, die keine natürlichen Ursachen haben, könne es nicht geben, und Ereignisse, die so einzigartig sind, daß sie mit anderen Tatsachen nicht vergleichbar sind, könne es auch nicht geben. Es hilft Dr. Ladd auch nicht weiter, à la Barth an eine »Supra-Geschichte« zu appellieren; für einen Nichtchristen hat ein solches Konzept überhaupt keinen Sinn, da es in keiner Weise irgendeiner Untersuchung zugänglich ist, und letzten Endes führt ein solches Konzept zur Leugnung der Menschwerdung Gottes (auch wenn Ladd eine solche Schlußfolgerung niemals akzeptieren würde).

Die Schwäche des Versuchs, zwischen extremem Fundamentalismus und gefährlichem Modernismus eine goldene Mitte zu finden, wird bei Ramm besonders deutlich, wenn er zusammenfassend sagt: ».. . eine fanatische ›*Objektivierung*‹ der Schrift kann ihrem richtigen Verständnis genauso schaden wie eine erschreckende ›*Subjektivierung*‹.«[41] Es ist jedoch klar, daß *es so etwas wie verschiedene Grade von Objektivität nicht geben kann:* Entweder sind die Ereignisse der Heilsgeschichte, die uns berichtet werden, objektive Tatsachen – oder sie sind es nicht. Wenn sie es nicht sind, dann geht Barth mit seiner zweideutigen Haltung, mit der er sich halbwegs auf dem Weg zu Bultmanns mythischem Ansatz befindet (denn Barths »Metahistorie« kann keiner erkenntnistheoretischen Prüfung unterzogen werden), noch nicht weit genug. Aber wenn die Ereignisse der *Heilsgeschichte* objektive Tatsachen sind (wie Ramm und Ladd natürlich glauben), dann müssen wir aufhören, von Metahistorie zu reden, und die Dinge so nennen, wie sie sind, in der Sprache des objektiven Geschichtsforschers. Wovor haben wir Angst? Wir brauchen nicht zu befürchten, daß sich die Ereignisse der Heilsgeschichte unter dem Suchlicht einer vernünftigen historischen Untersuchung in Nichts auflösen! Wir müssen lediglich aufpassen, daß sich bei der Untersuchung nicht irgendwelche rationalistischen Voraussetzungen einschleichen (wie Bultmanns Voraussetzung von der ungebrochenen Abfolge natürlicher Ursachen, die im Zeitalter der Quantenmechanik unhaltbar geworden ist) und die Ergebnisse der Untersuchungen verfälschen.

Zusammenfassung

Über eins müssen wir uns im klaren sein: Es gibt hier kein *Tertium quid*. Entweder sind die Ereignisse der Heilsgeschichte, wie die Auferstehung, im vollen Sinne des Wortes Historie – oder sie sind es nicht. Sind sie es nicht, so sind sie damit vor jeglicher wissenschaftlichen Kritik sicher (ähnlich wie z. B. die zeitlosen Lehren des östlichen Mystizismus, wie die *Karma)*. Aber dann hat die biblische Aussage »das Wort ward Fleisch« nur noch mythische Bedeutung, und das Heil ist genauso unwirklich wie die Heilsgeschichte, wir sind immer noch in unseren Sünden. Aber wenn die Ereignisse des Evangeliums tatsächlich Historie sind, dann müssen wir die unangenehme Tatsache zugeben, daß sie gegen die Angriffe einer feindlichen Welt verteidigt werden müssen. Es ist klar, daß, wenn wir (wie Paulus) die Auferstehung und andere Ereignisse in Gottes Erlösungsplan als historische Tatsachen verkünden, etliche spotten werden, und andere werden sagen: »Wir wollen dich davon ein andermal hören« (Apg. 17, 31–32). Aber Gott helfe uns, wenn wir in dieser düsteren Epoche nicht die Tatsachen des Glaubens verkündigen, die uns überliefert wurden!

Was wäre, wenn ich recht hätte, daß es wirklich die Furcht vor der nichtchristlichen Kritik ist, die Barth zu dieser Trennung zwischen Theologie und Geschichte veranlaßt und damit zu all den anderen, sich daraus ergebenden Übeln führt? Vielleicht können wir dann auch einmal den Rat eines Heiden annehmen. In seiner großartigen Rede über die Toten der Athener erklärte Perikles seinen Landsleuten, daß ihre politische Freiheit nur von ihrem Mut abhinge: »Wir verlassen uns nicht auf geheime Waffen, sondern auf unseren eigenen wahrhaften Mut . . . Entscheidet euch, daß . . . Freiheit davon abhängt, mutig zu sein.«[42] Nicht nur politische, sondern auch geistliche Freiheit hängt davon ab, daß man Mut besitzt. Wenn wir ein sündenversklavtes, nachchristliches Zeitalter zur Freiheit in Christus führen wollen, dürfen wir uns nicht auf die »geheimen Waffen« der Metahistorie verlassen, sondern auf den Mut, in unserer Zeit die Verkündigung der Apostel und Reformation neu zu predigen und zu verteidigen.

»Aber bis heute hat Gott mir geholfen, und so kann ich hier vor groß und klein als sein Zeuge stehen. Ich verkünde nichts anderes, als was die Propheten und Mose vorausgesagt haben: Der versprochene Retter, sagten sie, muß leiden und wird als der erste von allen Toten wieder lebendig, um Juden wie Nichtjuden die Rettung anzukündigen.« Als Paulus sich auf diese Weise verteidigte, rief ihm Festus zu: »Paulus, du bist ja wahnsinnig! Das viele Studieren hat dich um den Verstand gebracht.« Aber Paulus antwortete: »Hochverehrter Festus, ich bin nicht wahnsinnig. Was ich sage, ist wahr und vernünftig. Der König wird mir meine Offenheit nicht verübeln, denn er weiß, worum es geht. Ich bin sicher, daß er alles begriffen hat; denn es ist ja nicht irgendwo im Winkel geschehen« (Apg. 26, 22–26).

Kapitel 6

Paul Tillichs Geschichtsphilosophie

Robert Allenson, Chef einer bekannten theologischen Buchhandelsfirma, erzählte mir kürzlich folgende Anekdote über Paul Tillich (1886–1965), die ihm während seiner Studienzeit am Union Theological Seminary zu Ohren kam. Reinhold Niebuhr, so völlig in ein Gespräch vertieft, daß er nichts anderes sah oder hörte, ging eine Treppe hinunter, während Tillich die Treppe hinaufstieg. Als sie aneinander vorübergingen, fragte der Student, mit dem sich Niebuhr unterhielt: »Aber was halten sie von Dr. Tillichs Ansicht diesbezüglich?« – »Sie meinen den verdammten Pantheisten?« antwortete Niebuhr mit einem Kichern. Einige Wochen später sah Niebuhr, wie Tillich, der ein großer Naturliebhaber war, im Hof auf den Knien hockte und an einem Krokus roch. »Ah, Prof. Tillich!«, rief er, »was machen Sie denn da?« Tillich sah auf, ohne seine Haltung zu verändern, und sagte: »Es ist der verdammte Pantheist, der die Blumen anbetet.«

Diese Anekdote liefert vielleicht den besten Ausgangspunkt für unsere Behandlung von Tillichs Geschichtsphilosophie, denn sie erinnert uns daran, wie sehr Tillichs Anschauungen zum Gegenstand der Übervereinfachung und oberflächlicher Kritik geworden sind. Tillichs Geschichtsverständnis steht im Mittelpunkt seines gesamten theologischen Bemühens, und deshalb wollen wir diesen Aspekt seiner Anschauungen untersuchen. Wir wollen uns dabei bemühen, auf Klischees oder Vorurteile zu verzichten. Stattdessen wollen wir versuchen, herauszufinden, worum es Tillich eigentlich ging, als er sein Konzept von der historischen Wirklichkeit entwickelte.

Man wird vielleicht fragen, ob angesichts der täglich wachsenden Sekundärliteratur über Tillich und der zahlreichen Analysen seiner Geschichtsphilosophie aus unterschiedlichen theologischen Perspektiven eine erneute Behandlung dieses Themas notwendig ist.[1] Aber selbst wenn man den Wert der verschiedenen Untersuchungen von Tillichs Geschichtsphilosophie anerkennt, so gibt es doch Gründe, warum ein neuer und anderer Ansatz erforderlich ist.

Einmal ging Tillichs Denken gegen Ende seines Lebens in eine ganz neue Richtung; er interessierte sich sehr für die Geschichte der Religionen – und im letzten Jahr seines Lebens übte er einen großen

Einfluß auf die Gott-ist-tot-Theologie aus. (Wie der religiöse Phänomenologe Mircea Eliade bei dem Gedenkgottesdienst für Tillich in der Universität von Chicago am 29. Oktober 1965 sagte: »Seiner Berufung und seinem Schicksal getreu starb Paul Tillich nicht am Ende seiner Karriere, nachdem er anscheinend alles gesagt hatte, was er zu sagen hatte. Im Gegenteil, er starb am Anfang einer völlig neuen Entwicklung in seinem Denken. Deshalb ist sein Tod sowohl für den Theologen als auch den Historiker von besonderer Tragik. Aber er hat auch symbolische Bedeutung.«)[2]

Ein anderer Grund, sich erneut mit Tillich zu befassen, liegt darin, daß durch Anwendung der Erkenntnisse der analytischen Philosophie kürzlich eine Methode entwickelt worden ist, durch die eine genauere Untersuchung von Tillichs historischem Denken für den Geschichtstheologen möglich wird[3]. Auch wenn wir die Entwicklung von Tillichs Geschichtstheologie insgesamt schildern wollen, so werden wir uns vor allem mit den letzten Jahren seines Wirkens beschäftigen und uns um eine analytische Kritik seines voll ausgereiften Denkens über die Beziehung zwischen Geschichte und religiösem Glauben bemühen.

Tillichs gesamtes Denken wurde von einem Grundanliegen beherrscht: eine Theologie zu schaffen und zu einem historischen Verständnis des Christentums zu gelangen, das alle Formen der Abgötterei ablehnen würde.

Wir hören erstmals von unserem Theologen in Deutschland nach dem Ersten Weltkrieg – in einem Deutschland, das noch unter der Niederlage und der Bürde der Reparationen leidet, dessen politische Stabilität in der Weimarer Republik nicht sehr groß ist, und dessen Klima sich für den Aufstieg des Nationalsozialismus später als ideal erweisen sollte.[4] Tillich selbst beschreibt, wie er auf diese Situation reagierte[5], wie er seine politische Position »auf der Grenze«[6] zwischen der individualistischen Autonomie, die die Weimarer Regierung zu Fall brachte, und der Diktatur, die Deutschland unter Hitler beherrschte, etablierte. Für Tillich waren autonomer Individualismus und totalitäre Diktatur gleichfalls dämonisch. Stattdessen entschied er sich für eine »theonomische« Orientierung, für einen religiösen Sozialismus, der diese abgöttischen Extreme vermeiden würde. So war er, bis Reinhold Niebuhr und andere vom Union Theological Seminary im Jahre 1933 seine Auswanderung organisierten, eins der prominentesten Mitglieder der religiösen Sozialisten Deutschlands.

Aus seiner politischen Philosophie heraus entwickelte Tillich eine bedeutsame Interpretation der Geschichte, die auf der dialektischen Wechselwirkung zwischen dem individualistischen, totalitären und theonomen Motiv beruht.

> Untersuchungen über den Charakter der »historischen Zeit« im Unterschied zu der physikalischen und biologischen Zeit führten mich zu einem Begriff von Geschichte, in dem die Bewegung auf etwas zu, auf das Neue, das zugleich gefordert und erwartet wird, maßgebend ist. Der Inhalt von Forderung und Erwartung, das Prinzip, das der Geschichte Ziel und Sinn gibt, nannte ich die »Mitte der Geschichte«, die vom christlichen Standpunkt aus mit der Erscheinung Christi eins ist. Die Mächte, die in der Geschichte miteinander ringen, können je nach der Fragestellung als das Dämonische, *das Göttliche* und das Humane oder als das Sakramentale, *das Prophetische* und das Profane – oder als Heteronomie, *Theonomie* und Autonomie bezeichnet werden. Dabei ist das jeweils Mittlere die Synthese der beiden anderen, das, worauf die Geschichte in immer neuen Ansätzen zugeht, erfolgreich oder scheiternd, niemals vollendet, immer aber getrieben durch die transzendente Kraft der Vollendung. Als ein solcher Ansatz zu einer neuen Theonomie ist der Sozialismus zu verstehen. Er ist mehr als eine Wirtschaftsordnung, er ist eine Gesamtordnung der Existenz, er ist die im gegenwärtigen Kairos geforderte und erwartete Form der Theonomie.[7]

Auf diese Weise interpretiert Tillich die Geschichte des westlichen Christentums.[8] Im frühen Mittelalter herrschte eine Theonomie, denn sowohl die gesellschaftliche Macht als auch die Macht des einzelnen wurden einer letzten, göttlichen Perspektive untergeordnet. Im späten Mittelalter wurde alles vom kirchlichen System bestimmt, und das bedeutete Heteronomie. Die Renaissance war eine individualistische Überreaktion auf die erstickende Heteronomie des Mittelalters. Zu Anfang bemühte sich die Reformation darum, die theonome Perspektive des Urchristentums wiederherzustellen; aber später schufen Kontrollen der evangelischen Kirchenführer zusammen mit den absoluten Mächten aufsteigender Nationalstaaten eine neue totalitäre Herrschaft. Die »Aufklärung« des 18. Jahrhunderts wählte den Weg der rationalistischen Autonomie; wie bei der Renaissance handelte es sich hier um eine Überreaktion.[9] Nach dem Zusammenbruch des Individualismus nach dem Ersten Weltkrieg gab es laut Tillich zwei Möglichkeiten: Rückkehr zu einer totalitären Herrschaft (wie sie im nationalsozialistischen und kommunistischen Regime zum Ausdruck kam), oder Hingabe an eine theonome Lebensweise, wobei Gott nicht mit irgendeiner menschlichen Macht (sei sie staatlich oder individuell) identifiziert wird, sondern als Richter über allen menschlichen Entscheidungen steht. Ein christlicher Sozialismus schien für Tillich der beste Weg, ein solches Ziel zu erreichen.

Wie sollen wir diese Geschichtstheologie beurteilen? Zwar ist hier offensichtlich eine Tendenz zu starker Vereinfachung (bei einem solchen Ansatz stets eine Gefahr) vorhanden, und Tillichs Vorstellungen von einem theonomen Sozialismus sind recht naiv (denn warum sollte er nicht genauso zu einem totalitären System werden können wie der Nationalstaat?). Dennoch kommt in Tillichs Interpretation eines der fundamentalen Themen christlicher Geschichtsphilosophie zum Ausdruck: die Transzendenz Gottes über der Geschichte. Dieser Grundsatz, der von den Propheten des Alten Testaments genauso wie von den Reformatoren verkündet wurde, ist im wesentlichen die Anwendung des ersten Gebotes auf die Geschichte.

»Ich bin der Herr, dein Gott, der ich dich aus Ägyptenland, aus der Knechtschaft geführt habe. Du sollst keine anderen Götter haben neben mir.« In der großen theologischen Geschichtsinterpretation unserer Tage, Eric Voegelins noch unvollendetem Werk *Order and History* (»Ordnung und Geschichte«), hat Tillichs Theonomiegedanke reiche Frucht getragen. Wie ich anderswo dargestellt habe, lehrte Tillich Voegelin, »die große dämonische Versuchung unserer Zeit« zu erkennen: »den Versuch, Gott nach dem Bild des Menschen zu schaffen – nach dem Bild seiner politischen, sozialen und religiösen Theorien und Projekte«. Beide rufen in unsere Zeit, was Luther zu seiner Zeit rief: »Laßt Gott Gott sein!«[10]

Dennoch entwickelte Tillich seine Geschichtsphilosophie nie im Detail. *The Interpretation of History* war das einzige Werk von der Länge eines Buches, das er je darüber schrieb, und als die *American Theological Library Association* (Amerikanische Vereinigung theologischer Büchereien) ihn einige Jahre vor seinem Tod um Genehmigung bat, eine begrenzte Neuauflage drucken zu dürfen, für Büchereien, die noch nicht im Besitz des Buches waren, wurde sie von Tillich verweigert. Obwohl der autobiographische Teil des Buches im Jahre 1966[11] gesondert erschien, bleibt der Hauptteil, in dem Tillich über sein (von uns geschildertes) Geschichtsverständnis schreibt, vergriffen. Warum? In seinem Beitrag zu der Reihe »Wie sich meine Meinung geändert hat« (einer Serie von *Christian Century*) beschreibt Tillich selbst, wie er eine Haltung »jenseits des religiösen Sozialismus« einnahm, nachdem er in die Vereinigten Staaten umgesiedelt war.[12] Das politische Klima der Gegenwart reizte ihn nicht, eine ausführliche Interpretation der Vergangenheit vorzunehmen.

Seit den frühen zwanziger Jahren habe ich unterschieden zwischen Perioden, in denen die historischen Möglichkeiten im Vordergrund standen – und solchen, in denen historische Trends der bestimmende Faktor waren. Während ich fühlte, daß die

Jahre nach dem Ersten Weltkrieg Jahre der Gelegenheit (»opportunity«) waren, schienen mir die Jahre nach dem Zweiten Weltkrieg Jahre des Trends zu sein. Das ist natürlich auch nur eine relative Wahrheit, aber irgendwie hat es einen lähmenden Einfluß auf meine politische Leidenschaft gehabt. Und da ich der Meinung bin, daß der Schlüssel zur Geschichte historisches Handeln ist, verschwand auch mein Verlangen, mich auf die Probleme einer Geschichtsinterpretation zu konzentrieren.[13]

Hier macht Tillich deutlich, daß es die Gegenwart war, die in ihm irgendwelche historische Interessen geweckt hatte, und nicht umgekehrt, und es ist nicht schwierig, diese Gegenwartsorientiertheit zu Tillichs tiefer Verbundenheit mit philosophischem und religiösem Existentialismus in Beziehung zu setzen, dessen Weltanschauung vor allem gegenwartsorientiert ist.[14]

Aber Tillich erklärt ganz richtig, daß er »nie ein Existentialist im strengen Sinne des Wortes« gewesen ist.[15] Im Gegenteil, sein gesamtes theologisches Bemühen kann als ein Versuch verstanden werden, Existentialismus durch eine solide Ontologie zu ergänzen – oder, anders ausgedrückt: dem modernen existentialistischen Menschen eine apologetische Brücke zu bauen, über die er zu einer religiösen Haltung gelangen konnte, die sich ontologisch rechtfertigen ließ. Existentiale Fragen können laut Tillichs bekanntem »Korrelationsprinzip« nur mit dem richtigen ontologischen Verständnis beantwortet werden. Deshalb läßt sich Tillichs Mangel an Interesse an einer Fortsetzung der historischen Interpretation vor allem durch das Wesen seiner ontologischen Vorstellungen erklären. Damit wollen wir uns jetzt beschäftigen.

Das Sein an sich und das »protestantische Prinzip«

Tillichs leidenschaftliche Ablehnung jeder Form von Abgötterei – und diese läßt sich nur dadurch überwinden, daß man sich auf das wahre Sein konzentriert – führte ihn dazu, die Identifikation des absoluten Gottes mit irgend etwas in der Welt der Erscheinungen abzulehnen.

So schrieb er in seiner Autobiographie:

Im Protest gegen die protestantische Orthodoxie war ich zur Autonomie durchgedrungen. So erhob sich an dieser Stelle mein grundlegendes theologisches Problem: das Verhältnis des Absoluten, das mit dem Gottesgedanken gegeben ist, und des Relativen, das zur menschlichen Wirklichkeit der Religion gehört. Der Dogmatismus der Religionen, einschließlich der protestantischen Orthodoxie und der letzten Phase der dialektischen Theologie, ist darin begründet, daß ein Stück menschlich-religiöser Wirklichkeit mit göttlicher Unbedingtheit bekleidet wird. Eine solche Wirklichkeit aber, ein Buch, eine Person, eine Gemeinschaft, eine Einrichtung, eine Lehre, beansprucht Unantastbarkeit gegenüber kritischem Denken und veränderndem Handeln, und es beansprucht Unterwerfung jeder anderen Wirklichkeit, jedes Lebens, jeder Lehre. Denn neben dem göttlichen, unbedingten Anspruch kann kein anderer bestehen. Daß aber dieser Anspruch im Namen einer endlichen, geschichtlichen Wirklichkeit erhoben wird, ist die Wurzel aller Heteronomie und darüber hinaus aller Dämonie. Denn dämonisch ist ein Endliches, Bedingtes, das sich mit unendlicher, unbedingter Würde bekleidet.[16]

Aber wenn nichts »Endliches und Begrenztes« mit dem Absolutum identifziert werden kann, wo können wir es dann finden? Welche Kriterien können wir anwenden? Tillich weigert sich, die Suche nach dem Absolutum im Bereich der Erkenntnistheorie zu beginnen, denn, so behauptet er, jede Erkenntnistheorie setzt eine Ontologie voraus. Der Anfang muß deshalb im Bereich ontologischer Wirklichkeit gemacht werden. Das »Sein selbst« ist sowohl der Anfang als auch das Ende der Suche nach dem Absolutum, denn es *ist* das einzig Absolute und der einzig legitime Gegenstand des theonomen Glaubens.[17] Nichts – kein existierendes Ding, keine Idee oder Person kann mit dem Sein selbst identifiziert werden, ohne daß man wieder die Ursünde der Abgötterei begeht. Deshalb müssen religiöse Lehren und Glaubenssätze als »*Symbole*« des Seins selbst angesehen werden und dürfen nicht mit letzter Wahrheit verwechselt werden. Für Tillich kann ein religiöses Phänomen, sei es christlich oder nichtchristlich, nie mehr als nur symbolhaft sein; obwohl sie an ontologischer Wirklichkeit »teilhaben«, weisen sie fort von sich selbst auf das Sein, das nicht ein anderes existierendes Ding ist, sondern der Grund allen Seins.[18] Hier kommen wir zu Tillichs »protestantischem Prinzip«, mit dem er alle Versuche, das Symbolische auf das Niveau des Absoluten zu erheben, abwehrt. Wie die Reformatoren die mittelalterliche römische Kirche ablehnten, weil die sichtbare Kirche sich ein totalitäres Herrschaftssystem geschaffen hatte und den göttlichen Willen mit ihm identifizierte, so müssen wir uneingeschränkt *alle* Identifikation des Absoluten mit religiösen Phänomenen strikt ablehnen. »Wo der Mythos wörtlich genommen wird«, schreibt Tillich, »ist Gott weniger als das Absolute, weniger als der Gegenstand der letzten Unruhe, des unbedingten Interesses, er ist nicht Gott in dem unendlichen und bedingungslosen Sinn des großen Gebotes«.[19] Tillichs ontologische Einstellung hatte eine vorhersehbare Wirkung auf seine historischen Interessen: Er wandte sich von der Geschichte selbst ab, die höchstens Symbole und Mythen des Absoluten liefern kann, und richtete seine Aufmerksamkeit auf die Reinheit des bedingungslosen Seins selbst. Daher beschäftigt sich Tillich nicht so viel mit Ekklesiologie; er vernachlässigt die »offenbare Kirche« zugunsten einer »latenten Kirche«, die keine »genau identifizierbare historische Gruppe« ist, sondern aus »jenen Gruppen innerhalb des Heidentums, Judentums oder Humanismus besteht, die auch das neue Sein offenbaren oder aktualisieren«.[20] Das Konzept der »latenten Kirche« schließt für Tillich »die Möglichkeit kirchlicher Arroganz aus«[21], indem es die abgöttischen und anmaßenden Ansprüche der empirischen Kirche der Kritik aussetzt. Was noch wichtiger ist: Tillichs ontologische Anschauungen verlangen eine radikale Re-Interpretation der Person des historischen Christus in der christlichen Theologie.

In *The Interpretation of History* war es klar geworden, daß Tillich von den rationalistischen Argumenten Lessings gegen die historische Gewißheit voll überzeugt war; ebenso überzeugten ihn auch die negativen Urteile der Bibelkritik des 19. Jahrhunderts über den Wert der neutestamentlichen Berichte von Jesus. In *The Interpretation of History* wollte er nun das versuchen, was schon seit seinen Studien für den Doktortitel im Jahre 1911 sein Ziel war, nämlich »die Frage zu beantworten, wie die christliche Lehre verstanden werden könnte, wenn die Nichtexistenz des historischen Jesu sich als historisch wahrscheinlich herausstelle«.[22] Im zweiten Band seiner systematischen Theologie, die sich mit Christologie beschäftigt, wiederholte Tillich seine Überzeugung: »Glaube kann nicht auf solch unsicherem Boden« (wie die historische Erforschung des Lebens Jesu) beruhen.[23]

Ein Jahr vor seinem Tod machte Tillich in einem Vorwort zur englischen Übersetzung einer Arbeit seines Lehrers Martin Kähler klar, daß er in all den Jahren seinen Standpunkt nicht geändert hatte: »Ich glaube, daß ein Punkt in Kählers Antwort für unsere gegenwärtige Situation entscheidend ist, nämlich die Notwendigkeit, die Gewißheit des Glaubens von den unvermeidlichen Ungewißheiten historischer Forschung unabhängig zu machen.«[24]

Aber wie ist es möglich, die »Ungewißheiten historischer Forschung« zu vermeiden, wenn die historische Fleischwerdung Gottes in Christus im Mittelpunkt der christlichen Verkündigung steht? Tillich wird mit diesem Problem dadurch fertig, daß er das »Christus-Ereignis« nicht als eine *de facto* göttliche Menschwerdung ansieht (denn das hätte alle Kennzeichen einer abgöttischen Identifizierung des Seins selbst mit dem Endlichen und würde das protestantische Prinzip verletzen), sondern als religiöses Symbol. Jesus, symbolisch *als* Christus verstanden, ist das fundamentalste aller religiösen Symbole, denn in seinem Kreuzestod haben wir den großen *Kairos*, das Ereignis *par excellence* – in dem das Gericht des Seins selbst über alle menschlichen Anmaßungen und abgöttischen Ausdrucksweisen symbolisiert wurde.[25] Jesus, als Christus verstanden, kann das »neue Sein« genannt werden, denn in ihm sehen wir die Überwindung der Dichotomie zwischen dem Wesen (der Essenz) und der Existenz des Menschen.[26] Aber dabei müssen wir uns, so warnt Tillich, stets davor hüten, den historischen Jesus zu verabsolutieren oder unseren Glauben auf ein historisches Fundament zu stellen; der klarste Beweis dafür, daß das Christus-Ereignis das größte aller religiösen Symbole ist, liegt darin, daß es sogar sich selbst richtet.

Jede Art von Glauben hat die Tendenz, ihren konkreten Symbolen absolute Gültigkeit zu verleihen. Das Wahrheitskriterium des Glaubens ist deshalb, ob er ein Element der Selbstverleugnung enthält. Jenes Symbol ist am besten, das nicht nur das Absolute ausdrückt, sondern auch seinen eigenen Mangel an Absolutheit. Das Christentum drückt sich im Gegensatz zu allen anderen Religionen in einem solchen Symbol aus, nämlich dem Kreuz Christi. Jesus hätte nicht der Christus sein können, wenn er nicht als Jesus sich selbst als Christus geopfert hätte. Jede Akzeptierung des Jesus als Christus, die nicht die Akzeptierung des gekreuzigten Jesus ist, ist eine Form der Abgötterei. Das letzte Bestreben des Christen gilt nicht Jesus, sondern dem Jesus Christus, der sich als der Gekreuzigte manifestiert hat. Das Ereignis, das dieses Symbol geschaffen hat, hat das Kriterium gegeben, aufgrund dessen die Wahrheit des Christentums als auch jeder anderen Religion beurteilt werden muß. Die einzig unfehlbare Wahrheit des Glaubens, in der das Absolute bedingungslos manifestiert wird, ist: daß jede Glaubenswahrheit unter einem Ja-oder-Nein-Urteil steht.[27]

Somit war die Grundlage für Tillichs Analyse der »Geschichte und des Reiches Gottes« in seinem dritten und letzten Band der systematischen Theologie geschaffen. Zur Frage nach dem Sinn der Geschichte erklärt er, »der Subjekt-Objekt-Charakter der Geschichte schließt eine objektive Antwort in irgendeinem losgelösten, wissenschaftlichen Sinne aus«.[28] Nach Tillich vollzieht sich die historische Interpretation in einem »theologischen Kreise«[29], in dem der Beobachter mit dem, was er beobachtet, mit eingeschlossen ist, so daß wir uns bei der Frage nach dem letzten Sinn der Geschichte unvermeidlich ständig im Kreise drehen.[30] Da es keine Möglichkeit gibt, irgendwie zu einem objektiven Sinn der Geschichte zu gelangen (denn wenn man das täte, würde man die Geschichte auf die Ebene des Absoluten erheben und damit das protestantische Prinzip verletzen), erklärt Tillich, die Mehrdeutigkeiten der Geschichte würden am besten durch das Symbol »Reich Gottes« überwunden.

Das Reich Gottes kann durch ein politisches System, eine Kirche oder einen einzelnen zum Ausdruck kommen, und jedesmal, wenn das geschieht, heilt es die Konflikte der Geschichte – aber es heilt sie nur bruchstückhaft. Denn die absolute und endgültige Antwort auf die Geschichte kann man nicht in der Geschichte finden, sondern an ihrem Rande. Diese Antwort ist die Erlösung Gottes, die Tillich als »universale Essenzialisierung« bezeichnet, womit er meint, daß alles Sein, auch der Mensch, zu eindeutiger Einheit mit dem Grund und der Macht des Seins vereint wird, und darin findet es Erfüllung.[31]

Da Tillich das Böse als negativ ansieht – als die Abwesenheit von Sein –, so glaubt er, daß es keine wirkliche ontologische Existenz hat; »universale Essenzialisierung« bedeutet gleichzeitig universale Erlösung, Verdammnis gibt es nicht mehr.[32] Es ist wichtig, daß man sich darüber im klaren ist, daß, wenn er sich traditioneller Ausdrücke bedient (allgemeine Auferstehung, Jüngstes Gericht usw.), er nicht von konkreten historischen Ereignissen am Ende der Zeit redet; für ihn sind diese Lehren Symbole der gegenwärtigen Beziehung des Menschen zu dem Grund seines Seins. Deshalb »kann er die Auferstehung des Leibes diskutieren, ohne sich dabei auf die Auferstehung Christi als Norm oder Vergleich zu beziehen«.[33] Ähnlich wie Schelling vom »Werden Gottes« spricht, engagiert sich für Tillich das Sein in der »ewigen Eroberung des Negativen«.[34] Das traditionelle biblische Konzept eines linearen Fortschritts der Geschichte[35] ließe sich in einem Diagramm[36] folgendermaßen darstellen:

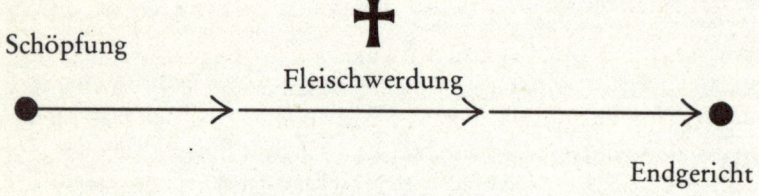

Das Diagramm, in dem Tillich die Beziehung zwischen Zeit und Ewigkeit darzustellen versucht, sieht anders aus, und zwar so, »daß sich Erfüllung hier und jetzt und jenseits aller Geschichte in jedem Augenblick ereignet, nicht an irgendeinem Zeitpunkt in der Zukunft, sondern hier und jetzt über uns«:[37]

Kenneth Hamilton hat die Symbolik in Tillichs Verständnis des Reiches Gottes und seiner eschatologischen Erfüllung sehr gut dargestellt:

Allegorie: Christus wird das Reich dem Vater übergeben, und Gott wird alles in allem sein.

Wirklichkeit: Universale Teilnahme an dem Grund des Seins kann nur durch Essenzialisierung stattfinden, wo das Absolute all das, was in der Bewegung von Essenz zu Existenz positiv ist, in sich selbst aufnimmt und sich so im Weltprozeß selbst erfüllt.[38]

Tillichs Bemühen, eine ontologische Antwort auf das Dilemma des Menschen zu finden, hat ihn, wie eine Analyse seiner Anschauungen von Christus und dem Reich Gottes gezeigt hat, zu einer völlig a-historischen Interpretation des christlichen Glaubens geführt. Es überrascht daher kaum, daß er in seinen letzten Jahren trotz seiner Ablehnung »suprahistorischer« Interpretationen der Heilsgeschichte[39], trotz seiner Warnungen gegen die Indifferenz der Geschichte gegenüber (in den östlichen Religionen)[40] immer mehr in den Einflußbereich a-historischen östlichen Denkens geriet. Im Mai 1960 besuchte Tillich Japan und verbrachte dort drei Monate. Im Rückblick beschrieb er die religiöse Wirkung, die sein östliches Erlebnis auf ihn hatte:

Sie haben meine theologische Überzeugung bestätigt, daß man die Religion der Menschheit nicht in eine wahre und viele falsche Religionen einteilen kann. Vielmehr muß man alle Religionen, auch das Christentum, dem endgültigen Kriterium aller Religionen unterwerfen: dem Kriterium eines Glaubens, der jedes endliche Symbol des Glaubens transzendiert, und das Kriterium einer Liebe, die die andere Person bedingungslos bestätigt, beurteilt und annimmt.[41]

Die Tatsache, daß neuerdings im Westen viele gebildete Menschen Zen dem Christentum vorziehen, hängt meines Erachtens mit ihrer Ablehung der »Objektivierung« und wörtlichen Interpretation der christlichen Symbole zusammen. Die Notwendigkeit der »Entmythologisierung« im Sinne der »Entwörtlichung« oder »Entobjektivierung« hat sich für mich angesichts des Gesamteindrucks, den die östliche Weisheit auf mich gemacht hat, als noch dringender ergeben. Und die östliche Weisheit, wie jede andere Weisheit, gehört sicherlich zu den Selbstoffenbarungen des Logos und muß in der Interpretation von Jesus als dem Christus mitberücksichtigt werden, wenn er zu Recht die Inkarnation des Logos genannt werden soll.[42]

Nachdem Tillich in die Vereinigten Staaten zurückgekehrt war, hielt er an der Columbia Universität eine Reihe von Vorlesungen, die dann unter dem Titel *Christianity and the Encounter of the World Religions*[43] veröffentlicht wurden. Hier zog Tillich selbst zahlreiche Parallelen zwischen östlichem Religionsdenken und seiner eigenen ontologischen Version des Christentums, auf die Prof. Yoshinori Takeuchi von Kyoto bereits 1959 in einer Festschrift zu Ehren von Tillich hingewiesen hatte.[44] In einer Gedenkschrift über

Tillich bemerkte Mircea Eliade, diese Vorlesungen an der Columbia Universität seien »nur der Anfang einer neuen Phase in Paul Tillichs Denken«[45] gewesen – einer Phase, die gekennzeichnet wird durch seinen Vorschlag, an der Universität von Chikago ein gemeinsames Seminar für Religionsgeschichte und systematische Theologie einzurichten, was denn 1964 verwirklicht wurde. Das historische Desinteresse des religiösen Ontologen Tillich wurde sehr gut von Eliade festgehalten:

Paul Tillich wäre nie ein Religionshistoriker noch ein *Historiker* von sonst irgend etwas geworden. Er interessierte sich für die existentielle Bedeutung der *Geschichte*, nicht östlicher *Historie*. Wenn er mit traditionsbeladenen und östlichen Religionen konfrontiert wurde, interessierte er sich für ihre historische Konkretheit und Unmittelbarkeit, nicht für ihre Veränderungen oder für die Auswirkungen auf die Zeit. Er leugnete nicht die Bedeutung des Wechsels der Zeiten für das Verständnis der Geschichte spezifischer religiöser Formen, – aber er interessierte sich hauptsächlich für ihre Strukturen, er entzifferte ihre Bedeutung, indem er ihre Strukturen durchleuchtete.[46]

Tillich hielt seinen letzten öffentlichen Vortrag am 12. Oktober 1965 über »Die Bedeutung der Religionsgeschichte für den systematischen Theologen«. Hier stellte er seine neuentdeckte Wertschätzung der nichtchristlichen Religionen zu seiner ontologischen, im wesentlichen a-historischen Interpretation des Christentums in Beziehung; er hoffte, aus ihnen könne eine »Religion des konkreten Geistes« erwachsen. Tillichs Bemerkungen, die wir ausführlich zitieren wollen, setzen seiner Laufbahn einen angemessenen Schlußpunkt und liefern uns für unsere Kritik seiner Geschichtsphilosophie eine gute Grundlage.

Man könnte gut von einem inneren *Telos* reden, womit das innere Streben einer Sache gemeint ist. Der *Telos* des Ahorns wäre dann, ein Baum zu werden. Der Telos der Religionsgeschichte aber besteht darin, eine Religion des konkreten Geistes zu werden. Wir können diese Religion des konkreten Geistes nicht mit irgendeiner der wirklichen Religionen identifizieren, nicht einmal mit dem Christentum als Religion … Wir können in diesem Sinne die ganze Religionsgeschichte als einen Kampf für die Religion des konkreten Geistes sehen, ein Kampf Gottes gegen Religion innerhalb der Religion. Und dieser Satz, der Kampf Gottes innerhalb der Religion gegen die Religion, könnte der Schlüssel zum Verständnis der ansonsten ziemlich chaotischen oder zumindest als chaotisch erscheinenden Geschichte der Religion sein…

Ich muß sagen, daß ich meine eigene *Systematische Theologie* vor diesen Seminaren geschrieben habe. Das Werk hatte eine andere Absicht, nämlich das apologische Gespräch mit der Welt. Es ging um die Beantwortung von Fragen, die sich aus der naturwissenschaftlichen und philosophischen Kritik am Christentum ergeben hatten. Aber vielleicht brauchen wir eine längere, intensivere Zeit der Durchdringung systematischen theologischen Studiums und Studien der Religionsgeschichte. Dann könnte sich die Struktur religiösen Denkens in Zusammenhang mit einer anderen bruchstückhaften Manifestation der Theonomie oder mit der Religion des konkreten Geistes entwickeln. Das ist meine Hoffnung für die Zukunft der Theologie.[47]

Kurz nach Tillichs Tod veröffentlichte die Zeitschrift *The Christian Century* einen Artikel mit der Überschrift: »Nach Tillich – was nun?« Der Verfasser schloß seine Untersuchung wie folgt: »Tillich löste das Problem der Reflexion und des Zweifels nicht, indem er das Absolute mit dem Gesamtinhalt eines Gedankensystems oder religiösen Gefühls gleichsetzte, sondern indem er es mit einem paradoxen Gegenstand identifizierte – dessen Objektivität nur durch seine Selbstauslöschung erfaßt werden kann und dessen Macht sich in seiner Selbstverneinung erweist... Dies erkannt zu haben ist Tillichs bleibender Beitrag.«[48] In Wirklichkeit ist diese »Erkenntnis« Tillichs Zwickmühle – ein Dilemma, das Robert Benchleys »Zehn Jahre in einer Zwickmühle« weit in den Schatten stellt.

Wie wir bereits erwähnt haben, ging es Tillich während seines ganzen Lebens um die Frage der Abgötterei. Es ging ihm vor allem um ein Absolutum, das auch tatsächlich absolut ist (das Sein selbst), und um die Entwicklung einer Methodologie, die alle Versuche, das Nicht-Absolute in den Bereich des Absoluten zu erheben, zerstören würde. Aber wo liegt denn in diesem Fall das Letzte, das Eigentliche? Im Sein selbst oder im protestantischen Prinzip? Im Absoluten oder in dessen Negierung? Thomas J. Altizer formulierte das Dilemma in seiner Rezension von Tillichs *Christianity and the Encounter of the World Religions* mit großer Schärfe. Er erklärte, daß Tillich zum Vorläufer eines neuen theonomischen Zeitalters hätte werden können, hätte er sein protestantisches Prinzip nur konsequent angewandt, indem er auch dem Sein selbst den Absolutheitsanspruch verweigert hätte. »Potentiell könnte Tillich zu einem neuen Luther werden, wenn er nur sein Prinzip der Rechtfertigung durch den Zweifel zu einer theologischen Bestätigung des Todes Gottes werden lassen würde.«[49] Tillich selbst war über diesen Vorschlag entsetzt. In einer erhitzten Debatte mit Gott-ist-tot-Theologen kurz vor seinem Tod (Frau Tillich bringt seinen tödlichen Herzinfarkt damit in Verbindung)[50], weigerte er sich, dem protestantischen Prinzip eine kritische Funktion in Beziehung zum Sein selbst zu geben. Obwohl er in seinen Schriften der Anwendung dieses Prinzips nie irgendwelche Grenzen setzte (selbst Jesus wurde danach beurteilt) und obwohl ihm auch von der Offenbarung her keine Grenze gesetzt werden konnte (denn selbst die Offenbarung wurde ihm unterworfen), so wollte Tillich es doch nicht zulassen, daß das Prinzip das zerstörte, woran ihm so sehr lag.[51] Wie dem Lehrling des Hexenmeisters wurde es ihm vielleicht, als es schon zu spät war, bewußt, daß er hier etwas heraufbeschworen hatte, was er nicht kontrollieren konnte.

Aber nehmen wir einmal an, daß – gemäß Franz Piepers »glücklicher Inkonsequenz«, die ein hervorstechendes Merkmal moderner Theologie sei[52] – das protestantische Prinzip nicht aufs Sein selbst anzuwenden ist. Hat Tillich damit irgend etwas gewonnen? Kann damit das Sein als Absolutum gerettet werden? Die Antwort kann nur dann *Ja* lauten, wenn das Sein keinerlei deskriptiven Inhalt besitzt, d. h. wenn es nur in einem rein formellen Sinn verstanden wird. Warum? Im Augenblick, da dem Sein irgendein konkreter Inhalt oder irgendwelche konkreten Eigenschaften gegeben werden, fallen diese unter der Axt des protestantischen Prinzips, das das Sein vor jeglicher Verunreinigung mit Abgötterei und Anthromorphismen bewahrt. *Alles,* das als Eigenschaft des Seins selbst angegeben wird (selbst die Liebe), muß als Symbol betrachtet werden, damit nicht wieder endliche Werte auf die Ebene des Absoluten erhoben werden.[53] Obwohl Tillich beteuert, daß religiöse Symbole an der letzten Wirklichkeit, auf die sie hinweisen, »teilhaben«, so gibt es keine sinnvollen Kriterien, mit denen es möglich wäre, festzustellen, ob ein angebliches Symbol *tatsächlich* das Sein in irgendeiner sinnvollen und wahrheitsgetreuen Weise symbolisiert. Mit anderen Worten: es ist völlig unmöglich, zwischen Aspekten eines Symbols, die nur auf die absolute Wirklichkeit hinweisen, und solchen, die wirklich daran teilhaben, zu unterscheiden oder festzustellen, ob ein solches Teilhaben tatsächlich stattfindet.[54]

Und wenn wir das Sein selbst nur in einem rein formellen Sinn interpretieren? Ein solches Konzept wäre zwar völlig unwiderlegbar – aber gleichzeitig wird damit auf alles substanzielle Wissen verzichtet. Willard van Orman Quine hat dies gut erklärt:

Das Bemerkenswerte am ontologischen Problem ist seine Einfachheit. Man kann es in drei... einsilbigen Worten ausdrücken: »Was ist da?« Man kann es auch noch mit einem einzigen Wort beantworten: »Alles« (oder das Sein selbst! JWM) – und jedermann wird diese Antwort als wahr akzeptieren. Alles, was man damit jedoch aussagt, ist: was ist, das ist.[55]

Paul Edwards versetzt allen Hoffnungen Tillichs in seinem Artikel »Professor Tillichs Verwirrungen« den Gnadenstoß: »Tillichs Theologie ist tatsächlich vor allen anti-theologischen Argumenten sicher... aber nur, weil sie *mit jeder denkbaren Behauptung vereinbar ist.* Wir alle halten das normalerweise für einen Grund, einen Satz als sinnlos oder inhaltlos zu bezeichnen.«[56]

Ob das Sein selbst oder das protestantische Prinzip in Tillichs Weltbild den absoluten Bezugspunkt darstellt – das Ergebnis ist das gleiche: Jeglicher religiöse Inhalt ist verlorengegangen. Weder das rein analytische Seinskonzept, noch das rein kritische protestantische Prinzip kann auf die letzten Fragen – wie die nach dem Sinn der Geschichte – irgendeine substantielle Antwort geben. Um heteronome und autonome Abgöttereien vermeiden zu können, müssen wir in der Lage sein, sie von wahrer Theonomie zu unterscheiden; aber der Formalismus von Tillichs System schließt jede Möglichkeit, dies zu tun, von vornherein aus. Die bedeutsamen Ereignisse (*Kairoi*) müssen mit dem großen *Kairos* – dem Christus-Ereignis – in Beziehung gebracht werden, aber der symbolische Charakter des letzteren läßt uns ohne irgendwelche klare Kriterien, aufgrund derer wir die *Kairoi* erkennen – und, was ebenso wichtig ist, zwischen göttlichen und dämonischen *Kairoi* unterscheiden können. Und das Reich Gottes kann die Mehrdeutigkeiten der Geschichte wohl kaum lösen, wenn die Operationen des Seins selbst nicht eindeutig angegeben werden können.

Wo liegt die Wurzel der Schwierigkeiten in Tillichs System? Natürlich in der erkenntnistheoretischen Frage. Tillich weigert sich konsequent, die Frage der Verifikation zu beantworten. Gleich solchen metaphysischen Geschichtsphilosophen wie Kant und Hegel[57] sieht er nicht ein, daß ein Versuch, eine Philosophie von maximaler Allgemeingültigkeit zu schaffen, in einer formalen Weltanschauung endet, die nichts aussagt, weil sie alles aussagt. Man könnte viele von Tillichs Schriften mit einer Bemerkung versehen, die ein Physiker auf ein Manuskript schrieb, das ihm von einem anderen Physiker zur Durchsicht gegeben wurde: »Das ist nicht richtig. Das ist noch nicht einmal verkehrt!« Tillich hat jene große Erkenntnis, die wir der zeitgenössischen analytischen Philosophie[58] verdanken, nämlich die Unterscheidung zwischen analytischen (rein formalen) und synthetischen (inhaltlichen) Urteilen, nicht zu Herzen genommen; allein synthetische Urteile, die auf einer empirischen Untersuchung der Welt beruhen, können ein substanzielles Wissen über die Wirklichkeit vermitteln. Wenn man deshalb über religiösen oder historischen Sinn reden will, muß man für seine Behauptungen konkretes Beweismaterial anführen oder zumindest zeigen, daß es keine Gegenbeweise gibt. Es ist klar, daß wir für die Wahrheit synthetischer Behauptungen höchstens einen hohen Wahrscheinlichkeitsgrad angeben können, aber nur ein rein formales System kann das Verlangen nach absoluter Gewißheit befriedigen, und ein solches enthält überhaupt kein Wissen über die Welt.

In seinem Versuch, religiöse Wahrheit über die »Ungewißheiten« der Geschichte zu erheben, versucht Tillich etwas Unmögliches. All unser Wissen über die gegenwärtige und vergangene Welt basiert auf einer Ansammlung von empirischen Daten, und wie im alltäglichen Leben müssen wir ständig die Lücke zwischen hoher Wahrscheinlichkeit und Gewißheit durch den Glauben überbrükken, und deshalb haben wir auch im religiösen Bereich kein Recht, eine Gewißheit zu verlangen, die größer ist als die Wahrscheinlichkeit historischer Beweise.[59] Ian Ramsey nahm kürzlich Einsichten von Joseph Butler († 1752) und Henry Newman wieder auf:

Butler erinnerte uns daran, daß eine völlige Hingabe an unsere Pflicht – die sich zum Beispiel darin zeigt, daß wir in einen Fluß springen, um ein ertrinkendes Kind zu retten – *vernünftigerweise* mit zahlreichen empirischen Ungewißheiten und Wahrscheinlichkeiten verbunden werden kann: Wir könnten uns über die Stärke der Strömung täuschen, über unsere Schwimmfähigkeiten, oder ob dieser treibende Haufen tatsächlich ein Kind ist usw. Aber selbst angesichts dieser Ungewißheiten, so behauptete Butler, müßten wir trotzdem einen Mann als im wahrsten Sinne des Wortes von Sinnen bezeichnen, der auf die moralische Herausforderung, die eine Situation mit solch großen Konsequenzen in sich trägt, nicht reagierte. Für Butler beruhte diese moralische Reaktion auf Wahrscheinlichkeiten; diese totale Hingabe und (in Newmans Worten) diese »reale Bejahung« ist jedoch vernünftig, wie würde ein »vernünftiger Mensch«, jeder, der die Bezeichnung »Person« verdiente, in ähnlichen Umständen handeln. »Wahrscheinlichkeit« ist in diesem besonderen Sinne (so Butler) der »Führer durchs Leben«. Insofern sind unsere christlichen Überzeugungen, auch wenn sie auf historischen Ungewißheiten beruhen, im Prinzip so vernünftig wie sonst alles andere in unserem Leben.[60]

Unglücklicherweise hat Tillich die negative Kritik des 19. Jahrhunderts an den neutestamentlichen Berichten übernommen und sich nie bemüht, die wirklich induktive Methode der Geschichtsforschung von dem rationalistischen, mit Vorurteilen gegen das Übernatürliche beladenen Historizismus zu unterscheiden, der sich für Geschichtswissenschaft ausgab.[61] Dann hätte er nämlich festgestellt, daß die Dokumente des Neuen Testament sehr wohl in der Lage sind, die Wahrheitsansprüche des christlichen Glaubens zu unterstützen[62], und er hätte gar nicht erst mit seinem Versuch angefangen, religiösen Glauben auf eine formalistische Ontologie zu gründen. Tragischerweise beschäftigte er sich nicht mehr mit den Tatsachen der Geschichte, sondern mit den Tautologien des Seins, bis es ihm schließlich überhaupt nicht mehr möglich war, irgend etwas Konkretes über Geschichte oder Glauben auszusagen. Wenn der Leser sich schließlich zu den letzten Abschnitten der *Systematischen Theologie* über das Reich Gottes und die Eschatologie durchgearbeitet hat, wird er an Wolcort Gibbs' Urteil über Alexander Woollcoot erinnert: »Er stand den Tatsachen nicht eigentlich feindselig gegenüber, sondern vielmehr gleichgültig.« Tillichs »Hoffnung für die Zukunft der Theologie«, seine »Religion des konkreten Geistes«, ist ein durchsichtiges Gespenst von einer Religion, das mit tatsachenorientierter Konkretheit nichts zu tun hat und jeder möglichen Interpretation zugänglich ist – der Vater von Altizers mystischem »dritten Zeitalter des Geistes«[63], der Vorläufer vom »Gott im Heute« der säkularen Theologen, den man dann bequemerweise mit der gerade bevorzugten sozialen Aktion identifiziert.[64]

Wir dürfen Herbert Butterfields Warnung nicht außer acht lassen: »Der Christus der Theologen darf nicht vom Jesus der Geschichte getrennt werden.«[65] Hätte Tillich sich darum bemüht, mit Hilfe der geschichtlichen Dokumente herauszufinden, was wir wirklich über Jesus wissen können, hätte er eine Antwort auf seine Wahrheitsfrage gefunden. Jesus behauptete nicht weniger als die Menschwerdung Gottes zu sein – und bewies die Richtigkeit seiner Behauptung durch die Auferstehung. Dadurch zeigte er, daß das Absolute tatsächlich in den Bereich der phänomenalen Welt eintreten konnte und es auch tat – daß die, die ihn sahen, damit auch den Vater sahen (Joh. 14, 6–9) und daß damit sein Wort in Gericht und Gnade über allem anderen stand. Der einzige Schutz vor Abgötterei ist nicht das protestantische Prinzip (oder sonst irgendein Prinzip), das sich anmaßt, Jesus zu beurteilen, sondern die Anerkennung, daß Jesus und nur Jesus allein der Weg, die Wahrheit und das Leben ist. Während das protestantische Prinzip folgerichtig zu einer Verneinung des Absoluten selbst führt, ist Jesus die Tür, die jeden Gläubigen in das Reich des Vaters einläßt. Jetzt wird die Eigenart von Gottes Herrschaft durch die Lehren, das Leben und den Tod seines einzigen Sohnes klar. Eine wörtlich genommene Inkarnation Gottes wird zum epirischen Zentrum der Geschichte, gibt ihr Sinn und Gewißheit der eschatologischen Erfüllung am Ende der Zeit, wenn Christus wiederkommt.[66]

Tillichs Anliegen kann man nur dann gerecht werden, wenn Gott tatsächlich durch Jesus in diese Welt kam. Ohne eine *de facto*-Offenbarung Gottes in der Geschichte ist eine »substanzielle Geschichtsphilosophie« (Danto) prinzipiell unmöglich, denn sie setzt immer einen Standpunkt außerhalb der Zeit voraus, von dem aus der Philosoph »die Gegenwart und Vergangenheit in der Perspektive der Zukunft« betrachtet (»in der Tat die endgültige Zukunft, denn jede Geschichte muß ein Ende haben«).[67] Wittgenstein hatte vollkommen recht, wenn er sagte: »Der Sinn der Welt muß außerhalb ihrer liegen.«[68] Wie kann man ihn nun finden? Jedenfalls nicht, indem man philosophische Türme von Babel baut, die uns unvermeidlich in eine Verwirrung stürzen, denn sie versuchen etwas Unmögliches – aber indem man sich unter die Wahrheit des Wortes beugt: »Niemand fährt gen Himmel, denn der vom Himmel herniedergekommen ist, nämlich des Menschen Sohn« (Joh. 3, 13). Da wir keine absolute Perspektive haben, die notwendig ist, um den Sinn der Geschichte zu erfassen, müssen wir stets in Dunkelheit bleiben, es sei denn, ein Lichtblick erreicht uns von außerhalb der Welt und erhellt die Schatten der Geschichte.

Trotz all seiner ontologischen Spekulationen und seines Verlangens, dem Bereich der Geschichte zu entrinnen, sah sich Tillich dazu veranlaßt, das große *Kairos* in einer kleinen Provinz des Römischen Reiches während der Regierung von Cäsar Augustus zu lokalisieren. Hätte Tillich doch die Bedeutung jenes historischen Ereignisses voll erfaßt, denn dort erstrahlte tatsächlich das Licht der Welt! Dort erhielten wir die Offenbarung von außerhalb der Zeit, die ein für allemal den Sinn der Geschichte klarstellte.

Kapitel 7

Die Geschichtsphilosophie von Gordon Clark

Geschichtsphilosophie ist weder Geschichte noch Philosophie – oder, wenn man will, beides. Da sie die Merkmale von beiden aufweist, fehlt ihr die Transparenz von beiden. Deshalb waren wenige Philosophen oder Theologen – selbst jene, die zum historiographischen Denken große Beiträge geleistet haben, wie Augustinus, Kant, Marx oder Reinhold Niebuhr – Geschichtsphilosophen *per se*. Je mehr ein Philosoph durch seine allgemeine Weltanschauung (z. B. transzendenter Idealismus), seine methodologischen Voraussetzungen (z. B. Bevorzugung der mathematisch deduktiven Modelle) oder sein Temperament (z. B. Kants introvertierter Provinzialismus) sich dem Fluß der menschlichen Erfahrung entzieht, um so schwieriger wird es für ihn sein, sich erstrangig den Problemen der Geschichtsphilosophie zu widmen.

Aber beschäftigen muß sich mit ihr ein Philosoph, ob es ihm nun paßt oder nicht – wie Giambattista Vico so gut erklärte –, denn kein Bereich liegt dem Herzen der menschlichen Erfahrung näher als die Geschichte; sie ist ein Kind, für das wir selbst die Geburtswehen ausgestanden haben.[1] Kein Philosoph, der ein umfassendes Verständnis der Wirklichkeit vermitteln will, kann den Fragen aus dem Weg gehen, die die menschliche Geschichte aufwirft. Für den Philosophen, der auch noch ein Christ ist, sind die Probleme der Geschichte noch dringender, wenn wir die Erklärung des Apostels bedenken: »Als aber die Zeit erfüllet ward, sandte Gott seinen Sohn« (Gal. 4, 4).

Während Prof. Clark Herbert Butterfields Ausführungen über historischen Objektivismus, die man von einem christlichen Historiker erwarten muß, nicht akzeptabel findet, so würde er doch folgenden Satz Butterfields voll und ganz unterstützen: »Es wäre ein gefährlicher Irrtum, wollte man sich einbilden, die Merkmale einer historischen Religion blieben erhalten, wenn man den Christus der Theologen von dem Jesus der Geschichte trennt.«[2]

Weder seine philosophische Grundhaltung – eine axiomatisch-deduktive Methodologie, die eine Weltanschauung axiomatisch festlegt und es nicht gestattet, sie auf der Basis von empirischen oder historischen Untersuchungen zu errichten – noch seine bekenntnismäßige Zugehörigkeit zum Calvinismus[3], der vor aller historischen Erfahrung mit den souveränen Satzungen Gottes in der Ewigkeit beginnt, könnten Gordon Haddon Clark veranlassen, sich mit Geschichtsphilosophie zu beschäftigen. Nichsdestoweniger hat er sich viel mit geschichtsphilosophischen Fragen auseinandergesetzt, um die allgemeine Anwendbarkeit seiner Weltanschauung auf alle wichtigen Bereiche menschlichen Denkens zu zeigen. In seinem Buch *A Christian View of Men and Things*[4], in dem Clark seine Grundeinstellung schildert, auf der alle seine detaillierteren Untersuchungen von religiösen und philosophischen Problemen basierten, finden wir auch ein Kapitel über die Philosophie der Geschichte. Artikel von ihm, die in Enzyklopädien und wissenschaftlichen Zeitschriften erschienen, beschäftigen sich mit wichtigen geschichtsphilosophischen Themen wie Determinismus und dem »Wesen der Zeit«.

In seinen Kritiken an zeitgenössischen Theologen hat er deutlich gezeigt, wie unhaltbar ihre historischen Prämissen sind.

Clarks Geschichtsverständnis verdient es deshalb, daß man sich ein wenig näher damit beschäftigt, auch wenn man sich seine Informationen aus seinen Werken einzeln sammeln und zusammenstellen muß. Während wir allgemeinhin in chronologischer Reihenfolge vorgehen wollen (die uns hier, wo es um Geschichte geht, am Platz zu sein scheint), so wollen wir uns auf zwei wesentliche Aspekte der Geschichtsphilosophie konzentrieren – auf den *analytischen* und auf den *substanziellen*[5] Aspekt (um Dantos Kategorien zu verwenden). Mit dem *analytischen* Aspekt der Geschichtsphilosophie bezeichnen wir die kritische Behandlung von Philosophien und Geschichtstheologien von anderen. Das ist die sokratische Störenfried-Aufgabe des Philosophen, und Clark nimmt sie besonders gut wahr. Substanzielle Geschichtsphilosophie ist die konstruktive Errichtung der eigenen historiographischen Grundlage.

Der Verfasser ist der Überzeugung (und wird diese im folgenden begründen), daß Gordon Clark die Rolle des Störenfrieds wesentlich besser spielt als die des substanziellen Geschichtsphilosophen. Aber auch wenn ich Clarks philosophischen und theologischen Ausganspunkt (calvinistisches A-priori-Denken) nicht teilen kann und sogar soweit gehen würde, zu sagen, daß er für einen bibeltreuen Denker extrem gefährlich ist, so glaube ich dennoch, daß wir uns mit Prof. Clarks Ansichten hier beschäftigen sollten, und zwar aus zwei Gründen.

Zunächst einmal ist es klar, daß Prof. Clark und ich uns bezüglich der formalen und inhaltlichen Prinzipien evangelischer Theologie (eine absolut zuverlässige Heilige Schrift, deren Heilsbotschaft in der Rechtfertigung aus Gnade allein durch den Glauben an Jesus Christus besteht) und auf der Ebene der persönlichen Beziehung zu Christus, dem Erlöser, eins sind. Zweitens hat Prof. Clark vielfach gezeigt, daß er Kritik gut vertragen kann. Als Axiomatiker weiß er nur zu gut, daß selbst, wenn scheinbar alles gegen ihn spricht, seinem philosophischen System dennoch niemand etwas anhaben kann.

Die Grundprinzipien von Clarks Geschichtsphilosophie

Wie Carl Henry sehr richtig bemerkt hat, ist *A Christian View of Men and Things* (1952) der logische Ausgangspunkt für das Verständnis von Professor Clarks Denken über philosophische Grundfragen, denn in seinen späteren Schriften wird seine Überzeugung, die er nicht geändert hat, lediglich in vielen Einzelheiten dargelegt. Man wird an Paul Weiss erinnert, dessen Auffassungen von der Beziehung zwischen Erkenntnistheorie und Metaphysik denen Prof. Clarks überraschend ähneln. Jeder Band, den er schrieb, war eine deduktive Ausführung seiner philosophischen Grundhaltung, dessen Prinzipien vorerst so klar dargestellt worden waren, daß man den Inhalt der folgenden Schriften fast vorhersagen konnte. Wir wollen uns deshalb mit dem zweiten Kapitel von *A Christian View of Men and Things* beschäftigen, wo Clark sich ausführlich mit dem Thema der Geschichtsphilosophie auseinandersetzt.

(1) *Clarks Kritik an modernen Geschichtsphilosophen*

Wie angesichts Clarks großer Fähigkeit, die Ansichten anderer einer hartnäckigen Kritik zu unterziehen, zu erwarten ist, widmet er den größten Teil seines Kapitels über die »Geschichtsphilosophie« einer Analyse der bedeutendsten Versuche unserer Zeit, in der Geschichte einen Sinn zu finden. Karl Marx, die Propheten des aufhaltsamen Fortschritts in der Geschichte (wie Spencer), Spengler und Toynbee, sie alle erhalten ihr verdientes Maß an Kritik. Clarks Analyse ist sicher nicht ohne Makel: Kann man z. B. Marx verstehen, ohne sich auch mit Hegel zu beschäftigen? Ist der Marxismus nicht selbst eigentlich das beste Beispiel für eine Philosophie des

Fortschritts? Kann man Spengler oder Toynbee gerecht werden, ohne die umfangreiche kritische Literatur über diese Denker durchzusehen und zu berücksichtigen? Trotz alledem trifft Clark bei seinen ablehnenden Beurteilungen gewöhnlich den Nagel auf den Kopf. Die Frage nach dem Sinn der Geschichte wird von Marx mit seinem wirtschaftlichen Determinismus in naiver Weise versimplifiziert, denn »selbst wenn man zugibt, daß wirtschaftliche Motive auf die Form, die die Entwicklung der Zivilisation genommen hat, einen großen Einfluß haben, bedeutet das noch lange nicht, daß alles auf dieser Basis erklärt werden kann«. Versuche, eine Philosophie des geschichtlichen Fortschritts auf naturwissenschaftlichem Wissen, politischer und gesellschaftlicher Planung oder biologischer Evolution zu begründen, werden diskutiert und für unhaltbar befunden. Clark zeigt, daß das Konzept des Fortschritts als fundamentale Kategorie innere Widersprüche in sich trägt:

Wenn der Fortschritt das Gesetz der Geschichte ist, wenn unser moralisches und intellektuelles Gepäck dem des Altertums überlegen ist; wenn unsere Gesellschaft und unser Denken in größere Dimensionen hineinwächst; wenn unsere Vorstellungskraft sich in einer Weise entwickelt, die heute noch unvorstellbar ist; wenn alle alten Konzepte, die ihrer Zeit gute Dienste leisteten, durch neue und bessere Konzepte ersetzt werden – folgt daraus nicht, daß die Theorie des Fortschritts als eine Vorstellung des 18. und 19. Jahrhunderts abgetan wird, die ihrer Zeit zweifelsohne gute Dienste leistete, aber inzwischen als überholt und falsch gilt?
Könnte der beste Beweis für Fortschritt nicht der heute ständig wachsende Zweifel am »Fortschritt« sein?

Im Vergleich von Spengler mit Toynbee stellt Prof. Clark fest, daß, wenn ihre Ansichten über das Schicksal des Abendlandes auch weit auseinandergehen, sie beide die gleichen grundlegenden historiographischen Fehler begehen. Jeder sucht sich seine Tatsachen so aus, wie es gerade nötig ist, um die eigene Theorie zu begründen: »Toynbee häuft eine große Masse von nüchternen Tatsachen auf und behauptet, die Gesetze in den Tatsachen selbst entdeckt zu haben. Diese Tatsachen sind jedoch nicht die gleichen Tatsachen, die Spengler benützt. Während einige zwar von beiden Autoren angeführt werden, so ist es bei zwei Werken von solchem Umfang wahrhaft erstaunlich, wie unterschiedlich die Tatsachen sind, die sie behandeln.« Weder Spengler, der bezüglich der Zukunft des Westens äußerst pessimistisch ist, noch Toynbee mit seinem eingeschränkten Optimismus über unsere Zukunft vermag seine Zeiteinteilungen für Kulturen, seine Bevorzugung gesellschaftlicher oder individualistischer Erklärungen historischer Vorgänge, noch seine grundlegende Definition einer Gesellschaft zu begründen.

Das Endergebnis der bisherigen Diskussion sieht vielleicht etwas entmutigend aus. Der Determinismus ist weder bewiesen noch widerlegt worden. Spengler hat plausible und interessante Bemerkungen gemacht, und Toynbee hat ihn auf recht eindrückliche und überzeugende Weise widerlegt. Keiner von ihnen scheint irgendetwas bewiesen zu haben. Man kann sich auf Analogien nicht verlassen, und das empirische Tatsachenmaterial läßt keine bestimmten Schlüsse zu.

Clark beläßt uns nicht im Zweifel darüber, daß er sich in der Auseinandersetzung zwischen den Pessimisten und Optimisten über den Zustand unserer Gesellschaft auf der Seite der Pessimisten befindet. Ein Abschnitt sines Kapitels über Geschichtsphilosophie ist einem Katalog von Tatsachen gewidmet, die auf einen sozialen Zusammenbruch hindeuten. Krieg, Brutalität, »sozialistische Gewaltherrschaft« in den Vereinigten Staaten (Clarks rechtsgerichtete politische Haltung kommt klar zum Ausdruck, wenn er z. B. sagt, »Besteuerung wird immer mehr zu legalisiertem Diebstahl«) und Sittenlosigkeit (sexuelle Unmoral, Verbrechen, Selbstmord, das Brechen von feierlichen Versprechen von seiten der Regierungen) werden als Beispiele dieses gesellschaftlichen Zusammenbruchs angeführt, den wir gegenwärtig in Amerika miterleben können. (Man könnte sich hier jedoch fragen, ob Gesellschaften, die aus sündhaften Menschen bestehen, nicht schon immer diese Merkmale aufgewiesen haben. Der Prediger Salomo bemerkte, daß es bei Sündern nichts Neues unter der Sonne gäbe. Die Erben des puritanischen Traums, Amerika zu einem theokratischen Utopia zu machen, müssen nicht unbedingt einer Überreaktion auf den unvermeidlichen Zusammenbruch einer solchen Erwartung erliegen!)

Prof. Clark ist sich sehr wohl bewußt, daß seine Kritik am zeitgenössischen amerikanischen Leben moralische Werturteile voraussetzt. Was wäre, wenn man das, was Prof. Clark als besonders negative Anzeichen ansieht, als Anzeichen einer positiven Umwandlung der Gesellschaft ansehen würde?

Eine Entscheidung für eine bestimmte dieser beiden Interpretationen kann nicht aufgrund der Tatsachen allein getroffen werden. Vorauszusetzen ist ein moralisches und normatives Urteil, und bevor man irgendeine befriedigende Geschichtsphilosophie etablieren kann, muß man ein System der Moral zur Grundlage haben. Keine Geschichtstheorie ruht auf einer empirischen Basis, keine Geschichtstheorie kann auf die grundlegenden Phasen der Philosophie verzichten.

Diese Grundanschauung in Clarks Geschichtsphilosophie – daß eine empirische Untersuchung der Tatsachen als Grundlage für eine Geschichtsphilosophie außerhalb der Geschichte gelöst werden müssen, in dem Bereich philosophischer Axiomatik – taucht in seinen Schriften immer wieder auf, und wir werden uns später genauer damit auseinandersetzen.

(2) Das christliche Korrektiv: Augustinus

Jeder hat seine Helden, und es überrascht keineswegs, daß Prof. Clark, ein Fachmann für klassische Philosophie und Calvinist, in Augustinus (gestorben 430 in Hippo bei Karthago)[6] sein geschichts-philosophisches Ideal findet. Der letzte Teil seines Kapitels über Geschichtsphilosophie in *A Christian View of Men and Things* ist hauptsächlich einer Zusammenfassung der Ansichten von Augustinus über den Sinn historischer Erfahrung gewidmet. Fünf Jahre nach der Veröffentlichung dieses Buches erklärte Clark erneut, daß seiner Überzeugung nach Augustinus eine gute Vorstellung von der biblischen Geschichtsphilosophie habe: »Der Gedanke einer Geschichtsphilosophie ist ursprünglich ein biblisches Konzept, und Augustinus benutzte das biblische Material.«[7] Im Jahre 1964 war es Prof. Clark, der den Artikel über »Augustinus« für die *Encyclopedia of Christianity* (»Enzyklopädie des Christentums«) schrieb, und ein langer Abschnitt dieses Artikels ist den geschichtsphilosophischen Anschauungen jenes großen Kirchenvaters des Westens gewidmet.

Prof. Clark begeistert sich vor allem deshalb so für Augustinus, weil er, so meint Clark, seine Geschichtsphilosophie von rein christlichen Prämissen hergeleitet habe:

Die erste dieser Prämissen und zugleich das erste aller christlichen Prinzipien ist das Sein und Wesen Gottes. Eine Philosophie, die auf der Existenz Gottes basiert, wird sich grundlegend von jener unterscheiden, die für Gott keinen Platz hat, und ebenso werden sich zwei Systeme grundlegend voneinander unterscheiden, wenn ihre Anschauungen über das Wesen Gottes unterschiedlich sind. Augustinus mußte deshalb das christliche Gotteskonzept von dem volkstümlichen römischen Polytheismus und dem philosophischen »Einen« (Unum) des Neuplatonismus unterscheiden.[8]

Was ist nun diese Geschichtsphilosophie, die Augustinus aufgrund der christlichen Gotteslehre entwickelte?

Zunächst einmal lehrt das Christentum, daß Gott das Universum durch ein freiwilliges *fiat* (Es werde) schuf. Dadurch ist schon einmal der neuplatonische Emanatismus (Ausströmung aus dem Einen) ausgeschlossen. Zweitens ist das Christentum ein System der Erlösung, die nicht durch eine neuplatonische Disziplin verwirklicht wird, die in einer mystischen Trance gipfelt, sondern durch den Verlauf der geschichtlichen Ereignisse, die ihren Höhepunkt im Tod Christi finden. Sowohl die Schöpfung als auch die Kreuzigung sind Beispiele für etwas, was ein für allemal geschah; deswegen knüpft das Christentum eine Bedeutung an die Geschichte, wie sie dem Neuplatonismus notwendigerweise fremd sein muß.[9]

Da Augustinus der Geschichte aufgrund seiner christlichen Überzeugung eine hohe Bedeutung beimaß, verteidigte er dann auch die Bedeutung von einmaligen Ereignissen (im Gegensatz zu den Universalien, die für die Griechen viel wichtiger waren) und analysierte das ganze menschliche Drama in Form der »beiden Reiche«. Statt einer einzigen menschlichen Gesellschaft (die vor dem Sündenfall in Glückseligkeit existierte und danach für immer im Elend existieren würde, hätte Gott nicht eine Möglichkeit für die Erlösung des Menschen bereitet), ist die Geschichte für Augustinus »der Kampf zwischen zwei feindlichen Gesellschaften – der Stadt Gottes und dem Reich der Welt. Das Reich der Welt wird von der Selbstliebe zur Verachtung Gottes getrieben; die himmlische Stadt wird von der Liebe Gottes zur Selbstverachtung getrieben. Sie unterscheiden sich in Ursprung, Handlungen und Schicksal«.[10]

Prof. Clark schließt sich dieser Analyse von Augustinus voll und ganz an und unterstützt sie mit der Lehre der Schrift, die Augustinus als Ausgangspunkt diente. Aus dieser Perspektive nennt Clark drei allgemeine Grundsätze der christlichen Geschichtsphilosophie: Gott kontrolliert die Geschichte, Gott wird die Geschichte zu ihrem Höhepunkt bringen, und Gott selbst handelt in der Geschichte.[11] Clark entwertet Joads Entgegnung (»Warum soll ich glauben, daß das, was sich in Palästina ereignet hat, von solch einzigartiger Bedeutung ist?«) durch eine scherzhafte Gegenfrage: »Durch welchen vernünftigen Denkvorgang kann ein Mensch zu dem Schluß kommen, daß der Wohnort eines Engländers die Ursache von ... Ereignissen sei?« Sicher hätte Augustinus ähnliches geantwortet, hätte Joad das Unglück gehabt, ihm zu begegnen.

Daraus, daß Clark die Geschichtsphilosophie des Augustinus gegenüber den säkularen Anschauungen so positiv darstellt, ergibt sich notwendigerweise die Frage: Welche Geschichtsauffassung ist richtig? Drei Zitate aus *A Christian View of Men and Things* machen Clarks Antwort, die auf seiner Erkenntnistheorie beruht, kristallklar.

Empirische Geschichtsforschung ist grundsätzlich unmöglich. Sollte jemand versuchen, die Geschichte mit einer völlig unvoreingenommenen Haltung zu untersuchen, würden die 1001 Ereignisse, die jede Minute in der Welt geschehen, ihn sehr schnell zum Scheitern verurteilen. Um überhaupt irgendeinen Fortschritt zu machen, müßte er einige dieser Ereignisse aussuchen und andere außer acht lassen. Sobald er das aber tut, hat er sich eines Auswahlprinzips bedient, das in den Tatsachen selbst nicht vorhanden ist. Unbewußt, trotz bester Absichten, muß Toynbee oder sonst irgendeiner, der die Geschichte studiert, durch ein unerkanntes psychologisches Gesetz und aufgrund des Wesens der Geschichte und der Welt seine Tatsachen auswählen und mit der Auswahl ihnen seine Interpretation aufzwingen.[12]

Zusammenfassend könnte man fragen: Was hat unsere Diskussion eigentlich bewiesen? Die Antwort ist: *bewiesen* hat sie nichts. Die Geschichtsphilosophie, wie interessant oder auch wichtig sie sein mag, ist nur ein Aspekt der Philosophie, und bevor irgendeine Geschichtsanschauung etabliert werden kann, sei es durch strenge Beweisführung oder überzeugendes Argument, gibt es grundsätzliche Probleme, die gelöst werden müssen. Mit diesen Problemen haben wir uns in der vorausgegangenen Diskussion überhaupt nicht beschäftigt. Insofern ist weder die christliche noch die säkulare Auffassung »bewiesen« worden.

Beide Auffassungen sind jedoch umrißhaft beschrieben worden. Wenn man den säkularen Standpunkt einnimmt, hat die Geschichte keine Bedeutung; menschliche Hoffnungen und Befürchtungen werden in Vergessenheit geraten, und alle Menschen, gut, böse oder indifferent erwartet das gleiche Ende. Jeder, der eine solche Anschauung vertritt, baut sein Leben auf einem verzweifelt armseligen Fundament auf. Wenn er jedoch die christliche Anschauung wählt, kann er der Geschichte einen Sinn zuschreiben: seine Hoffnungen und Ängste im Leben hier und jetzt bestimmen die Qualität des Lebens nach dem Tode, wenn beide Arten von Menschen ihr getrenntes Schicksal ereilt. Jeder, der diese Anschauung wählt, kann im Blick auf das Unglück der westlichen Zivilisation sagen: »Wir wissen, daß denen, die Gott lieben, alle Dinge zum Besten dienen.« Er hat nichts bewiesen, aber er hat – gewählt.[13]

In diesem Band... habe ich versucht zu zeigen, daß der christliche Theismus widerspruchsfrei ist und daß verschiedene andere philosophische Systeme innere Widersprüche aufweisen... und deshalb falsch sind. Mit den Voraussetzungen von Marx, Russell oder Spengler wird die Geschichte sinnlos; ein humanistischer Utilitarismus und die Kantsche Autonomie des Willens sind gleichfalls unfähig, moralische Entscheidungen zu rechtfertigen, und manche Formen von religiöser Philosophie sind widersprüchliche Mischungen von naturalistischen und theistischen Elementen. Im Gegensatz zu all diesen Anschauungen haben wir versucht zu zeigen, daß das Christentum widerspruchsfrei ist, daß es dem Leben und sittlichen Entscheidungen Sinn verleiht. Wir haben also Theismus und Atheismus in allen Einzelheiten untersucht. Es bleibt jetzt dem einzelnen überlassen, seine Wahl zu treffen.[14]

Clark als Kritiker der zeitgenössischen Geschichtstheologie

In seiner Rolle als Kritiker hat Prof. Clark weder Philosophen noch Theologen unbehelligt gelassen, aber im theologischen Bereich sitzen seine Angriffe tiefer. Zweifelsohne liegt das an dem Mangel an klarem Denken in den Entwürfen, die sich heutzutage als moderne Theologie ausgeben und in denen sich eine Irrationalität und logische Nachlässigkeit breitmachen, die einen erschrecken müssen.

Clarks Kritik an den zeitgenössischen Theologen ist deshalb so erfolgreich, weil er im strengen philosophischen Denken geschult und ein gutes Beispiel für Tillichs Prinzip ist: Kein Theologe sollte ernst genommen werden, es sei denn, er nähme die Philosophie ernst.

Clark und Barth

Geschichtsphilosophische Fragen stehen in Clarks *Karl Barths Theological Method* (»Karl Barths theologische Methode«) nicht im Vordergrund, aber die Zentralität der Offenbarung in der Geschichte in Barths Denken verleiht Clark die Gelegenheit, ernsthafte Schwächen in Barths Geschichtstheologie bloßzulegen. Zwar vermißt der Leser eine Analyse der unglücklichen Konsequenzen, die aus Barths Gebrauch der von Martin Kähler stammenden Unterscheidung zwischen gewöhnlichen, verifizierbaren historischen Ereignissen (*Historie*) und den »bedeutsamen« und »geschichtlichen«, aber unverifizierbaren Ereignissen biblischer Offenbarung (*Heilsgeschichte*) erwachsen.[15] Clark geht das Problem (im Grunde geht es hier natürlich um die Objektivität biblischer Geschichte) von einem anderen Gesichtspunkt her an: Barths Tendenz, historische Ereignisse der biblischen Offenbarung mit unserer heutigen Erfahrung von ihnen zu vereinen und die Interpretation dieser Ereignisse als *historische* Offenbarung zu entwerten.

Clark schreibt:

Barth sprach von einem Ereignis, durch das die Worte der Bibel für uns Worte Gottes werden, d. h. also von einem Ereignis oder einer Reihe von Ereignissen, die sich ständig wiederholen. Aber die Inkarnation Christi geschah ein für allemal. Wenn man hier von einem Ereignis an Stelle eines anderen redet, stiftet man Verwirrung. Die historische Existenz oder das Ereignis von Jesus Christus unterscheidet sich in der Tat von jedem Bericht davon. Jesus Christus ist das einzigartige Wort, das von Gott selbst zu einem Zeitpunkt in der Geschichte gesprochen wurde. Aber es ist wohl kaum wahr, daß die Bibel aus einer Reihe von menschlichen Versuchen besteht, die Inkarnation zu wiederholen, besonders zu der Zeit, wo die politische Lage Israels zwischen Ägypten und Babylonien von großer Bedeutung war. Aber wenn wir uns nicht allein für die physische Existenz Jesu als zufälliges historisches Ereignis interessieren, wenn wir uns vor allem interessieren, was er gesagt hat, und für eine verständliche Deutung seiner Taten – dann sind *Paulus dixit* und *Deus dixit* keineswegs zwei verschiedene Dinge. Sie sind nicht materiell verschieden, wenn die Sätze die gleichen sind, und sie unterscheiden sich auch nicht formell, wenn Gott durch Paulus spricht. Die Bibel ist weder ganz noch in erster Linie eine Sammlung von Erzählungen, die sich natürlich formell von den berichteten Ereignissen unterscheiden. Historische Ereignisse sind für die Bibel wesentlich, aber nur wenn sie interpretiert und erklärt werden. Die reine Existenz Jesu an sich hat keinerlei Bedeutung. Ein vernünftiger Glaube verlangt, daß man sich für seine Worte interessiert und sich um eine Deutung seiner Taten bemüht. Wenn er stumm bleibt und niemand seine Handlungen erklärt, hat es keinerlei Wert, ihn einfach anzustarren.[16]

Diese Schwierigkeit in Barths Geschichtsverständnis zeigt sich besonders deutlich bei seiner Vorstellung von der Gleichzeitigkeit biblischer Ereignisse. Lessing verwarf die Geschichte als unzureichende Grundlage für die Wahrheit; Clark bemerkt, daß Barth Lessings »Graben« zwischen Geschichte und gegenwärtiger Erfahrung (dem einzig gültigen Test für die »notwendigen Vernunftwahrheiten«) ganz richtig ablehnte. Lessing beging den großen Fehler »eine immanente Macht in der menschlichen Natur anzunehmen, durch welche die Übereinstimmung von Offenbarung und Geschichte wahrgenommen werden kann[17]«, eine Vorstellung, die im protestantischen Liberalismus weite Verbreitung fand. Barth bemüht sich, einen solchen Anthropozentrismus zu vermeiden und trotzdem Lessings Graben zu überqueren, indem er behauptet, daß das Wort Gottes (gepredigt, geschrieben und manifestiert in Offenbarungsereignissen) in Wirklichkeit ein Geschehen der Gleichzeitigkeit ist. Aber hier stellt Clark die Frage: »Wenn die Zeit Christi als gleichzeitig mit den Aposteln wie auch mit uns Heutigen erklärt wird, was heißt dann eigentlich gleichzeitig?«[18] Barths Unfähigkeit, diese Frage zu beantworten, führt Clark zu seiner Schlußfolgerung:

Können wir mit Barth übereinstimmen, daß das Problem auf diese Weise gelöst wird? Es ist einfach, mit verschiedenen Ebenen der Autorität zu beginnen und zu vermuten, daß ein Prediger heute genau die Worte des Paulus wiederholt, der genau diese Worte durch göttliche Eingabe erhielt. Aber wenn wir nicht mit verschiedenen Ebenen von Autorität anfangen und die höhere Stellung der Apostel uns gegenüber rechtfertigen wollen, dann ist der Gedanke der Gleichzeitigkeit nicht nur ungenügend, sondern unmöglich. Nichts ist klarer, als daß zwei Augenblicke, die durch Jahrhunderte getrennt sind – andere Unterschiede spielen hier keine Rolle – nicht gleichzeitig sind.

Zusammenfassend müssen wir deshalb sagen, daß es Barth trotz seiner immensen Belesenheit und seiner interessanten Erörterung, die der Leser stets zu schätzen wissen wird, nicht gelungen ist, sein Problem zu lösen. In all diesen Einzelheiten, die so sorgfältig abgewogen werden, wird der »Gleichzeitigkeit« und auch der »Offenbarung« eine verständliche Definition verweigert. Man könnte allen Schwierigkeiten aus dem Wege gehen, wenn man das Wort Gottes mit dem biblischen Text identifizierte, der durch die Kontrolle Gottes zu wahrheitsgetreuer Schrift geworden ist. Aber dann würde man ja zur Theologie der protestantischen Orthodoxie zurückkehren, und das will Barth nicht.[19]

Clark contra Bultmann

Prof. Clarks Beitrag zu Carl F. Henrys *Jesus of Nazareth: Saviour and Lord*[20] (»Jesus von Nazareth: Erlöser und Herr«) trägt den Titel: »Bultmanns Geschichtsphilosophie«.

Hier wird der Marburger Heidegger-Anhänger und Entmythologisierer (gestorben 1976) durch die philosophische Mangel gedreht, weil er die biblische Geschichte existentialisiert hat. Clark basiert seine Analyse von Bultmanns Einstellung zum historischen Jesus auf die Einführung zu »Jesus und das Wort«. Dort bringt Bultmann seine Grundanschauungen zum Ausdruck: daß der »hermeneutische Kreis« uns als Beobachter an die geschichtlichen Ereignisse bindet und somit einen objektiven Bericht von der Vergangenheit verhindert; daß das Leben Jesu daher nicht rekonstruierbar ist; daß die Schwierigkeiten, die uns im Weg stehen, wenn wir die älteste Schicht in den Dokumenten der Evangelien finden wollen, derart groß und von solch komplizierter Natur sind, daß wir nie sicher sein können, daß wir tatsächlich Jesu eigene Worte gefunden haben; schließlich die Überzeugung, daß dies gar nichts ausmache, denn Jesu Persönlichkeit interessiere den Theologen überhaupt nicht, der den Christus in persönlicher, existentialer Begegnung mit der Geschichte finden müsse.

Clark findet eine solche Geschichtsanschauung »unverständlich«. »Warum«, so fragt er, »sollten wir uns nicht um eine Begegnung mit Herodot oder Henry Thomas Buckle bemühen? Man kann den Texten solcher Autoren in gleicher Weise begegnen, sie können existentialisiert und allegorisch interpretiert werden. Jeder von ihnen läßt sich für einen fortgesetzten Dialog mit der Geschichte verwenden. Aus welchem Grunde soll man eine bestimmte Epoche der Geschichte einer anderen vorziehen?« Diese Fragen kann Bultmann nicht beantworten, und zwar aufgrund der Fehlschlüsse in seinen methodologischen Voraussetzungen. »Seine neutestamentliche Kritik ist so willkürlich wie die von Strauß, und seine Entmythologisierung ist auf der gleichen Ebene wie die allegorische Methode der frühen Patristiker . . . er vermischt den Objektivismus der Historiker des 19. Jahrhunderts mit dem Subjektivismus der Existentialisten des 20. Jahrhunderts.«

Weiter lesen wir:

Ich weiß, was es heißt, politische Lehren aus der Geschichte zu ziehen und auf nichthistorischen moralischen Grundlagen die Verbrechen oder Tugenden großer Männer zu untersuchen; aber ich habe nicht die geringste Ahnung, was Bultmann meint, wenn er den Begriff der Begegnung oder des erreichten Seins gebraucht. Solche leeren Phrasen werden nie eine Anschauung von historischer Untersuchung vermitteln, die man verteidigen könnte.

Ein besonders interessanter Abschnitt in Prof. Clarks Essay (aus dem sich gut seine eigenen geschichtsphilosophischen Anschauungen ablesen lassen) beschäftigt sich mit dem Argument Bultmanns, daß »es keine unpersönliche Betrachtung der Geschichte in dem gleichen Sinne geben kann, in dem es eine unpersönliche Beobachtung der Natur gibt«. Man würde von einem bibeltreuen christlichen Kritiker Bultmanns erwarten, daß er eine solche Dichotomie angreift, auf der Basis, daß sowohl historische als auch naturwissenschaftliche Daten objektiv erfaßt werden können: die Daten der Natur, weil Gott ihnen durch seine Schöpfungsakte objektive Existenz verliehen hat, und die Daten der Geschichte, weil die Geschichte der Bereich ist, in dem er sein objektives Werk des Gerichts und der Erlösung vollbringt.

Clark stellt zwar klar, daß diese Trennung zwischen naturwissenschaftlicher und historischer Forschung nicht haltbar ist – aber er kommt zu dem Schluß, daß man in *keinem* der beiden Bereiche zu objektiven Daten gelangen kann. »Reine, objektive, unpersönliche Beobachtung der Natur wird heute allgemeinhin nicht als eine Möglichkeit der Naturwissenschaft bezeichnet«, denn der Operationalismus in der modernen Naturphilosophie habe viele dazu veranlaßt, »auf das persönliche Beteiligtsein des Naturwissenschaftlers an seinen Versuchen und Fragestellungen« hinzuweisen und zu erklären, daß »die Formulierungen der Naturwissenschaft zum Teil von den ästhetischen Bevorzugungen der Formulierenden abhängig sind«. Dies ist eine seltsame Entgegnung auf einen subjektiven Existentialisten – dem »persönlichen Engagement« und der »ästhetischen Bevorzugung« wird noch viel mehr Spielraum gegeben!

Es ist freilich nicht schwer, den Grund für Clarks Ansatz zu finden – wir haben schon einmal darauf hingewiesen. Er besteht darauf, daß »empirische Geschichtsforschung grundsätzlich nicht möglich ist«, genauso wie er der Meinung ist, eine rein empirische naturwissenschaftliche Forschung sei *per definitionem* unmöglich (dies ist die These seines Werks *The Philosophy of Science and Belief in God*, »Die Philosophie der Naturwissenschaft und der Glaube an Gott«). Warum beschreitet Prof. Clark nicht den naheliegenden Weg, die nicht-empirischen, illegitimen Prämissen anzugreifen, die Bultmann in seinen neutestamentlichen Studien als wissenschaftliche Methode auszugeben versucht? Warum soll man den Eindruck erhalten, daß niemand, weder Natur- noch Geschichtswissenschaftler, Bultmannianer oder Gegner Bultmanns, durch eine direkte Untersuchung der Tatsachen zur Wahrheit gelangen kann? Prof. Clark ist der Meinung, daß man diese Schlußfolgerung akzeptieren müsse, wenn sie einem Schwierigkeiten bereitet, mit Bultmann fertig zu werden, denn *wissen* kann man schlechterdings nur, wenn man vorher das »Axiom der Offenbarung« akzeptiert hat. Wir wollen im folgenden den Einfluß von Clarks Erkenntnistheorie auf seine Geschichtsphilosophie und die sich daraus ergebenden Fragen näher untersuchen.

Worum es eigentlich geht

Prof. Clarks Analyse von philosophischen und theologischen Anschauungen, wie sie von führenden Denkern vertreten worden sind, vermittelt uns zumindest indirekt die Umrisse seiner eigenen Geschichtsphilosophie.

Wir wollen Clarks Einstellung zu drei Fragenkreisen untersuchen, die für jede Diskussion über den Sinn der Geschichte von grundlegender Bedeutung sind: das Problem der Zeit, der Konflikt zwischen Determinismus und freiem Willen, und die Frage, wie Geschichtsphilosophie verifiziert werden soll. Meinem Urteil nach wird Clark am besten mit dem Problem der Zeit fertig; problematisch wird es bereits bei der Frage des freien Willens, und bei der Verifikation der christlichen Geschichtsphilosophie gerät er in ernsthafte Schwierigkeiten.

(1) Das Problem der Zeit

Die Unzulänglichkeiten von Barths Begriff der Gleichzeitigkeit hat Clark klar herausgestellt. Clark hat sich sehr um ein richtiges Verständnis des Wesens der Zeit bemüht und dabei viele, seiner Ansicht nach falsche, Vorstellungen von der Zeit kritisiert.

So will sich Clark in seinem nächsten Buch über Geschichtsphilosophie auch vor allem mit diesem Fragenbereich anhand von Oscar Cullmanns einflußreichem Werk *Christus und die Zeit* beschäftigen. Cullmann ist der Meinung, daß die Ereignisse am Anfang und Ende der Offenbarungszeitlinie (Schöpfung und Gericht) nicht im gewöhnlichen Sinn als historisch bezeichnet werden können. Obwohl er nicht gewillt ist, von der Unterscheidung zwischen Historie und Geschichte Gebrauch zu machen, um die biblischen Ereignisse ein für allemal aus dem Bereich der Historie zu verbannen, so ist es ihm dennoch unmöglich, die Berichte der Schrift vom Ursprung und Ende der Welt als historische Ereignisse wie alle anderen anzusehen.[21] Clark hat bereits gezeigt, daß er mit Cullmanns Konstruktion nicht einverstanden ist, denn in einem Zeitschriftenartikel kritisiert er das Konzept der »kosmischen Zeit« des holländischen Philosophen Herman Dooyeweerd, das unangenehme Parallelen zu Cullmanns Anschauungen aufweist.

In *A New Critique of Historical Thought* (»Eine neue Kritik geschichtlichen Denkens«) spricht Dooyeweerd von eschatologischen Ereignissen »jenseits der Grenze kosmischer Zeit« und außerhalb des Bereichs der Geschichte – Ereignisse, die nur durch den Glauben wahrgenommen werden können; als Beispiel führt er die Schöpfungstage im ersten Buch Mose an. Hier stellt Clark die Frage: »Wenn das, was sich ereignet, nicht in den Bereich der Geschichte gehört, was kann man mit Geschichte wohl meinen?« Für Clark ist eine solche Anschauung extrem gefährlich. Seiner Meinung nach muß die Gesamtheit der tatsächlichen Ereignisse biblischer Geschichte als solche angesehen werden – historische Beispiele von Gottes Tätigkeit.

Angesichts der neo-orthodoxen Antithese von Zeit und Ewigkeit, angesichts der Vorstellung von widersprüchlicher und supra-temporaler Gleichzeitigkeit und der Reduzierung biblischer Ereignisse zu Symbolen und Mythen wirkt Dooyeweerds Ausdrucksweise beunruhigend . . . Bis er sich zur Verbalinspiration bekannt hat, muß man sich fragen, was er wohl meint, wenn er die Historizität des ersten Kapitels der Genesis leugnet. Wenn es irgendwelche biblischen Ereignisse jenseits der Grenze kosmischer Zeit gibt – d. h. wenn sich einige Ereignisse nicht in der Zeit ereignet haben, wie soll man dann entscheiden, welche biblischen Berichte historisch sind und welche nicht? Wenn die sechs Tage der Schöpfung nicht in den Bereich der Zeit gehören, ist die Versuchung Evas durch die Schlange historisch? Ist die Kreuzigung historisch? Was ist das Kriterium, anhand dessen man ein Ereignis, das sich tatsächlich in der Zeit ereignet hat, von irgendeinem offenbarungsspezifischen, überzeitlichen Symbol unterscheiden könnte?

Selbst wenn Dooyeweerd nicht das Gleiche sagen will wie die Neo-Orthodoxen, bedient er sich doch ein wenig ihrer Sprache. Man fragt sich dann, ob es aufgrund seiner Konstruktion wirklich möglich ist, die tatsächliche Wahrheit biblischer Geschichte aufrechtzuerhalten.

Wir müssen also feststellen, daß Dooyeweerds Zeitkonzept vom theologischen als auch vom philosophischen Standpunkt aus unzureichend ist.[22]

In einem anderen Zeitschriftenartikel[23] zeigt Clark zwei Hauptprobleme auf, die sich säkularen Zeitkonzepten stellen. Das eine Extrem stellt der neuplatonische Philosoph Plotin dar. Er glaubte fest an die Einheit der Zeit für die ganze Natur und die ganze Menschheit, aber er konnte das nur so mit den individuellen und gegensätzlichen Geistern in Verbindung bringen, daß er behauptete, es gäbe nur eine einzige Seele, die überall in der Natur gegenwärtig sei. Zeit wird somit zum Leben dieser universalen Seele. – Das entgegengesetzte Extrem vertrat Kant. Er vermied es völlig richtig, all die verschiedenen Seelen zu einem Ganzen zu mischen, aber da er jedes prästabilierte System ablehnte, das alle Geister und die gesamte Natur unter dem Plan eines Schöpfers vereinen würde (in seiner Kritik an Leibniz eliminierte er sowohl Theismus als auch Pantheismus aus seiner Philosophie), blieb Kant nur noch ein pluralistisches Universum, in dem jede Person einen eigenen Raum, eine eigene Zeit und eigene Kategorien hat.

Kant begann also mit der Zeit im Geist des einzelnen und es gelang ihm nicht, eine allgemeine Einheit der Zeit herzustellen. Plotin, im Gegensatz dazu, beginnt mit der Einheit der Zeit als dem Leben der universalen Seele und steht jetzt vor dem Problem, sie in den Geist des einzelnen hineinzubekommen.

Gibt es einen Ausweg aus diesem Dilemma? Clark schlägt ihn gegen Ende seines Artikels vor. Augustinus soll angeblich einen starken Hang zum Neuplatonismus besessen haben, selbst nach seiner Bekehrung zum Christentum. Clark jedoch weist darauf hin, daß Augustinus sich den irrtümlichen Anschauungen von Plotin, der die Einheit der Zeit durch die Weltseele herzustellen versuchte, nicht anschloß, Augustinus »bringt uns zur Erde zurück und lokalisiert die Zeit in erschaffenen Geistern«. Die Vereinigung von Vergangenheit, Gegenwart und Zukunft kann im Geist des einzelnen erfolgen, denn durch den gemeinsamen Schöpfer, den Gott der christlichen Offenbarung, sind alle Geister miteinander in Einklang gebracht worden.[24] Was das Wesen der Zeit betrifft, finden wir hier bei Augustinus (und Clark) die Lösung des Problems des Einen und der Vielen, die gleichzeitig die Einheit und die Einzigartigkeit in der geschichtlichen Erfahrung des Menschen bewahrt.

(2) Der Herr der Geschichte: Gott und der Determinismus

Clark bekennt sich zum Calvinismus, und deshalb findet seine Theologie ihren Mittelpunkt in der schöpferischen Tätigkeit des souveränen Gottes. Daraus ergibt sich ganz natürlich, daß seine Anschauung vom Wesen der Zeit eng mit dem schöpferischen Tun Gottes verbunden ist, was seine Gedanken über die Zeit für uns interessant und wertvoll macht.[25] Ein anderer Bereich, in dem Stärken und Schwächen einer solchen Orientierung zum Vorschein kommen, ist das Problem des Determinismus und des freien Willens in der Geschichte. Wir wollen uns hier mit Clarks schon früher veröffentlichtem Artikel über »Determinismus und Verantwortung« beschäftigen[26], der eine wichtige Rolle in Clarks Laufbahn spielte, da er ihn als strikten Calvinisten von jenen bibeltreuen Christen absonderte, die darauf bestehen, daß die Prädestination in der Bibel ein Geheimnis ist, das wir nicht voll begreifen können.

Wir wollen zunächst einmal positiv festhalten, daß Clark, wie sein theologisches Vorbild Calvin, den Gott der Offenbarung souverän und ohne Einschränkung als Herrn der Geschichte anerkennt.[27] »Calvin hat jene Anschauung abgelehnt, die an Stelle des Gesetzgebers ein Gesetz (sei es der Gerechtigkeit, sei es der Evolution) als oberste Instanz anerkennt. Eine solche Anschauung wäre ein platonischer Dualismus, der einen Bereich der Ideen postuliert, die über dem Schöpfer stehen.« Den Gott der Geschichte durch den geschichtlichen Prozeß oder bestimmte Wertsysteme, die im Lauf der Zeit entstanden sind, einem Urteil zu unterwerfen, war einer der Grundirrtümer der protestantischen Modernisten: »Die Modernisten wehren sich gegen die Vorstellung eines stellvertretenden Opfers, weil sie nicht glauben, daß Gott eine solche Person sei. Ihr Gott ist nicht der der frühen Christen.« Ferner weist Clark darauf hin, daß die aktive Handlung Gottes in der Geschichte oder in unserem eigenen Leben eine absichtliche Willenshandlung des Menschen keineswegs ausschließt. So nahm er Stellung zu den Anschauungen von Georgia Harkness:

Zunächst einmal behauptet sie, das sittliche Tun verlange eine Wahl, und eine Wahl verlange die Möglichkeit, anders gewählt zu haben. Das ist der erste Punkt, dem wir nicht zustimmen können. Bei der Wahl handelt es sich um jenen geistigen Akt oder jene bewußte Entscheidung, die eine menschliche Handlung auslöst. Die Fähigkeit, auch anders wählen zu können, interessiert hier nicht und kommt in der Definition nicht zum Ausdruck. Es handelt sich selbst dann um einen absichtlichen Willensschluß, wenn er nicht anders hätte ausfallen können (das Handeln kranker Menschen lassen wir hier außer Betracht). Es ist wahr, daß wir uns unserer Beschränkungen nicht immer bewußt sind. Wer an das Bewußtsein der Freiheit appelliert und behauptet, ein solcher Appell löse das Problem, denkt an so läppische Beispiele wie dies: Wähle ich Kirschen- oder Apfeltorte? Wenn es überhaupt notwendig sein sollte, Beispiele anzuführen, so können wir Luther zitieren: »Hier stehe ich. Ich kann nicht anders. Gott helfe mir.« Je wichtiger die Entscheidung, desto weniger fühlen wir uns in der Lage, eine andere Wahl zu treffen. Und ich möchte behaupten, daß die Erfahrung Luthers von vielen ernsthaften, verantwortlichen Personen oft gemacht wird.

Fragwürdig wird Clarks Abhandlung an der Stelle, wo er sich mit der folgenden Frage beschäftigt: »Macht die hier vertretene Anschauung nicht Gott zum Autor der Sünde?« Clark antwortet darauf lediglich, daß »Autor der Sünde« eine schlechte Metapher sei (»warum die gelehrten Kirchenväter, die die verschiedenen Glaubenssätze formulierten, es einmütig zugelassen haben, daß ein solcher metaphorischer Ausdruck die Fragestellung verwirrt, ist ein Rätsel«) und daß die paradoxfreie Lehre von der doppelten Prädestination »mit Sicherheit Gott zur ersten und letzten Ursache von allem macht«.

Der Grund, warum so viele gläubige Gelehrte den Ausdruck verwendeten, der Clark nicht paßt, liegt darin, daß sie von der Schwere der Sünde in bezug auf die Prädestinationsfrage stärker getroffen wurden als Clark. Ihnen schien es unmöglich, zwischen dem Vater unseres Herrn Jesus Christus und dem Panorama der sündigen Handlungen des Menschen in der Geschichte eine paradoxfreie Verbindung herzustellen. Wenn man das tut, verkehrt man Jesu Tränen über Jerusalem in eine Scharade und seinen Tod für die Sünde der Welt in eine Theateraufführung. Clark, seinem Hyper-Calvinismus getreu[28], sieht die stellvertretende Sühne und die Inkarnation vom Standpunkt der ewigen Bestimmungen Gottes aus – statt umgekehrt. Hiermit steht er im Gegensatz zu vielen sensiblen Nachfolgern Christi, die der Meinung waren, Gottes Souveränität müsse von der Inkarnation und vom Kreuz her verstanden werden.

Luther zum Beispiel bemühte sich klarzustellen, daß, wenn man am Fuß des Kreuzes steht, die doppelte Prädestination aufhört, eine mögliche Alternative zu sein. Wenn man in das Gesicht des sterbenden Erlösers blickt, dann findet man tatsächlich eine »einfache« Prädestination – die Prädestination des Auserwählten, denn als erlöster Mensch erkennt man, daß man zu dem Errettungswerk Christi für sich selbst nichts beitragen kann, und selbst der eigene Glaube ist eine Gabe Gottes. Aber zur gleichen Zeit stellt man auch fest, daß es unmöglich ist, die Sünde und den Unglauben paradoxfrei mit Christus in Verbindung zu bringen. Somit bringt uns die Schrift zu einem echten Paradox (vgl. Joh. 1, 12–13; Phil. 2, 12–13), das sich nicht auflösen läßt, solange wir unterwegs sind.

Die christliche Geschichtsdeutung braucht (Gott sei Dank) nicht zwischen Determinismus und freiem Willen zu wählen. Beide sind am Werk, und zwar stets so, daß das Böse in der Geschichte das Werk des Menschen ist und das Gute das Werk Gottes. Es steht dem Menschen frei, sein eigenes Gift zu wählen, und oft tut er das auch; er hat jedoch nicht die Freiheit, sich selbst oder seine Welt zu erlösen. Nur Gott kann das tun, und das Kreuz ist der beste Beweis dafür, wie ernst es Gott darum zu tun war, den Menschen von seiner Selbstzerstörung zu befreien.

Ist Clarks Haltung zur Prädestinationsfrage vielleicht der Grund, warum er so oft als »kalter Rationalist« bezeichnet wird (auch wenn seine Darstellung des christlichen Glaubens alle Erlösungslehren enthält)? Man erinnert sich hier daran, daß Calvin in ähnlicher Weise beurteilt worden ist.

(3) *Die Wahl zwischen verschiedenen Geschichtsphilosophien*

Carl Henry hat ganz richtig darauf hingewiesen, daß Prof. Clarks eigentliches philosophisches Anliegen im Bereich der Erkenntnistheorie liegt: seine »Interessen selbst im Bereich der Geschichtsphilosophie sind im wesentlichen erkenntnistheoretischer Natur«. Hinter Clarks Behandlung geschichtsphilosophischer Probleme steht fast immer ein Bemühen, der Wahrheitsfrage näherzukommen. Das erkenntnistheoretische Anliegen kommt besonders in Clarks neuem Buch zum Ausdruck, dessen Manuskript mir zur Verfügung gestellt wurde. Unmittelbar vor dem Abschnitt über das »Statistische Gesetz« formuliert Clark seine Grundeinstellung, auf der das ganze Werk basiert:

Geschichtsphilosophie ist komplizierter, als manche Historiker glauben. Zugegeben, die allgemeinen philosophischen Betrachtungen entfernen uns von den Einzelheiten und den Erzählungen der gewöhnlichen Geschichte. Man muß darauf bedacht sein, daß die Geschichtsphilosophie den Berichten der Ereignisse gerecht wird, und man muß sich darum bemühen, den Geschichtsforscher zufriedenzustellen.

Zur gleichen Zeit jedoch dürfen Fragen bezüglich der Bedeutung von großen Völker- und Menschenbewegungen, Fragen nach dem Sinn von gesellschaftlichem und politischem Leben, Fragen zur Teleologie und göttlichen Vorsehung nicht einfach als bloße Philosophie oder irrelevante Erkenntnistheorie beiseitegeschoben werden. Wer das versucht, verschließt sich die Möglichkeit, zu einem vernünftigen Bericht der historischen Ereignisse zu kommen.

Prof. Clark beginnt sein Buch mit einer Einleitung, die provisorisch mit »Was ist Geschichte?« betitelt wurde. Hier wird zwischen solchen Epochen und Denkern unterschieden, die die Geschichte »ablehnten« (die Griechen, Descartes, Voltaire, Hume, Spinoza) und jenen, die sie »schätzten« (im 19. und 20. Jahrhundert). Zeitgenössische Geschichtsphilosophen, deren Vertrauen auf die Geschichte aus dem Progressivismus (Hegel), Evolutionismus (Darwin) und Positivismus (Comte) des 19. Jahrhunderts erwuchs, diskutieren nicht mehr darüber, ob die Geschichte einen Wert hat, sondern nur noch, worin dieser Wert wohl besteht: Ist sie um ihrer selbst willen des Studiums wert? Besteht ihr Wert in ihrem Beitrag zur Gegenwart? Besteht er in ihrem Beitrag zur Philosophie? Clark blickt verächtlich auf das zeitgenössische Vertrauen auf die Geschichte herab und ist der Meinung, daß es völlig fehl am Platz sei. Seine Ablehnung der Behauptung von Collingwood, Butterfield und Harry Elmer Barns, daß die Geschichte einen Wert *sui generis* habe, ist klar. Er schlägt vor, man solle »den Nutzen und die Rechtfertigung der Geschichte in der Stellung finden, die sie als Teil einer alles umfassenden Philosophie innehat«.

Wenn Clark eine mögliche Definition der Geschichte diskutiert, bemüht er sich erneut, die Geschichte der Philosophie unterzuordnen. Er führt neun verschiedene Definitionen der »Geschichte« auf, um zu zeigen, daß sie jeweils ein Spezialfall der Lebensphilosophie der betreffenden Persönlichkeit ist.

Hier finden wir leider eine ausführliche Wiederholung des Prinzips, das Clark bereits in *A Christian View of Men and Things* verkündete: »Empirische Geschichtsforschung ist schlechthin völlig unmöglich.« So lesen wir:

Wir wollen uns darüber im klaren sein: Die Liebe zur Information um ihrer selbst willen kann einem nicht dazu helfen, zu entscheiden, welche Veränderung man beobachten oder welche Information man erlangen sollte. Alles wird auf eine Ebene des gleichen Bedeutungsgrads reduziert – und dies Niveau ist ein Niveau der gleichen Bedeutungslosigkeit.

Clark hält es für unmöglich, daß historische Tatsachen aus sich selbst heraus irgendwelche Bedeutung vermitteln, daß es dem Historiker unabhängig von einer Gesamt-Weltanschauung möglich sei zu begründen, warum er sich nicht mit solchen Tatsachen beschäftigt wie: »Die Anzahl von Kilometern, die Herr Smith freitags zurücklegte, und die Durchschnittslänge der Schnürsenkel eines Sergeanten nach der Grundausbildung.« Eine solche extreme Haltung kann natürlich nicht aufrechterhalten werden. An anderer Stelle argumentiert Clark gegen eine statistische Geschichtsforschung.

Statistiken über die Anzahl von Selbstmorden oder Morden oder falsch adressierte Briefe könnten vielleicht einen Beitrag zur Soziologie leisten, aber genauso wie Lebensversicherungsstatistiken für die Medizin bedeutungslos sind, so können solche Zahlen auch nichts zur Geschichtswissenschaft beitragen. Zweifelsohne finden Morde mit einer bestimmten Regelmäßigkeit statt, und vielleicht besteht irgendein Wert darin, die Zahl der jährlich begangenen Morde zu notieren. Aber nicht alle Morde haben historische Bedeutung. Im Jahre 1914 hat es vielleicht 1000 Morde gegeben, aber nur einer von ihnen, der Mord an dem Erzherzog Ferdinand, hat den Gang der Geschichte beeinflußt. Zweifelsohne wurden im Mittelalter viele Kinder umgebracht, aber lediglich der Mord von zwei Prinzen im Tower ist für die Geschichte von Bedeutung. Was diese einzigartigen Ereignisse betrifft, so können uns Statistiken bei ihrem Verständnis nicht helfen.

Wenn man darauf antworten sollte, daß andere Morde auch historische Konsequenzen gehabt haben, so ist das schon richtig, aber Listen von solchen Zahlen können die Handlungen Napoleons oder die zwei Weltkriege des 20. Jahrhunderts nicht erklären. Das einzigartige Ereignis, die Entscheidung Napoleons, gen Moskau zu marschieren, die seine Niederlage bei Waterloo unvermeidlich machte, ist eine Frage von historischem Interesse. Traditionsgemäß ist das der Bereich des Historikers, und hier kann die Soziologie keinerlei Erklärungen geben.

Das ist schon ganz richtig, aber das beweist ja gerade, daß historische Ereignisse in sich selbst nicht auf »einem Niveau der gleichen Bedeutungslosigkeit« liegen. Der Fehler des Statistikers besteht ja gerade darin, daß er meint, alle Tatsachen hätten die gleiche Bedeutung und könnten deshalb gleichwertig dem Computer zur Analyse eingefüttert werden.

Zweifelsohne gibt es unendlich viele *mögliche* Interpretationen einer historischen Tatsache (es ist *möglich*, daß Hitler die Juden umbringen ließ, weil er sie, aus fehlgeleiteter Liebe, schneller in den Genuß ihrer himmlischen Belohnung bringen wollte; es ist *möglich*, daß Jesus ein Marsmensch war, der sich so gut als Jesus verkleidete, daß es keiner merkte). Aber es ist doch klar, daß nicht alle Erklärungen den gleichen Grad an Plausibilität besitzen. Wer verschiedene Interpretationen und Werturteile an den Tatsachen selbst prüft, wird schließlich zu einer solchen Interpretation gelangen, die den untersuchten Tatsachen am ehesten gerecht wird (Hitler eliminierte die Juden, weil er sie haßte; Jesus war die Fleischwerdung Gottes).

Die Überzeugung, daß historische Tatsachen in sich selbst hinreichende Kriterien tragen, um die Wahl zwischen verschiedenen denkbaren Interpretationen zu ermöglichen, ist sowohl für den Christen als auch für die allgemeine Geschichtsforschung von wesentlicher Bedeutung. Die Apostel verkündeten die Auferstehung Christi und ihre Interpretation als objektive, nachprüfbare Tatsache (1. Kor. 15, und die Predigten in der Apostelgeschichte), und zwar auch den Athener Philosophen gegenüber, die solche Interpretationen lächerlich fanden.[29] Die apostolische Gemeinschaft war überzeugt, daß die Auferstehung Christi und die Interpretation, die sie ihr gaben, von einer Untersuchung der Tatsachen voll und ganz bestätigt werden konnte, und sie forderten ihre Zeitgenossen dazu auf, eine solche Nachprüfung für sich selbst zu vollziehen.

Wenn Christen heute – aus welchem Grund auch immer – eine andere Einstellung zur Bedeutung historischer Tatsachen haben, können sie unmöglich sagen, warum die Geschichte des Evangeliums notwendigerweise eine größere Bedeutung haben soll (um Clarks Beispiel ein wenig abzuändern) als die Durchschnittslänge der Schuhbinden des Pilatus. Eine solche Haltung treibt uns natürlich direkt in die Arme Bultmanns, für den die Bedeutung geschichtlicher Ereignisse durch die »verantwortlichen Entscheidungen« der heutigen Interpreten festgestellt wird.[30] Dann können wir, wie uns der Existentialist Raymond Aron vorhält, die Relativität der Geschichte nur durch »das Absolutum der Entscheidung« überwinden.[31] Jede Geschichtsanschauung ist dann gleichwertig; es läßt sich nicht mehr zeigen, daß eine bestimmte Geschichtsdeutung der Wahrheit näher kommt als alle anderen – eine absurde Schlußfolgerung! Obwohl Clark Bultmanns Anschauungen ganz entschieden ablehnt, ist die Ähnlichkeit zwischen seinem und Bultmanns historischem Ansatz beunruhigend. Beide behaupten, die Geschichtsforschung sei *per se* unfähig, zwischen verschiedenen Geschichtsphilosophien zu wählen. Historische Bedeutung wird demnach von der Weltanschauung des einzelnen festgelegt (für Bultmann ist sie Heideggers Existentialismus, für Clark die calvinistische Orthodoxie). Die Frage der Bedeutung der Vergangenheit ist somit nicht mehr eine Frage von geschichtlichen Tatsachen, sondern man trifft eine *Wahl*, so wie es einem gerade paßt. Wie Clark wiederholt sagt: »Es gibt keinen Beweis, aber eine Wahl.«[32]

Es ist klar, warum Clark in diese unglückliche Richtung steuert, aber alles verstehen ist noch lange nicht alles verzeihen. Der Hauptteil seines geplanten Bandes ist »Säkularen Geschichtstheorien« gewidmet, und er stellt ganz richtig fest, daß es keiner säkularen Philosophie gelungen ist, die totale geschichtliche Erfahrung des Menschen befriedigend zu deuten. Das trifft genau so zu für »unhistorische, reduktionistische« Interpretationen (etwa die Versuche von Herder und Montesquieu, die Geschichte auf einer rein geographischen Basis zu erklären, von Kant, alles auf die Physik bzw. Natur zurückzuführen, auch die statistischen Erklärungen, wie wir sie bei Buckle und Durham finden)[33] – wie für echte »historische« Erklärungen, bei denen man sich bemüht hat, die Bestrebungen der Menschen mit in Betracht zu ziehen (Beards wirtschaftlicher Determinismus und Marx' historischer Materialismus). Clarks Kritiken an diesen Geschichtstheorien sind gut durchdacht und unterhaltsam zu lesen (Buckle z. B. wird für seine »Vorurteile« gegen das schottische Presbyterianertum durch die Mangel gedreht – offensichtlich beging Buckle einen großen Fehler, wenn er sich negativ über das Land und das Bekenntnis äußerte, die Clark so sehr am Herzen liegen!).

Es besteht kein Zweifel darüber, daß diese Philosophen und Historiker die Bedeutung der Vergangenheit nicht erkannt haben. Aber Clark zum Trotz liegt der Grund ihres Versagens nicht darin, daß die historischen Tatsachen unabhängig von philosophischen Überlegungen wertlos wären. Die Schwierigkeit besteht vielmehr darin, daß »ein solcher Schatz an historischen Daten existiert, daß wir nicht wissen, wie wir alle Tatsachen zueinander in Beziehung setzen sollen. Die Spanne unseres Lebens ist zu kurz, und unsere Perspektive zu begrenzt.«[34] Anders ausgedrückt: Das Problem der säkularen Geschichtsphilosophen besteht nicht darin, daß sie sich erst die Geschichte angesehen hätten, ohne vorher Prinzipien zu finden, anhand derer sie die Vergangenheit verstehen könnten. Vielmehr ist es genau umgekehrt: Ihre a priori philosophischen Anschauungen hindern die Säkularisten daran, die Geschichte objektiv zu untersuchen.[35] Wenn es den historischen Tatsachen vom Leben Jesu, von seinem Tod und seiner Auferstehung gestattet wird, für sich selbst zu sprechen, dann führen sie unweigerlich zum Glauben an seine Gottheit und zur Anerkennung seines Urteils über den gesamten geschichtlichen Prozeß.

»Vertrauen in die Geschichte« ist in der Tat dann abzulehnen, wenn man damit die Fähigkeit des Menschen meint, zu einem gültigen, zusammenfassenden Bericht über das gesamte menschliche Drama ohne den Christus zu kommen. In der modernen analytischen Geschichtsphilosophie hat man inzwischen auch nachgewiesen, daß so etwas prinzipell unmöglich ist.[36] Aber »Vertrauen in die Geschichte« ist dann durchaus gerechtfertigt, wenn man damit sagen will, daß man sich trotz allem existentialistischen und solipsistischen Skeptizismus darum bemüht, die Bedeutung geschichtlicher Ereignisse durch eine objektive Untersuchung zu finden. Nur so kann man es vermeiden, der Vergangenheit eine Philosophie aufzuzwingen.

Wenn die christliche Geschichtsphilosophie gültig sein soll, muß sie sich aus der Geschichte selbst ergeben. Und das tut sie auch: Ihr Ursprung ist nämlich der historische Christus. Der christliche Philosoph oder Historiker wird deshalb der Sache Christi keinen Dienst leisten, wenn er die Objektivitätsforderung abschwächt. Wenn es nicht möglich ist, die Bedeutung der Ereignisse von den Ereignissen selbst zu erfahren, dann ist es auch nicht möglich, in den Ereignissen den göttlichen Christus zu finden, und dann wird die Geschichte sicherlich reduziert zu einer »Anekdote, von einem Idioten erzählt und nichts bedeutend«.

Prof. Clark ist jedoch in seinem neuen Werk über Geschichtsphilosophie bereit, den historischen Relativisten recht zu geben. Ein langer Abschnitt beschäftigt sich mit den Argumenten der Objektivisten und Relativisten. Auf der Seite derer, die an eine »feste Wahrheit in der Geschichte« glauben, sind Hexter, Butterfield und Barzun; Clark erörtert ihre Ansichten und lehnt sie ab. Carl Beckers historischer Relativismus hat für Clark scheinbar eine größere Überzeugungskraft als die Argumente von seiten der Objektivisten. Die Frage des Kausalprinzips wird untersucht. Die Versuche, den Sinn des Kausalprinzips zu erklären, vermögen Clark nicht zu überzeugen, und diese Schwierigkeit wird für ihn ein wesentliches Argument gegen die Möglichkeit einer objektiven Geschichtsschreibung. Schlußendlich stellt Clark uns Mandelbaums und Nagels Verteidigung historischer Objektivität als heldenhaft, aber unzureichend vor – man kann also dem Relativismus nicht entrinnen. Obwohl Clark sich hier noch nicht mit der Frage von normativen Urteilen in der Geschichte beschäftigt, ist seine Auffassung der Objektivitätsfrage klar.

Wir haben gesehen, daß historische Forschung nicht zu objektiver, unveränderlicher Wahrheit führen kann. Keinem der Schüler Leopold von Rankes ist es gelungen, die Kritik von Descartes, daß fragmentarische Berichte unzuverlässig sind, zu widerlegen. Zukünftige Forschung kann jederzeit zum völligen Neuschreiben der Geschichtsbücher führen.

Die besten Verteidiger objektiver Geschichtsforschung haben solche Zugeständnisse machen müssen, daß ihre Grundthese nicht mehr haltbar ist. Hexter gab zu, daß Ordnung und Zusammenhang nur so in die Geschichtswissenschaft gebracht werden können, daß man versuchsweise Bezugsrahmen verwendet.

Rickerts mutiger Versuch, Kriterien für Objektivität zu entwickeln, endet in einem circulus vitiosus. Vor allem ist das Konzept der Kausalität, die Hauptsäule der Objektivität, theoretisch verwirrt und praktisch nicht anwendbar.

Carr zeichnet ein amüsantes Bild von dem Geschichtsforscher als einem, der in einem Lumpensack herumwühlt, sich verschiedene Stücke aussucht und die rationale Steppdecke des »Wissens« zusammenflickt.

Mandelbaum kämpft für die Objektivität, indem er die historische Forschung von erkenntnistheoretischen Problemen zu trennen versucht. Wie die Diskussion des Kausalprinzips zeigte, ist das völlig unmöglich.

Nagels Versuch schließlich, die Objektivität in den Sozialwissenschaften zu retten, nahm ihnen jeden Inhalt, außer Statistiken.

Da keiner dieser Autoren in der Lage war, die Argumente der Relativisten zu widerlegen, müssen wir folgern, daß die letzteren die besseren Argumente hatten.

Aber Clarks Argumente können nur wenig überzeugen. Zunächst einmal ist es nicht richtig, daß die »Zugeständnisse« der »besten Verteidiger einer objektiven geschichtlichen Wahrheit« ihre Grundthese widerlegen. Bei diesen »Zugeständnissen« wird nämlich nur eines zugestanden, nämlich, daß historische Wahrheit synthetischer und nicht analytischer Natur ist, d. h. daß sie auf der empirischen Untersuchung von Dokumenten beruht und deshalb niemals den Grad hundertprozentiger Gewißheit erreicht. So schreibt Clark über Barzun:

Wenn bestimmte Ereignisse in der Öffentlichkeit stattfinden und von Dutzenden von unabhängigen Zeugen bestätigt werden, dann *wissen* wir etwas darüber. Wenn der Skeptiker dem entgegnet, die Zeugen könnten sich ja irren, erklärt Barzun, daß dieser Einwand auf der Postulierung irgendeines vollkommenen Berichtes beruht, mit dem die existierenden Berichte verglichen werden könnten. Da es keine gibt, so scheint Barzun sagen zu wollen, müssen die existierenden Berichte wahr sein.[37]

Genau! Barzun versucht lediglich zu erläutern, daß historische Forschung, wie im übrigen auch die Erforschung der Gegenwart, auf Beobachtung beruht, und daß »Objektivität« in beiden Fällen dadurch definiert ist, daß unabhängige Zeugen gleiche Aussagen machen. Clark ist jedoch nicht willens zuzugeben, daß die historische Forschung zur »Objektiven Wahrheit« gelangen kann, es sei denn, sie bringe »absolute, unabänderliche« Ergebnisse hervor – d. h. jene Art von Ergebnissen, die wir sonst von deduktiven, axiomatischen Systemen erhalten (die Clark stets als Wahrheitsmodell dienen, und er läßt sich da auf keinerlei Kompromisse ein).

Absolute Wahrheit in diesem Sinne gibt es jedoch nur im Bereich der formalen Logik (oder der reinen Mathematik, die, wie Whitehead und Russell in ihren *Principia Mathematica* nachgewiesen haben, ein Sonderfall der formalen Logik ist). Diese formalen Systeme sind nur deshalb absolut, weil sie so *definiert* sind und weil sie von empirischer Erfahrung vollkommen unabhängig sind. Sobald wir uns in den Bereich der Erfahrung begeben, werden »absolute«, »unabänderliche« Ergebnisse unmöglich. Wenn man nun aber behaupten will, daß einem damit gleich alle Objektivität verlorengeht, ignoriert man alle Tätigkeiten des Alltagslebens, die auf Entscheidungen beruhen, die aufgrund von objektiven Tatsachen gefällt werden. Eine solche Haltung führt schließlich zum Solipsismus. Die Alternativen sind klar: formale Vollkommenheit ohne empirischen Inhalt, oder aber die Bejahung der Möglichkeit empirischer Objektivität, ohne sie jedoch unerfüllbaren Forderungen zu unterwerfen. Da der Mittelpunkt des christlichen Glaubens eine Offenbarung *innerhalb* der geschichtlichen Erfahrung ist, gibt es gar keine Frage, für welche dieser Alternativen der Christ sich entscheiden muß.

Zweitens setzt Clark voraus, daß die Erklärungen historischer Zusammenhänge wie metaphysische Systeme den Tatsachen von außen aufgezwängt werden und auf diese Art und Weise die Daten bestimmen, anstatt von ihnen bestimmt zu werden. In ähnlicher Weise vertritt Clark eine operationalistische Anschauung bezüglich der naturwissenschaftlichen Forschung (vgl. *The Philosophy of Science and Belief in God* – »Die Philosophie der Naturwissenschaft und der Glaube an Gott«), die auch von anderen Philosophen wie Thomas S. Kuhn (*The Structure of Scientific Revolutions* – »Die Struktur von Revolutionen in der Naturwissenschaft«) vertreten wird. Ob es sich nun um historische oder naturwissenschaftliche Forschung handelt – so, wie Clark uns glauben machen will, geht es in der Wissenschaft nun doch nicht zu. Die Entscheidung zwischen verschiedenen rivalisierenden naturwissenschaftlichen Erklärungen wird aufgrund von experimentellen Daten getroffen, und »naturwissenschaftliche Revolutionen« werden durch neue Entdeckungen hervorgerufen, die man bei Experimenten gemacht hat. Das einzig gültige Kriterium, das uns zur Entscheidung für die eine und gegen die andere Erklärung eines historischen Zusammenhangs bewegen sollte, ist das Gewicht des Tatsachenmaterials.[38] Es ist ungerecht, wenn Prof. Clark Naturwissenschaftler und Historiker mit Metaphysikern wie Hegel über einen Kamm schert. Als in einer Vorlesung Hegels ein Student es einmal wagte, ihm zu widersprechen: »Aber Herr Professor, die Tatsachen stimmen mit Ihrer These nicht überein«, soll Hegel geantwortet haben: »Dann sollen die Tatsachen gehängt sein.« Das ist genau das, was ein Historiker nicht machen kann: die Tatsachen hängen. Ganz im Gegenteil, *sie* werden *ihn* hängen, wenn seine Theorien sich nicht mit ihnen vereinbaren lassen.

Clark stellt auch das Problem des Kausalprinzips nicht richtig dar. Es ist zwar wahr – wie Max Black noch besser gezeigt hat als die von Clark zitierten Philosophen: »Jeder Versuch, ein universales Kausalgesetz zu formulieren, muß sich als vergebens erweisen.«[39] Anstatt diese Tatsache für eine objektive, empirische Darstellung des historischen Jesus zu nutzen (denn die Argumente gegen Wunder und gegen das Übernatürliche, die auf der These von »unabänderlichen Naturgesetzen« basieren, werden nun kraftlos)[40], behauptet er nun, es könne in der Geschichtsforschung überhaupt keine Objektivität geben. Wieder verlangt er eine absolute (analytische) Rechtfertigung des Kausalprinzips, bevor er es überhaupt anerkennen will. Er sieht nicht ein, daß es sich beim Kausalprinzip ebenso wie bei den historischen und naturwissenschaftlichen Erklärungen lediglich um eine empirische Konstruktion handelt, die *ad hoc* angewandt wird, um historische Tatsachen zu verstehen. Erklärungen anhand des Wechselbezugs von Ursache und Wirkung beruhen stets auf den Tatsachen, die sie erklären sollen, und werden stets gegen diese Tatsachen geprüft. In Fällen, wo gewöhnliche Kausalerklärungen nicht ausreichen (z. B. bezüglich der Natur des Lichtes in der Physik und des Wesens der Auferstehung Christi in der Geschichte), wird deshalb trotzdem niemand die Objektivität des Phänomens leugnen. Das Licht ist trotzdem vorhanden, und die Auferstehung fand trotzdem statt! Entgegen Clarks Behauptung handelt es sich bei der Bemerkung des christlichen Historikers Butterfield, die Objektivität historischer Wahrheit sei von einem unveränderlichen Kausalgesetz unabhängig, keineswegs um einen Versuch, dem Problem aus dem Weg zu gehen.

Letztlich müssen wir feststellen, daß Clark in seinen Ansichten und Argumenten mit dem historischen Relativisten Carl Becker konform geht, ohne sich anscheinend der Tatsache bewußt zu sein, daß in den letzten Jahren analytisch geschulte Geschichtsphilosophen Beckers Ansatz für völlig unbrauchbar befunden haben. J. N. Watkins schrieb einen Artikel, in dem er die jüngsten Untersuchungen zu diesem Fragenkreis schilderte, besonders in bezug auf den Antiobjektivismus von solchen Autoren wie Becker und H. W. Walsh. Er kam in seinem Artikel zu folgenden Schlüssen:

Ich persönlich bin der Meinung, daß während es sicherlich wünschenswert ist, daß der Historiker sich so genau wie möglich über die Quellen möglicher Voreingenommenheit in seiner eigenen Persönlichkeit bewußt ist, es bei dem Problem historischer Objektivität nicht so sehr auf die Mentalität des Historikers ankommt, sondern viel mehr auf die logische Struktur dessen, was er schreibt. Die moralischen und metaphysischen Überzeugungen, die Leidenschaften und Kontroversen, die Walsh als Ursachen und Symbole der Subjektivität in der Geschichtswissenschaft sieht, gibt es auch in der Naturwissenschaft, die Walsh als Beispiel der Objektivität sieht. Der objektive Charakter einer wissenschaftlichen Theorie ist nicht so sehr von dem Temperament des Autors und seiner Mentalität abhängig, sondern von ihrer *Kritisierbarkeit*. Für mich wird die Frage »Wie objektiv kann die Geschichtsschreibung sein?« im Grunde zur Frage »Inwieweit unterzieht sich eine systematische geschichtliche Rekonstruktion der Kritik.« . . . Die jedem einsichtige Antwort ist klar. Es gibt hervorragende Geschichtswerke, in denen eine frühere Interpretation sehr überzeugend aufgrund neuen Beweismaterials oder alten Beweismaterials, das plötzlich in einem neuen Licht erscheint, widerlegt wird. Man hat es gemacht, also kann man es machen.[41]

Man merke: Das Argument, das »Neuschreiben von Geschichtsbüchern« zeige, daß es in der Geschichtsforschung Objektivität nicht geben kann, wird hier von Watkins genau umgedreht. Im Gegenteil, meint Watkins, die Tatsache, daß geschichtliche Werke aufgrund neuen Beweismaterials neu geschrieben werden, ist der beste Beweis dafür, daß die Tätigkeit des Historikers äußerst objektiv ist. Die Tatsache, daß das göttliche Bild von Christus, das uns die Dokumente des Neuen Testaments zeichnen, bislang aller vernünftigen Kritik standgehalten hat (im Gegensatz zu solcher, die alles Übernatürliche von vornherein ablehnt), ist der beste Grund, an einer objektiven Gültigkeit festzuhalten.

J. A. Passmore, Autor des Monumentalwerkes *A Hundred Years of Philosophy* (»Hundert Jahre Philosophie«), unterstützte Watkins Argumente in einem Artikel über die »Objektivität der Geschichte«[42].

Passmore argumentiert dort, daß der Historiker in dem Sinne wissenschaftlich vorgeht, daß er Hypothesen aufstellt oder Berichte verfaßt, die anhand der Tatsachen geprüft werden.

Wie soll der Historiker die Auswahl seines Materials treffen? Der entscheidende Faktor ist das Problem, mit dem er beginnt, genauso wie in der Naturwissenschaft. Es gibt hier in der Natur seines Problems jedoch einen wichtigen Unterschied: historische Probleme sind eine bestimmte Art von Problemen, wie wir sie vor allem in der angewandten (im Gegensatz zur reinen) Naturwissenschaft finden. Das liegt daran, daß der Historiker sich dafür interessiert, was unter bestimmten Voraussetzungen in einer bestimmten Situation geschieht; genauso wie der Ingenieur sich vielleicht fragt: »Warum brach gerade *dieses* Flugzeug zusammen?«, wird sich der Historiker fragen: »Warum brach gerade *diese* Monarchie zusammen?« Wie der Ingenieur wird er sich gelegentlich Modellvorstellungen konstruieren, um sein Problem zu lösen.

Warum sind dann die Modelle, die die verschiedenen Historiker gebrauchen, um die gleichen Ereignisse zu erklären, so sehr verschieden? Spricht das nicht gegen die Ansicht, die Aufgabe der Geschichtsforschung bestehe darin, ein objektives Verständnis der Geschichte zu vermitteln? Passmore zeigt, warum das nicht so ist:

Was uns eigentlich überraschen und dankbar stimmen sollte, ist das Ausmaß, in dem die Objektivität zum Zuge gekommen ist. Katholische und protestantische Berichte über die Reformation, wenn man sie als Berichte über gesellschaftliche Institutionen betrachtet, stimmen immer mehr überein. Wenn Objektivität dadurch geprüft wird, daß es bestimmte Methoden gibt, Probleme zu klären, so daß den Anhängern aller möglichen Anschauungen einwandfrei gezeigt werden kann, was sich wirklich ereignet hat, so vermag ich nicht einzusehen, wie man an der Objektivität der Geschichtswissenschaft zweifeln kann. Aber wenn wir erst mit einer Geschichtsdarstellung zufrieden sind, die jeder uneingeschränkt akzeptiert, dann wäre das ein sehr zweifelhafter Sieg für den Geist der Wissenschaftlichkeit. Eine solche Einstimmigkeit finden wir jedoch in keinem Bereich menschlicher Forschung vor. Wenn wir zu harte Anforderungen an die Objektivität stellen, dann gibt es keinen Forschungsbereich, in dem eine solche Objektivität herrscht; schrauben wir unsere Forderungen auf ein menschliches Maß zurück, dann läßt sich der Begriff Objektivität auch noch auf die Geschichtsforschung anwenden.

Prof. Clark jedoch besteht auf seinen harten Anforderungen an die Objektivität, und im Endergebnis bleibt ihm gar nichts. Sicherlich unterscheidet sich der Grund, warum er das tut, von dem des historischen Relativisten; dem letzteren liegen allgemeinhin humanistische Motive zugrunde (das Verlangen, die menschliche Handlungsfreiheit zu bewahren, existentielle Selbstauthentisierung etc.), während es Clark um Fragen der christlichen Offenbarung geht (das Verlangen, durch die axiomatisch als wahr festgelegte Offenbarung des souveränen Gottes ein Kriterium für Objektivität – und auch alles andere sonst – zu schaffen). Demzufolge können, seiner Meinung nach, historische Tatsachen letzten Endes nicht zwischen verschiedenen und einander widersprechenden Geschichtsphilosophien entscheiden. Es geht bei diesen Kontroversen nach Clark dann im Grunde um den philosophischen Anfangspunkt, den man sich wählen muß. »Anstatt mit den Tatsachen zu beginnen und später zu Gott zu finden, muß man mit Gott anfangen; sonst kann man nie bei Gott enden oder auch nur die Tatsachen erfahren.«[43] Hier stoßen wir auf das Kernproblem der Clarkschen Geschichtsphilosophie: Kann man »mit Gott anfangen« (dem christlichen Gott), *ohne* vorher irgend etwas über die Welt zu wissen, d. h. im Besitz objektiv verifizierbarer Tatsachen zu sein? Meine Antwort lautet entschieden Nein, und die Gründe dafür will ich im folgenden darlegen, zusammen mit dem Vorschlag einer Alternative, die die Schwierigkeiten von Clarks geschichtsphilosophischem Ansatz vermeiden kann.

Neuorientierung der christlichen Geschichtsphilosophie

(1) *Probleme, die sich aus Clarks Einstellung zu empirischer Forschung ergeben*

Arthur C. Danto analysiert Argumente für die Ablehnung unserer Fähigkeit, mit ganz gleich welchen Methoden wahre Aussagen über die Vergangenheit zu machen.[44] Dabei erörtert er ein Argument, das für Prof. Clark sehr wichtig ist:

Historische Aussagen werden von Historikern gemacht, und Historiker haben bestimmte Motive, die sie dazu veranlassen, Aussagen über einen bestimmten Sachgegenstand der Vergangenheit zu machen anstatt über einen anderen. Nicht nur das, sondern Historiker haben zu der Vergangenheit, die sie beschreiben wollen, eine bestimmte gefühlsmäßige Einstellung ... Somit werden die Historiker dazu bewegt, bestimmte Dinge hervorzuheben, andere zu übersehen, andere gar zu verdrehen. Mit dieser gefühlsmäßigen Einstellung belastet, ist es ihnen meist nicht möglich, die Verdrehungen, die sie verursachen, selbst festzustellen. Aber diejenigen, die vorgeben, sie entdeckten Verfälschungen, haben selbst ihre eigenen Meinungen und deshalb ihre eigene Art der besonderen Hervorhebung, des Auslassens und Verfälschens. Es ist einem Menschen nicht möglich, keine eigene Meinung und keinen Standpunkt zu haben; Historiker sind aber Menschen und können deshalb keine vollkommen objektiven Aussagen über die Vergangenheit machen. In jede historische Aussage von Gewicht gehen persönliche Faktoren ein, die sich nicht gänzlich ausschalten lassen. So entstehen falsche Akzentuierungen und Verzerrungen. Deshalb kann es uns nicht gelingen, Aussagen über die Vergangenheit zu machen, die voll und ganz der Wahrheit entsprechen.

Diese Sätze von Clark kommentiert Danto so:

Man könnte zunächst meinen, daß dieses Argument sinnlos sei. Welchen Sinn beispielsweise hätte es zu sagen, jeder Gegenstand in der Welt sei krumm? Wir können lediglich feststellen, daß bestimmte Dinge krumm sind, wenn es gerade Gegenstände gibt, mit denen man sie vergleichen kann, und wenn es keine geraden Dinge gibt, dann hat es keinen Sinn zu sagen, daß es krumme Dinge gibt. Eine Eigenschaft kann es nur dann geben, wenn es auch ihr kontradiktorisches Gegenteil gibt. Das gleiche gilt für Verfälschungen. Wenn wir uns keine Vorstellung von einer unverfälschten Aussage über die Vergangenheit machen können, inwiefern können wir dann überhaupt von »verfälschten Aussagen« reden? Und *wenn* wir tatsächlich eine Vorstellung von einer unverfälschten Aussage haben sollten, dann müßten wir, im Prinzip zumindest, in der Lage sein, Beispiele von unverfälschten Aussagen anzuführen, und dann ist das Argument ungültig. Deswegen könnte man sagen, daß das Argument entweder falsch oder sinnlos ist.

Aber dieser Einwand ist nicht völlig stichhaltig, und den Vertretern der Clarkschen Schau gelingt es auch gewöhnlich, ihn zu umgehen. Sie würden nämlich nicht sagen, »alles ist krumm«, sondern daß alles, was einer bestimmten Klasse angehört, krumm ist. Es kann eine Klasse von geraden Dingen geben, die dieser Aussage einen Sinn verleiht. Sie sagen dann auch nicht, daß jede Aussage eine Verfälschung ist, sondern lediglich jede Aussage *über die Geschichte*. Die Klasse der geschichtlichen Aussagen wird dann einer Klasse von vermutlich unverfälschten Aussagen gegenübergestellt, nämlich der Klasse der naturwissenschaftlichen Aussagen.

Der übliche Versuch, die Geschichte mittels der reinen Naturwissenschaft des Mangels an Objektivität zu bezichtigen, ist also nicht prinzipiell sinnlos (obwohl man es nicht so machen kann, wie Passmore, Watkins und viele andere gezeigt haben, weil die Methoden der historischen Forschung im Prinzip auch die der naturwissenschaftlichen Forschung sind). Clark erkennt zwar die Einheit von naturwissenschaftlicher und geschichtlicher Forschung an, kommt aber dann zu dem Schluß, daß es in *keinem* der beiden Bereiche echte Objektivität geben kann. Nicht nur das: Clark ist, wie wir gesehen haben, der Überzeugung, daß es völlig unmöglich ist, überhaupt irgendein objektives Wissen über diese Welt zu besitzen, bevor man nicht das Axiom der Offenbarung akzeptiert hat. Das gilt dann nicht nur im Bereich der Natur- und Geschichtswissenschaft, sondern auch in Ethik, Politik, Pädagogik, ja selbst im Familienleben. (In »Das Axiom der Offenbarung« meint Clark, daß man unabhängig von einem Glauben an den Gott der Bibel nicht mit Sicherheit wissen kann, welche Frau man hat!).

Wenn das nun wirklich zutrifft, dann trifft Dantos Einwand der Sinnlosigkeit Clark mit voller Wucht, denn jetzt gibt es keine Klasse von unverfälschten Aussagen mehr, anhand derer sich die Bedeutung des Wortes Verfälschung (besonders in bezug auf geschichtliche Aussagen) definieren ließe: jeder Gegenstand in der Welt ist krumm, und somit verliert das Wort »krumm« jede Bedeutung.

Aber, so antwortet Clark, es gibt *ein* unverfälschtes Objekt: Die Heilige Schrift. *Ihre* Aussagen sind unverfälscht und unverkrümmt – und so kann ich alle Aussagen anhand des Axioms der Offenbarung beurteilen. Leider hat sich Clark jedoch den Ast, auf dem er sitzt, bereits abgesägt. Wie Mavrodes ganz richtig erläuterte: »Wenn die Bibel ein Glied einer erkenntnistheoretischen Kette bildet, dann ist das nächste Glied der Sinneskontakt mit der Bibel.« Wenn es unabhängig vom Axiom der Offenbarung (d. h. bevor wir den Inhalt der Bibel kennen) *keine* Möglichkeit gibt, auf empirischem Wege Wissen zu erlangen, dann können wir leider auch nicht wissen, was in der Bibel steht, denn die Bibel ist ja ein Gegenstand der Wahrnehmung. Vor allem: Die Bibel ist auch ein *historischer* Gegenstand, der sich nur dann erkennen läßt, wenn wir objektive Geschichtsforschung ernstnehmen. Woher wissen wir zum Beispiel, welche Schriften zur Bibel gehören? Nur, indem wir die historischen Beweise für die Kanonizität der biblischen Bücher untersuchen. Wenn wir von vornherein der Meinung sind, daß solche Beweise verfälscht und die geschichtlichen Methoden, mit denen sie untersucht werden, unzuverlässig sind – dann können wir überhaupt nicht sicher sein, daß wir eine Offenbarung haben, oder worin sie besteht. Die christliche Offenbarung ist nun einmal eine historische Offenbarung und kann von der Geschichte nicht losgelöst werden. Somit erweisen sich alle Versuche, auf die Objektivität historischer Forschung zugunsten geoffenbarter Wahrheit zu verzichten, als Bumerang: Sie machen es völlig unmöglich, überhaupt sinnvoll von Offenbarung zu sprechen. Für Prof. Clark, der keinerlei empirische Möglichkeit zur Wahrheit zu gelangen, zugestehen will, bleibt der Solipsismus einzige logische Konsequenz.

(2) *Ein erfolgloser Rehabilitierungsversuch*

In seinem Buch *The New Evangelicalism* (»Der neue Evangelikalismus«) vertritt Ronald H. Nash die Meinung, daß Prof. Clarks Kritiker (etwa J. Oliver Buswell jr.) ihn mißverstanden und deshalb nicht erkannt haben, wie vernünftig Clarks Anschauung vom Standpunkt der Erkenntnistheorie und Apologetik ist.[45] Da unsere Kritik an Clark sich nicht grundlegend von Buswell in der Interpretation der Clarkschen Philosophie unterscheidet, müssen wir hierzu noch Stellung nehmen.

Nash offeriert uns ein sehr freundliches Bild von Clarks Philosophie. Das Axiom der Offenbarung, so wird uns gesagt, ist kein unantastbares *a priori*, das man einfach entweder akzeptieren oder ablehnen muß, ohne daß man sich dabei auf irgendwelche Tatsachen stützen könnte, die sowohl dem Gläubigen als auch dem Ungläubigen zugänglich sind. Vielmehr läßt es sich mit einer naturwissenschaftlichen Hypothese oder Theorie vergleichen, die man aufgrund ihrer logischen Geschlossenheit beurteilen kann. Da zwei in sich selbst widerspruchsfreie, aber sich gegenseitig ausschließende Weltsysteme nicht beide gleichzeitig existieren können, gibt die größere Geschlossenheit der christlichen Weltanschauung einen guten und vernünftigen Grund, das Axiom der Offenbarung zu akzeptieren.

Aber diese Rehabilitierung von Prof. Clarks Erkenntnistheorie reicht nicht aus – aus verschiedenen Gründen, von denen Clark die meisten selbst liefert. Zunächst einmal ist der Vergleich zwischen dem Axiom der Offenbarung und den Hypothesen der naturwissenschaftlichen Methode unzulässig. Die letzteren können widerlegt werden, wenn man Tatsachen anführen kann, die sich nicht mit ihnen vereinbaren lassen. Bezüglich seines Axioms der Offenbarung will Clark so etwas jedoch nicht zulassen, wie aus folgenden Aussagen klar hervorgeht: »Das Wort ›Tatsache‹ ist mit zu vielen

Assoziationen verbunden, als daß man es in einer sorgfältig formulierten Theorie verwenden könnte.« – »Man muß mit Gott anfangen; sonst kann man nie bei Gott enden *oder auch nur die Tatsachen erfahren.*«[46] Mit anderen Worten: selbst wenn man über »Tatsachen« reden könnte (was sich bezweifeln läßt), so können diese doch nicht dazu dienen, das Axiom der Offenbarung zu prüfen, denn in Wirklichkeit gibt es so etwas wie Tatsachen erst, *nachdem* man das Axiom der Offenbarung anerkannt hat. In *Philosophy of Science and Belief in God* wird es dann auch sonnenklar, daß ein Vergleich zwischen Clarks Offenbarungsaxiom und einer wissenschaftlichen Hypothese nicht möglich ist. Er reduziert wissenschaftliche Wahrheit zu Operationismus, einer Auffassung der modernen Wissenschaftslogik, bei der die Beobachtungsvorrichtungen und Meßinstrumente in den einzelnen Forschungsbereichen im Vordergrund stehen. Für Clark ist das Axiom der Offenbarung die einzige Quelle unveränderlicher, objektiver Wahrheit – im Gegensatz zu den lediglich versuchsweisen, jederzeit revidierbaren Schlußfolgerungen wissenschaftlicher Beobachtung.

Die Prüfung der logischen Geschlossenheit kann dann auch nur in bezug auf innere Widerspruchsfreiheit und nicht auf Übereinstimmung mit anderen Tatsachen durchgeführt werden. Bei seiner Behandlung anderer philosophischer Systeme, z. B. von Plotin[47] und Barth[48], läßt sich sehen, daß Clark tatsächlich diese Meinung vertritt. Es sollte jedoch klar sein, daß der Nachweis logischer Inkonsistenz ein System nicht unbedingt vernichtet, denn im Leben gibt es viele Dinge, die sich nicht gleich auf logische Art und Weise erklären lassen. Die Beschreibung des Lichtes als eine Wellen- oder Teilchenerscheinung ist paradox, aber die empirischen Beweise für die Wellen- und Teilcheneigenschaften des Lichtes sind trotzdem vorhanden. Der paradoxe Charakter der Dreieinigkeit bedeutet nicht, daß der christliche Glaube an einen dreieinigen Gott falsch ist. Wenn man alle nichtchristlichen Systeme widerlegt hätte, so wäre damit die Wahrheit des christlichen Systems noch nicht erwiesen, denn (a) kann es ja immer noch ein System geben, das man noch nicht kennt, und (b) ist es keineswegs klar, daß es zwei in sich widerspruchsfreie, aber sich gegenseitig ausschließende Systeme nicht geben kann, und (c) selbst wenn man alle möglichen Alternativen zum christlichen Weltbild ausschalten könnte, wäre aufgrund seiner Widerspruchsfreiheit seine Gültigkeit noch keineswegs gesichert, denn es könnte das Universum ja konsequent ganz anders darstellen, als es wirklich ist.

Drittens: Wenn Nash von Tatsachen spricht, die sowohl dem Gläubigen als auch dem Ungläubigen gleichermaßen zugänglich sind, so muß man darauf antworten, daß es in Clarks System so etwas gar nicht gibt. Clark unterscheidet sich hier von Van Til darin, daß er behauptet, es gäbe einen *persönlichen* »gemeinsamen Boden« zwischen dem Christen und Nichtchristen. Aber dieser »gemeinsame Boden« existiert nur aufgrund der logischen Widersprüche im Denken des Nichtchristen, die sich daran zeigen, daß er einige Aspekte der christlichen Weltanschauung akzeptiert. Nur in diesem Sinne gibt es »gemeinsamen Boden«, in Wirklichkeit handelt es sich um den »Boden« des Christen. Deshalb »sollte es offensichtlich sein, daß es keinen gemeinsamen Boden, keinen gemeinsamen Lehrsatz in zwei verschiedenen Systemen geben kann«.[49] Tatsachen, die dem Gläubigen und dem Ungläubigen gleichermaßen zugänglich sind, gibt es also nicht und vermögen auch den Ungläubigen nicht von der Wahrheit des Christentums zu überzeugen, denn nur der Christ kann überhaupt von Tatsachen reden. Selbst die formale Logik, durch die sich so etwas wie Widerspruchsfreiheit überhaupt erst feststellen läßt, kann laut Clark nur durch das christliche Axiom der Offenbarung gerechtfertigt werden.

Es ist angesichts all dessen auch klar, daß der einzige sichere Beweis für die christliche Offenbarung bei Clark nur »das innere Werk des Heiligen Geistes«[50] sein kann. Wie bei allen theologischen Systemen dieser Art ist Clarks scheinbar »rationales« System nichts mehr als Gutgläubigkeit, vergleichbar mit dem, was die Theologen der Reformation in Deutschland als Schwärmerei bezeichnet haben. Der Heilige Geist erscheint als *deus ex machina*, um Clarks System vor dem Zusammenbruch zum Solipsismus zu retten.[51] Aber die Schrift ermahnt uns, die »Geister zu prüfen«. Wie? Nicht durch Untersuchung der inneren Widerspruchsfreiheit (der Teufel ist ein guter Logiker, wie alle guten Lügner), sondern durch empirischen Vergleich der Lehre mit den objektiven, historisch vermittelten Schriften. Das bringt uns also zu der Notwendigkeit einer objektiven Geschichtsphilosophie zurück, ohne die wir keinen schriftgemäßen Maßstab finden können.

(3) *Vorschlag einer Neuorientierung der christlichen Geschichtsphilosophie*

Um dem Clarkschen Dilemma zu entrinnen, müssen wir ganz von vorne anfangen[52]. Obwohl Kant ganz recht hatte, als er sagte, daß alle Argumente mit einem *a priori* beginnen, so heißt das noch lange nicht, daß alle Voraussetzungen gleichwertig sind. Wir sollten nicht mit Voraussetzungen beginnen, die inhaltliche Aussagen über die

Welt machen (wie z. B. das Axiom der Offenbarung) und somit ganz willkürliche Vorurteile über die Welt darstellen, sondern mit Voraussetzungen über die Erkenntnismethode, die uns erlauben, herauszufinden, was die Welt ist und was sie nicht ist. Das sind die Voraussetzungen der empirischen Methode, die in all unseren Bemühungen, Wahrheit von Unwahrheit zu unterscheiden, *unbedingt erforderlich* sind.[53] Auf der Grundlage der empirischen Methode, auf die Geschichtsforschung angewandt, kann man induktiv den christlichen Offenbarungsanspruch und die biblische Anschauung der Gesamtgeschichte begründen:

1. Auf der Basis allgemein akzeptierter Prinzipien textlicher und historischer Analyse läßt sich zeigen, daß die Evangelien verläßliche historische Dokumente sind – die primären Quellen über das Leben Jesu.

2. In diesen Quellen werden Jesus göttliche Privilegien zuteil, er behauptet, Gott »im Fleisch« zu sein. Die Wahrheit seiner Behauptungen macht er von seiner kommenden Auferstehung abhängig (Joh. 2, 18–22; Matth. 12, 38–41).

3. In allen vier Evangelien wird die körperliche Auferstehung Christi in allen Einzelheiten geschildert; die Auferstehung Christi beweist seine Göttlichkeit.

4. Die Tatsache der Auferstehung kann nicht aus philosophischen Gründen *a priori* abgelehnt werden; Wunder sind nur dann unmöglich, wenn sie so definiert werden – aber eine solche Definition schließt eine vernünftige geschichtswissenschaftliche Untersuchung von vornherein aus.

5. Wenn Christus Gott ist, dann spricht er die Wahrheit in bezug auf die absolute göttliche Autorität des Alten Testaments (Matth. 5, 17–19; Joh. 10, 34–35) und des bald danach geschriebenen apostolischen Neuen Testaments (Joh. 14, 26–27; 16, 12–18; vgl. Apg. 1, 21–26; 1. Kor. 14, 37; 2. Petr. 3, 15), auch die Wahrheit über seinen Tod für die Sünden der Welt und über das Wesen des Menschen und der Geschichte.

6. Aus all dem Gesagten ergibt sich, daß alle biblischen Aussagen über die Philosophie der Geschichte als geoffenbarte Wahrheit angesehen werden müssen und daß alle menschlichen Versuche einer Interpretation der Geschichte in bezug auf ihren Wahrheitsgehalt an ihrer Übereinstimmung mit biblischer Offenbarung gemessen werden müssen.

Aber sind wir damit nicht wieder der Ungewißheit ausgeliefert? Müssen wir uns nicht jetzt Dr. Mavrodes anschließen, der aufgrund der fehlenden absoluten Gewißheit bei der Etablierung der Offenbarung es ablehnt, die Möglichkeit wirklichen Wissens in bezug auf die Bibel anzuerkennen? Mavrodes setzt deshalb die Schrift mit anderen Wegen der Erkenntnis gleich wie »Geschichte, Überlieferung, Wissenschaft, sinnliche Wahrnehmung, mystische Erlebnisse, Logik, Freude, Schmerz, Krisenerlebnis und vielleicht viele andere« (wobei er jegliche qualitative Unterscheidung zwischen allgemeiner und spezieller Offenbarung fallen läßt und die Möglichkeit, diese anderen Wege anhand biblischer Wahrheit zu beurteilen, aufgibt).[54] Für ihn ist die Bibel lediglich die »Übersetzung« der »Ereignis-Sprache« Gottes in menschliche Sprache.[55] Angesichts solcher Möglichkeiten wären wir in der ersten Reaktion sicher geneigt, zu Prof. Clark zurückzukommen.

Aber Mavrodes sieht nicht, daß der erkenntnistheoretische Weg, auf dem man zur biblischen Wahrheit gelangt, den Wert dieser Wahrheit nicht festlegt – genauso wie die Verwendung einer weniger vollkommenen Landkarte nicht bedeutet, daß der Ort, zu dem man fährt, deswegen weniger gut ist. Wie der Logiker Willard van Orman Quine (Harvard) gut erläuterte, ist es keineswegs notwendig, jeden Zollbreit eines Hauses zu unterstützen; es steht auch, wenn man nur vier Mauern errichtet. Die empirischen, historischen Tatsachen, die für die christliche Offenbarung sprechen, sind nicht absolut (wie es kein empirischer Beweis sein kann), aber sie reichen aus, um uns vor die Füße eines göttlichen Christus zu bringen, der ohne jede Einschränkung die Verläßlichkeit der biblischen Offenbarung bestätigt.[56] Wir haben bereits im letzten Kapitel Ian Ramsey zu dieser Frage zitiert. Wahrscheinlichkeit ist der Maßstab für alle unsere Entscheidungen, denn moralische Handlungen beruhen notwendigerweise auf empirischen Wahrscheinlichkeiten. »Unsere christlichen Überzeugungen, die auf historischen Ungewißheiten basieren, sind deshalb genauso vernünftig wie der Rest unseres Lebens.«[57]

Deshalb können wir doch an einer empirischen Geschichtsphilosophie festhalten, die, wie wir gezeigt haben, für eine christliche Erkenntnistheorie wesentlich ist – zusammen mit einer einzigartigen, unfehlbaren Offenbarung.

Kapitel 8

Auf der Suche nach einer christlichen Geschichtsphilosophie

Der englische Philosoph W. H. Walsh begann seine »Einführung in die Geschichtsphilosophie« im Jahre 1950 mit den Worten: »Wenn man (zumindest in Großbritannien) über Geschichtsphilosophie schreiben will, muß man damit anfangen, die bloße Existenz dieser Wissenschaft zu rechtfertigen.«[1] Vermutlich ist das heute anders. In den letzten anderthalb Jahrzehnten sind wir Zeugen einer Wiederbelebung des Interesses an der Geschichtsphilosophie geworden. Das findet u. a. in dem Cerisy-la-Salle-Kolloquium von 1958 über »Die Geschichte und ihre Interpretationen« seinen Ausdruck;[2] in der Nachfrage nach Toynbees *A Study of History*, die dazu führte, daß das ganze Werk ungekürzt im Paperback-Format erschien; in der Gründung der Zeitschrift *History and Theory* (»Geschichte und Theorie«) und im Anwachsen der einschlägigen Literatur in Form von Monographien und Zeitschriftenartikeln.[3]

Leider läßt sich aus dem großen Interesse an der Geschichtsphilosophie nicht schließen, daß ihre ewigen Probleme sich schnell einer Lösung näherten. Man scheint sich mehr damit zu beschäftigen, Fehlschlüsse in umfassenden geschichtswissenschaftlichen Systemen aufzuweisen, als neue Lösungen zu suchen.[4] Raymond Aron, ein existentialistischer Historiker, hat dafür folgende Erklärung parat: »Der Sinn der ›Gesamtgeschichte‹ ist der Sinn, den wir der menschlichen Existenz zusprechen, und der Folge von Formen, in denen sie im Laufe der Zeit auftritt.«[5] Geschichtsphilosophie entspringt demnach der allgemeinen Weltanschauung, die man hat; und der Mangel an klaren Lösungen der großen Probleme der Geschichtsphilosophie deutet auf die Unfähigkeit des modernen Denkens hin, zu einer sinnvollen Weltanschauung zu gelangen.

Es verwundert deshalb nicht, daß das zentrale Problem des Sinns der Geschichte in einem Zeitalter, das nach den Worten Hans Sedlmayers durch den *Verlust der Mitte*[6] gekennzeichnet ist, unklar bleibt. Eine gute Darstellung der modernen Lebensauffassung und auch der modernen Geschichtsphilosophie finden wir in *Die Pest* von Camus, von der ein Kritiker schrieb: »Wenn man die Landschaft von Camus' Roman betritt, kommt es einem so vor, als höre man Bachs *Weihnachtsoratorium* – und der kleine Sohn hat an der Senderskala herumgefummelt, so daß der Rhythmus einer Jazz-Session in die Welt der Engel und des prächtigen Himmels hineinheult.«[7] Das Echo auf Oswald Spenglers *Untergang des Abendlandes*[8] beweist das große Interesse an Geschichtsphilosophie und bestätigt Nietzsches Schilderung des intellektuellen Klimas unserer Zeit in *Die fröhliche Wissenschaft:* »Das Eis, das heute noch trägt, ist schon sehr dünn geworden: der Tauwind weht, wir selbst, wir Heimatlosen, sind etwas, das Eis und andere allzudünne ›Realitäten‹ aufbricht..«

In einer derart orientierungslosen Zeit sollte man glauben, daß christliche Theologen und Historiker für alle sichtbar den Weg zu sicherem geschichtsphilosophischem Boden zeigen. Der schottische Philosoph Robert Flint schrieb kurz vor dem Beginn dieses Jahrhunderts: »Wenn Geschichte einen Sinn hat, dann ist dieser Sinn nicht historisch, sondern theologisch; was man als *Geschichtsphilosophie* bezeichnet, ist nichts anderes als mehr oder weniger versteckte *Geschichtstheologie*.«[9] Dennoch suchen wir vergebens nach einem Augustinus des 20. Jahrhunderts. Den Ruf »Gesucht: Christliche Geschichtsphilosophie« hören wir überall[10], aber die Antwort ist entweder überhaupt nicht vorhanden oder sehr enttäuschend. Wenn das Bedürfnis so groß ist und die Verantwortung der Christen in diesem Bereich so klar, warum hat die heutige Theologie dann kein Werk wie *Civitas Dei* hervorgebracht? Wie in der Medizin verlangt auch in der Geschichtsphilosophie die erfolgreiche Behandlung der Krankheit eine richtige Diagnose; deshalb wollen wir uns diesem Problem zuwenden.

Verwirrung der Begriffe

In einem Punkt stimmen fast alle Geschichtstheologen der Vergangenheit und Gegenwart überein: Der Sinn der allgemeinen Menschheitsgeschichte ist in Jesus Christus zu finden. Diese Einsicht verbindet radikal unterschiedliche Positionen wie Rudolf Bultmanns neoprotestantischen Existentialismus[11] und Hans Urs von Balthasars intellektuellen Katholizismus.[12] Reinhold Niebuhr verleiht dem Christozentrismus der Geschichtstheologie besonders gut Ausdruck: »Der christliche Glaube enthält den letzten Schlüssel zum Sinn des Lebens und der Geschichte in Christus, dessen Güte zugleich die Tugend ist, die der Mensch in der Geschichte erreichen sollte, aber nicht erreicht, und die Offenbarung einer göttlichen Barmherzigkeit, die die ständigen Widersprüche der Geschichte auch auf den höchsten Ebenen menschlicher Leistungen versteht und löst.«[13] Für den Theologen sind die Fragen, die sich aus der Geschichte der Menschheit ergeben, im tiefsten Sinne mit Jesus Christus verbunden – der selbst eine historische Persönlichkeit war.

Aber genau an diesem Punkt liegt das Kernproblem der modernen Theologie: Das Problem der Historizität Jesu Christi. Wenn man sich nicht genau darüber im klaren ist, was man mit der Historizität Christi meint, gelangt man unvermeidlich zu einer vagen Geschichtstheologie. Diese Atmosphäre der Unbestimmtheit und Verwirrung kommt sehr gut in dem Buch *The Historical Jesus and the Kerygmatic Christ* (»Der historische Jesus und der Christus des Kerygma«) zum Ausdruck, das Aufsätze von verschiedenen Autoren enthält, und die Herausgeber beschreiben die theologische Situation, die in ihrem Buch zum Ausdruck kommt, als »Winter unserer Unzufriedenheit«.[14]

Woher kommt diese »Unzufriedenheit«? Offensichtlich nicht von der Art des historischen Beweismaterials, das wir für das Leben Jesu besitzen, denn die dokumentarischen Zeugnisse über ihn unterscheiden sich qualitativ nicht von denen, aufgrund derer das Leben anderer historischer Persönlichkeiten rekonstruiert wurde.[15] Es geht vielmehr um die Frage der *Bedeutung* von Historizität in bezug auf den Christus; es geht, wie Enrico Castelli sagte, um die Prämissen der Geschichtstheologie.[16] Die Verwirrung in der heutigen christlichen Geschichtsphilosophie rührt vor allem von den Zweideutigkeiten des Konzeptes »Geschichte« her.

In einem Artikel mit dem Titel »Fünf Bedeutungen des Wortes ›historisch‹« in der Winterausgabe 1964 des *Christian Scholar,* versuchte Will Herberg, die wichtigsten Gebrauchsweisen des Wortes »historisch« in der theologischen Diskussion schematisch darzustellen. Seiner Meinung nach gibt es fünf grundlegende Geschichtskonzepte:

(1) Geschichte als »Tatsachen der Vergangenheit«; das ist der »gewöhnliche Gebrauch« des Wortes, und »in diesem Sinne steht das Historische im Gegensatz zu dem Erfundenen, Fabulösen, dem Mythischen, Legendären usw«.

(2) Geschichte als Geschehen in der Zeit, im Gegensatz zu dem »Zeitlosen und Ewigen«. Theologen reden oft von dem radikalen Unterschied zwischen den ewigen Wahrheiten und abstrakten

Konzepten der östlichen Religionen einerseits und der konkreten, historischen Offenbarung im Judentum oder Christentum andererseits.

(3) Geschichte im Gegensatz zur *Historie*. Hier haben Theologen wie Martin Kähler[17] versucht, »über das Element der Tatsächlichkeit hinauszugehen oder es gar zu ignorieren«, indem man das als geschichtlich bezeichnet, »von dem wir glauben, daß es auf zukünftige Ereignisse einen besonderen Einfluß gehabt hat«. Auf die Historizität Jesu Christi wird sein Ansatz wie folgt angewandt: »...der Christus, der eine Einwirkung auf die Geschichte gehabt hat, ist der, der von den Aposteln als der Gekreuzigte und Auferstandene gepredigt worden ist, und nicht ein ›historischer‹ Jesus, der zunächst einmal mit viel Mühe hinter den Dokumenten von unserer wissenschaftlichen Methode neu entdeckt werden muß.«[18]

(4) Geschichte als Essenz des menschlichen Seins. Theologen wie Reinhold Niebuhr halten daran fest, daß weder der einzelne noch der Mensch in der Gemeinschaft anhand fixierter Seinsstrukturen zu verstehen ist, sondern nur aufgrund seines Engagements in der Geschichte.

(5) Geschichte als existentiale Entscheidung angesichts zukünftiger Möglichkeiten. Hier wird die »Natur« des Menschen »ewig gemacht und neu gemacht durch Auswahl, Entscheidung und Handlung, und hierin besteht die Historizität des Menschen«. Rudolf Bultmann stellt das beste theologische Beispiel für dieses Geschichtsverständnis dar; für ihn findet sich der Sinn der Geschichte in »der Verantwortung gegenüber der Zukunft«.[19]

Herberg stellt fest, daß diese fünf Interpretationen bei den *Tatsachen der Vergangenheit* beginnen, sich dann immer mehr davon entfernen und schließlich bei der Geschichte als *zukünftiger Möglichkeit* enden. Was ihm scheinbar nicht aufgefallen ist: Viel wichtiger noch ist der radikale Unterschied zwischen den ersten beiden Verwendungen des Wortes Geschichte und den letzten drei. Bei (1) und (2) wird der Unterschied zwischen Subjekt und Objekt vorausgesetzt (der Unterschied zwischen dem Beobachter der Vergangenheit und der Vergangenheit selbst), ersterer wird der letzteren untergeordnet; (3), (4) und (5) ignorieren die Unterscheidung zwischen Subjekt und Objekt zunehmend und legen nicht viel Wert auf die Objektivität der Vergangenheit, sondern auf die interpretationsbestimmende Stellung des heutigen Beobachters der Vergangenheit – dessen persönliche »Historizität« wird als der einzige Schlüssel zu dem Sinn der Vergangenheit angesehen. Diese fünf verschiedenen Anschauungen dessen, was »Geschichte« ist, sind deshalb nicht so eng miteinander verbunden, wie Herberg behauptet. In Wirklichkeit deuten sie auf den fundamentalen Gegensatz von solchen Weltanschauungen hin, die ihr Hauptaugenmerk auf die Objektivität der äußeren Welt richten, und solchen, die von der subjektiven Haltung des Interpreten abhängen, angesichts dieser grundlegenden Unterschiede in den Prämissen. – Auf welcher Seite befindet sich die postbultmannsche Theologie von heute, und welche Gültigkeit kann man ihren historischen Prämissen zusprechen?

Geschichtstheologie in der »neuen Hermeneutik«

Tillich hat darauf hingewiesen, daß die Entwicklung des modernen Existentialismus sich vor allem darum bemüht hatte, die Unterscheidung zwischen Subjekt und Objekt zu verwischen.[20] So schreibt Bultmann, der im philosophischen Bereich zum Existentialismus neigt, daß »für das geschichtliche Verständnis das Schema Subjekt-Objekt, das in der Naturwissenschaft Gültigkeit hat, ungültig ist«.[21] Anstelle des Subjekt-Objekt-Unterschiedes führt Bultmann sein »Zirkularitätsprinzip« ein: Historische Exegese verlangt ein existentiales »Lebensverhältnis« zwischen der Vergangenheit (z. B. dem biblischen Stoff) und dem Interpreten.[22] Dabei geschieht es ganz natürlich, daß dem Interpreten die größere Bedeutung zugesprochen wird; so wiederholte Bultmann am Schluß seiner Gifford-Vorlesungen seine Behauptung: »Der Sinn der Geschichte liegt stets in deiner Gegenwart, und du kannst sie nicht als Zuschauer sehen, sondern nur in deinen verantwortlichen Entscheidungen.«[23]

Es ist allgemein bekannt, daß die gegenwärtige post-bultmannsche Phase der Theologie aus der Unzufriedenheit mit Bultmanns relativer Gleichgültigkeit gegenüber dem historischen Jesus erwachsen ist. Die Tatsache, daß Bultmann nicht gewillt war, die historische Frage über die Perspektive der kirchlichen Interpretation Jesu[24] hinaus weiterzuverfolgen, bereitete seinen Schülern große Schwierigkeiten. Parallel zu Barths Einführung von objektivierenden Elementen in seine Theologie haben Bultmanns Schüler und frühere Anhänger auf verschiedene Weisen versucht, den historischen Jesus zu dem Christus, den die Urkirche verkündigte, sinnvoll in Beziehung zu setzen. Bedeutet das nun, daß die post-bultmannsche »Neue Hermeneutik« sich von einem existentialistischen Konzept der historischen Untersuchung zu einem objektiven Ansatz hin verschoben hat?

Die Antwort auf diese wichtige Frage ist ein ganz entschiedenes »Nein«. Überall in der Diskussion in modernen theologischen Kreisen, selbst wenn an Bultmann sehr heftige Kritik geübt wird, findet man eine unkritische Anerkennung seines Prinzips des »hermeneutischen Kreises« und der existentialen »Transzendierung des Unterschiedes zwischen Subjekt und Objekt«. Oft findet man bei post-bultmannschen Theologen eine Haltung der Überlegenheit und Verachtung gegenüber »objektivistischem« Denken. Hören wir einmal Heinrich Ott zu, dem Nachfolger Karl Barths in Basel, wie er »auf das sogenannte ›Subjekt-Objekt Schema‹« verzichtet »und auf die Meinung, alles Denken und alle Sprache hätte in einem großen Ausmaß notwendigerweise einen objektivierenden Charakter«:

Dieser Ansicht zufolge muß man einen grundsätzlichen Unterschied zwischen Glauben und dem Denken und Reden der Theologie machen, d. h. es ist unmöglich, von glaubendem Denken zu reden, denn dieser Anschauung zufolge findet alles theologische Reden und Denken immer aus einer objektivierenden Distanz statt... Das Denken Martin Heideggers erweist uns den unschätzbaren Dienst, daß es uns lehrt, in einer mehr ursprünglichen Art und Weise das Wesen des Denkens, Sprechens und Verstehens zu erkennen. Wenn wir ihm zuhören und ihm auf seinem Weg auch nur ein Stück weit folgen, werden uns vielleicht eines Tages diese scheuklappenartigen Prämissen wie Schuppen von den Augen fallen.[25]

In Amerika versucht Roy A. Harrisville in seinem Essay *Repräsentative amerikanische »Leben Jesu«* zu zeigen, daß, »wenn die Subjekt-Objekt-Polarität in der Interpretation der Geschichte nicht aufgegeben wird, Jesus zu seiner eigenen Zeit zurückkehrt – genauso ein Rätsel wie zuvor, und wir erhalten von seiner Biographie wenig mehr als ein Porträt seines Biographen«.[26] Für Ott, Harrisville und die neue Hermeneutik im allgemeinen ist die Dilthey-Kähler-Ablehnung der objektiven Geschichte selbst-evidentes Axiom. Auch der Dilthey-Kritiker Hans-Georg Gadamer, der der historischen Hermeneutik eine »ontologische Orientierung« geben will, indem er sich auf linguistisches Verständnis anstelle existentialer Psychologie konzentriert, setzt den »hermeneutischen Zirkel« voraus und behauptet, daß »historische Tradition nur verstanden werden kann, indem man sich an das grundlegende Konkretisieren erinnert, das in der Fortdauer der Dinge stattfindet«.[27]

Was geschieht in der christlichen Geschichtsphilosophie, wenn uns die »scheuklappenartigen Prämissen« der Subjekt-Objekt-Unterscheidung »wie Schuppen von den Augen« gefallen sind? Leider ist das Ergebnis nicht das versprochene Allheilmittel, sondern ein relativistisches, solipsistisches Chaos. Der französische Existentialist Raymond Aron gibt offen zu, daß aus der Heirat zwischen der objektiven Geschichte und der subjektiven Haltung des Historikers »eine Pluralität der Interpretationssysteme« erwächst. Sein Hinweis für den, der »die Relativität der Geschichte überwinden« will, ist der, daß dies nur durch »das Absolutum der Entscheidung« möglich ist, wodurch »die Macht des Menschen« bestätigt wird, »der sich selbst schafft, indem er sein Milieu beurteilt und indem er sich selbst wählt«.[28] So wird eine Interpretation der Vergangenheit nur für den Interpreten »absolut«, der sie absolut wählt. Wie wir gesehen haben, stimmt das mit Bultmanns Schlußfolgerung über den Sinn der Geschichte überein.

Aber während Aron und Bultmann zumindest die Existenz objektiv verifizierbarer historischer Tatsachen zugeben (obwohl sie schnell darauf hinweisen, daß eine Konzentration auf diese Fakten anstatt auf unsere existentiale »Begegnung mit der Geschichte« dazu führt, daß wir die »wahre Natur der Geschichte verfehlen«), so bemüht sich der Post-Bultmannianer Heinrich Ott darum, die Ablehnung der Subjekt-Objekt-Unterscheidung zu ihrer logischen Schlußfolgerung zu entwickeln. Er stellt die erstaunliche Behauptung auf, daß »die objektive Art der Erkenntnis der historischen Wirklichkeit völlig unangemessen sei, weil es so etwas wie objektiv verifizierbare Tatsachen gar nicht gebe, und zweitens: daß alle wahre Geschichtserkenntnis Erkenntnis durch Begegnung und Konfrontation ist«.[29] Ott führt das »Sehen« Gottes der Gesamtgeschichte ein, um seine Position vor dem totalen Solipsismus zu retten, aber ein solcher *deus ex machina* ist nicht sehr erfolgreich, denn getrennt von einer objektiv verläßlichen Offenbarung von Gott (die Ott *ex hypothesi* ausschließt) kann der Mensch nie wissen, ob eine menschliche Interpretation der Vergangenheit der letzten Wirklichkeit näher steht als eine andere.

Relativistische, solipsistische Konsequenzen sind nicht zufällig, wenn versucht wird, die Subjekt-Objekt-Unterscheidung zu transzendieren – sie sind unvermeidlich. Das ist deshalb so, weil der endliche, sündhafte Mensch es nicht vermag, den Unterschied zwischen der Realität außerhalb seiner selbst und seiner eigenen Psyche zu verwischen, ohne die Realität in seine eigene Richtung hin zu verbiegen. Die »Transzendierung der Subjekt-Objekt-Barriere« führt deshalb unvermeidlicherweise nicht zu einem Erlebnis höherer Wirklichkeit, sondern zu einem Rückfall in den Subjektivismus. Einige der scharfsichtigeren Existentialisten haben dies erkannt und zugegeben. Jean-Paul Sartre zum Beispiel erklärt: was christliche Existentialisten (wie Marcel) und atheistische Existentialisten (wie Heidegger und er selbst) »miteinander gemein haben, ist der Glaube, daß die Existenz der Essenz vorausgeht, oder, wenn Sie wollen, daß Subjektivität der Ausgangspunkt sein muß«.[30] Gadamers Schüler Heinz Kimmerle hat der Theologie einen großen Dienst geleistet, indem er nachgewiesen hat, daß Dilthey, auf den Heidegger und Bultmann ihre existentialistischen Anschauungen stützen, seine Hermeneutik von dem späten Schleiermacher herleitete.[31] Somit besteht eine Beziehung zwischen den subjektiv psychologischen Anschauungen von Schleiermacher (aus denen der Modernismus der Ritschlianer erwuchs) und der post-bultmannschen neuen Hermeneutik. Die subjektive Seele des protestantischen Modernismus (die ironischerweise von allen Verfechtern der postbultmannschen Theologie abgelehnt wird) ist in Wirklichkeit bis zur neuen Hermeneutik der Gegenwart erhalten geblieben – mit all ihren erschreckenden Konsequenzen für die christliche Geschichtstheologie.

Will Herberg wies auf die »Zukunftsorientierung« der existentialistischen Geschichtsphilosophien hin. Das allein schon sollte uns ihnen gegenüber, was historische Interpretation betrifft, mißtrauisch machen, denn die *raison d'être* der Geschichte ist die Vergangenheit, nicht die Zukunft oder Gegenwart.[32] Da die »zukünftige Möglichkeit« der Aspekt des menschlichen Lebens ist, über den wir am wenigsten wissen können, ist dies eine außergewöhnlich ungeeignete Basis für das Verständnis seiner Vergangenheit; diese Zukunftsorientierung der existentialsubjektiven Ansätze weist auf den Hauptgrund hin, warum sie abzulehnen sind: ihre Unverifizierbarkeit. Heideggers Versuch in *Was ist Metaphysik?*, den Vorgang der Existenz (»das Nichts«) vor der Essenz (»die Negation und das Nichts«) zu etablieren, besteht, wie Carnap nachgewiesen hat, aus analytisch sinnlosen, unverifizierbaren »Pseudoaussagen«.[33] Behauptungen wie die von Ott, daß »alle wahre Geschichtserkenntnis Erkenntnis durch Begegnung und Konfrontation ist«, sind von Religionsphilosophen, die in analytischer Philosophie und Philosophie der »gewöhnlichen Sprache« geschult sind, stark kritisiert worden; so z. B. schreibt Frederik Ferré:

Wenn in der »Begegnung« manchmal oder oft Illusion vorhanden ist, woher können wir wissen, daß unsere Erfahrung nicht *immer* lediglich subjektive Emotion, verbunden mit persönlicher Interpretation, ist? Auch wenn die Verbindung zwischen Personen manchmal wirklich vorhanden ist, wie es aufgrund der modernen Forschung auf dem Gebiet der Parapsychologie als wahrscheinlich erscheint, so ist es aus negativen Beispielen klar, daß diese Methode, andere Personen kennenzulernen, keineswegs vertrauenswürdig ist und deshalb nicht ausreicht, die theologische Behauptung einer Erkenntnis Gottes zu unterstützen.[34]

Versuchen, mit Problemen der christlichen Geschichtsphilosophie fertigzuwerden, indem man zwischen *Geschichte* und *Historie* unterscheidet, ergeht es nicht besser, denn – wie Heideggers »Nichts« und Otts »Konfrontation« – kann *Geschichte* in keiner Weise verifiziert werden.[35]

Der einzige Ausweg aus dem relativistischen Morast jener Anschauungen, mit denen wir uns bislang beschäftigt haben, ist eine offene Anerkennung der Subjekt-Objekt-Unterscheidung als Ausgangspunkt für jedes wirkliche Verständnis der Vergangenheit. G. H. von Wright hat gezeigt, daß die induktive Methode, die eine Subjekt-Objekt-Unterscheidung vorraussetzt, als einzige verifizierbares Wissen über die äußere Welt vermitteln kann: »Ihre Überlegenheit beruht in der Tatsache, daß der induktive Charakter einer Untersuchung das Kriterium ist, aufgrund dessen wir ihre Zuverlässigkeit beurteilen.«[36] Wenn man die induktive Methode bei der Untersuchung der Vergangenheit ignoriert oder zu umgehen versucht, zerstört man sich jegliche Möglichkeit, über die Geschichte des Menschen überhaupt irgend etwas objektiv zu wissen, und damit wird im Prinzip eine christliche Geschichtsphilosophie unmöglich. Der Theologe, der meint, die »Subjekt-Objekt-Barriere« transzendieren zu können, verhält sich wie Robert Benchley, der sich in seinem Biologiekurs in der Universität ein Semester lang damit beschäftigte, das Bild seiner eigenen Augenwimper zu zeichnen, die in das Blickfeld des Mikroskops fiel. Die bultmannsche und postbultmannsche Interpretation der christlichen Ursprünge ist durch diese rücksichtslose Aufzwängung subjektiver Kategorien auf den biblischen Stoff derart fehlgegangen. Entgegen der Ansicht von Harrisville ist es in Wirklichkeit so, daß der Jesus der Geschichte der zeitgenössischen Theologie ein Rätsel bleibt, nicht, »wenn die Subjekt-Objekt-Polarität in der Geschichte nicht aufgegeben wird«, sondern genau umgekehrt: *weil* sie aufgegeben worden ist.

Gibt es einen Ausweg?

Die geschichtsphilosophische Tradition von Dilthey bis zu den Post-Bultmannianern hat den Fehler begangen, der im menschlichen Leben so häufig vorkommt, daß er in der Hegelschen Dialektik formalisiert worden ist: daß sie auf eine falsche Einstellung so stark reagiert hat, daß sie einem gleichgewichtigen Irrtum verfiel. Der positivistische Historizismus des 19. Jahrhunderts versuchte irrtümlicherweise, die Struktur der menschlichen Geschichte aufgrund von Kategorien zu errichten, die der Newtonschen Naturwissenschaft entstammen. In ihrer Ablehnung dieses Positivismus subjektivisierten die Dilthey-Tradition in der Philosophie und ihr bultmannsches Gegenstück in der Theologie die Aufgabe des Historikers radikal. Anstatt lediglich den verkehrten Rationalismus anzugreifen und somit vernünftige empirische Forschungsmethoden von hinderndem metaphysischem Ballast zu befreien, lehnten die Antipositivisten auch die beste Erkenntnis, die der Historizismus zu bieten hatte, ab: die induktive Methode.[37] In der Reaktion gegen die historische »Leben Jesu«-Forschung hat die post-liberale Theologie nie erkannt, daß die Wurzel des Übels nicht die heuristische Anwendung der induktiven Methode war, die auf der Subjekt-Objekt-Unterscheidung beruhte, sondern die humanistische Metaphysik der liberalen Forscher.[38]

In der heutigen Geschichtsphilosophie gibt es jetzt einige schwache Lichtblicke. Analytisch geschulte Philosophen kehren von dem Sumpf des existentialistischen Subjektivismus zu einer offenen Anerkennung der Notwendigkeit einer induktiven Geschichtsphilosophie zurück. Unglücklicherweise ist die heutige Theologie für die Logik einer solchen Analyse des methodologischen Problems, wie sie von J. W. N. Watkins angestellt worden ist, noch nicht ansprechbar. Watkins erklärt: »Der objektive Charakter einer wissenschaftlichen Theorie ist nicht so sehr vom Temperament des Autors und seiner Mentalität abhängig, sondern von ihrer *Kritisierbarkeit*. Für mich wird die Frage ›Wie objektiv kann die Geschichtsschreibung sein?‹ im Grunde zur Frage ›Inwieweit setzt sich eine systematische geschichtliche Rekonstruktion der Kritik aus?‹«[39]

Wenn der christliche Geschichtsphilosoph gewillt ist, dem Neuen Testament so zu begegnen, wird er feststellen, daß das anscheinend unlösbare Problem des »historischen Jesus« und des »kerygmatischen Christus« fast völlig verschwindet. Objektive Vergleiche zwischen den Problemen der Interpretation des Neuen Testaments und gleichartigen Problemen in außerbiblischer historischer und literarischer Forschung zeigen, daß die biblische Theologie sich ihre eigenen Schwierigkeiten geschaffen hat, indem sie zu strikt nach bestimmten Voraussetzungen arbeitete. »Ist es nicht wahr, daß wir unsere Interpretation von Jesus nur durch die Urkirche erhalten?« Sicherlich, aber daraus folgt keineswegs unbedingt, daß die Urkirche in der Schilderung seiner Person irgendwelche Änderungen vorgenommen hat. Wir nehmen das ja auch nicht bei anderen historischen Personen an, die selbst keine Schriften hinterlassen haben (wie z. B. Alexander der Große, Karl der Große) und die wir nur durch die Augen ihrer Zeitgenossen hindurch sehen können. »Müssen wir nicht annehmen, daß die Dokumente des Neuen Testaments aus der frühkirchlichen Redaktion der Botschaft Jesu hervorgegangen sind?« Damit bedienen wir uns einer Methode (der Dibelius-Bultmannschen formgeschichtlichen Methode), die sich in der Homerforschung vor einigen Jahrzehnten als völlig unbrauchbar erwiesen hat[40] und die von Balladenforschern abgelehnt wird, weil für die mündliche Entwicklung nicht genügend Zeit zur Verfügung stand – und »kein Teil der Evangelien hatte eine so lange Zeit der mündlichen Überlieferung hinter sich wie jede echte Ballade«.[41]

Historiker außerhalb der existentialisch getränkten Atmosphäre der neutestamentlichen Forschung stehen den Problemen des christlichen Historikers oft völlig verständnislos gegenüber. A. N. Sherwin-White schloß seine Sarum-Vorlesungen über »Römische Gesellschaft und römisches Recht im Neuen Testament« mit einem Abschnitt über »Die Historizität der Evangelien und die griechisch-römische Geschichtsphilosophie«, in dem wir die folgende Bemerkung finden:

Während die Historiker der griechisch-römischen Kulturen immer mehr Vertrauen gewinnen, müssen wir erstaunlicherweise in der Evangelienforschung, die von nicht weniger vielversprechendem Material ausgeht, feststellen, daß sich in der Entwicklung der Formkritik eine solche Hoffnungslosigkeit ergeben hat, daß die Experten – soweit ein Laie die Angelegenheit verstehen kann – scheinbar behaupten, über den historischen Christus könne man nichts wissen, und die Geschichte seiner Sendung könne man nicht schreiben. Dies kommt einem seltsam vor, wenn man es mit dem Wissen über einen der bekanntesten Zeitgenossen Christi vergleicht, der wie Christus eine sehr gut dokumentierte Persönlichkeit ist – Tiberius Cäsar. Die Geschichte seiner Herrschaft kennen wir aus vier Quellen – den Annalen des Tacitus, der Biographie von Sueton (etwa achtzig oder neunzig Jahre später geschrieben), dem kurzen, zeitgenössischen Bericht von Velletus Paterculus und dem Geschichtsbericht von Cassius Dio aus dem 3. Jahrhundert. Zwischen diesen Berichten gibt es viele und große Widersprüche, sowohl in Fragen wichtiger politischer Ereignisse und Motive als auch in Einzelheiten von unwichtigen Ereignissen. Jeder würde zugeben, daß Tacitus die beste aller Quellen ist, und dennoch würde kein ernsthafter moderner Historiker die Mehrzahl der Aussagen von Tacitus über die Motivationen von Tiberius so akzeptieren, wie sie im Text stehen. Aber das hindert uns nicht, daran zu glauben, daß der Stoff des Tacitus dazu gebraucht werden kann, eine Geschichte von Tiberius zu schreiben.[42]

Die Berichte der Evangelien über Leben, Tod und Auferstehung unseres Herrn weisen Schwierigkeiten in bezug auf ihr Alter, ihren primären Beweiswert oder innere Einheitlichkeit nicht auf. Es ist deshalb unbegreiflich, daß der christliche Theologe von heute nur zögernd darangeht, die wahren Grundlagen der Geschichtstheologie dort zu entdecken.

In den primären Quellen finden wir einen Mann, der Freunden und Feinden klarmacht, daß er sich für nichts weniger als Gott im

Fleisch hielt, der auf die Erde gekommen war, um für die Sünden der Welt zu sterben. Er drückt dem Alten Testament seinen Stempel göttlicher Zustimmung auf, erklärt, daß es ihn bezeuge, und verspricht seinen Aposteln seinen Heiligen Geist, damit der Geist sie an die Dinge erinnert, die er ihnen gesagt hatte (Joh. 14, 26).[43] Er aufersteht von den Toten – körperlich – um seine *historische* Auferstehung selbst einem ungläubigen Thomas klarzumachen. Hier sehen wir die klare Einheit zwischen dem »historischen Jesus« und dem »kerygmatischen Christus«, wodurch sich eine objektive Basis – in der Tat, die einzige objektive Basis – für eine Interpretation der Gesamtgeschichte ergibt, die den Grenzen der sündvollen Situation des Menschen nicht unterworfen ist.

In einem mitreißenden, symbolischen Roman läßt der verstorbene Sanskrit-Experte, Surrealist, Philosoph und Dichter René Daumal einen seiner Hauptcharaktere sagen:

Die Erfahrung hat gezeigt, so sagte ich mir selbst, daß ein Mensch die Wahrheit nicht direkt und nicht allein erlangen kann. Es muß einen Mittler geben, eine Kraft, die in mancher Hinsicht menschlich ist, doch in anderer Hinsicht die Menschlichkeit transzendiert. Irgendwo auf dieser Erde muß es diese höhere Form der Menschlichkeit geben, und sie kann nicht völlig unerreichbar sein. Sollte ich in diesem Fall nicht all meine Anstrengungen darauf richten, sie zu entdecken? Selbst wenn ich trotz meiner Gewißheit Opfer einer großen Illusion sein sollte, würde ich in dem Versuch nichts verlieren. Denn ohne diese Hoffnung hatte das ganze Leben für mich keinen Sinn.

Aber wo sollte ich suchen? Wo konnte ich anfangen? Ich hatte bereits die Welt entdeckt, hatte meine Nase in alles mögliche gesteckt, in alle Arten von religiösen Sekten und mystischen Kulten. Aber bei allen kam ich zu dem gleichen Dilemma: Vielleicht ja, vielleicht nein. Warum sollte ich mein Leben mit dieser einen Botschaft statt mit einer anderen verbinden? Ich hatte eben keinen Prüfstein.[44]

Für die christliche Geschichtstheologie (wie für die Theologie und das Leben ganz allgemein) ist der wahre und einzige Mittler Jesus Christus – und der einzige und wahre Prüfstein die Heilige Schrift, die ihn bezeugt.[45]

Anhang

Glaube, Geschichte und die Auferstehung

Anläßlich der Vortragsreihe von Carl F. H. Henry im Frühjahr 1965 an der Trinity Evangelical Divinity School in Deerfield, Illinois, nahmen mehrere Theologen aus der Umgebung von Chikago an einer heftigen Diskussion über Probleme der Beziehung zwischen Glauben und Geschichte teil. Teilnehmer waren Dr. William Hordern, damals Professor für Systematische Theologie am Garrett Biblical Institute, Evanston; Dr. Jules L. Moreau, Professor für Kirchengeschichte am Seabury-Western Theological Seminary, Evanston, und Pater Sergius Worblewski, Prof. für Neues Testament und Kirchengeschichte am (franziskanischen) Christ the King Seminary, West Chikago. Zu ihnen gesellten sich Dean Kennet Kantzer und Professor Montgomery von Trinity und Dr. Henry. Dies ist die redigierte Mitschrift der Diskussion, wie sie ursprünglich in der Zeitschrift Christianity Today (26. März 1965) erschien.

Dean Kantzer: Im Mittelpunkt unseres Interesses steht das Wesen der Geschichte und das Verhältnis von Jesus Christus zur Geschichte in unserem christlichen Glauben. Vielleicht wird Dr. Henry kurz die Probleme zusammenfassen, um die es geht, und dann werden wir einander einige Fragen stellen.

Dr. Henry: Grenzfragen des Dialogs in Europa drehen sich gegenwärtig um die Beziehung zwischen Offenbarung und Geschichte und zwischen Offenbarung und Wahrheit. An diesem Punkt, Glaube und Geschichte, findet der Bruch zwischen der dialektischen Theologie Barths und Bultmanns existentialer Theologie statt, und dann auch zwischen vielen Nachbultmannianern und Bultmann selbst, und schließlich auch zwischen den Gelehrten der *Heilsgeschichte* und den Nachbultmannianern. Die andere Frage über die Beziehung zwischen Offenbarung und Wahrheit wird von den dialektischen Theologen debattiert; Barth änderte in diesem Punkt seine Meinung und kam deshalb sowohl von bibeltreuen Gelehrten als auch von der Pannenberg Schule unter Beschuß.

Dean Kantzer: Wenn ich mich richtig erinnere, sind Sie der Meinung, daß der Mangel an Objektivität in Barths Anschauung von dem Verhältnis von Jesus zu der Geschichte eine fatale Schwäche in der Barthschen Position darstellt, die den Sieg von Bultmann und seiner Unterscheidung zwischen dem Christus des Glaubens und dem Jesus der Geschichte erleichterte. Würden Sie vielleicht noch dazu etwas sagen?

Dr. Henry: Zugegebenerweise gibt es dadurch, daß Barth objektivierende Elemente in seine Theologie eingeführt hat, eine große Diskrepanz zwischen ihm und den existentialen Theologen, oder Anhängern von Bultmann oder Nachbultmannianer. Aber die objektivierenden Elemente in Barths System sind nicht wirklich Gegenstände historischer Forschung. Trotz aller objektivierender Faktoren, mit denen er seine Lehre von der Erkenntnis Gottes stützte, so stimmte er doch im Geiste mit Bultmann darin überein, daß Gott kein Gegenstand rationaler Erkenntnis sei. Beide lehnen die Objektivität Gottes als Gegenstand rationaler Erkenntnis ab. Barth und

Bultmann gingen also beide von der grundlegenden dialektischen Prämisse aus, daß göttliche Offenbarung nie auf objektive Weise gegeben wird – weder in historischen Ereignissen noch in Konzepten oder Worten – und in Übereinstimmung mit dieser grundlegenden Prämisse verzichtet Bultmann völlig auf die objektivierenden Elemente, die Barth mit einem sicheren Instinkt für biblische Theologie bewahren wollte.

Dean Kantzer: Dr. Hordern, es würde uns interessieren zu erfahren, ob Sie damit übereinstimmen, daß dies der Fehler war, durch den Bultmanns Sieg erleichtert wurde.

Prof. Hordern: Es scheint mir, daß es bei Barth sehr viel mehr Objektivität gibt, als Sie meinen. Sein Aufstand gegen den Existentialismus fand nicht ganz so spät statt; er kam, als er begann, seine *Kirchliche Dogmatik* zu schreiben. Er zerriß die ursprüngliche Fassung, weil sie zu viel Existentialismus enthielt. Ich bin mir der Tatsache bewußt, daß Bonhoeffer von Barths Offenbarungspositivismus sprach, und ich glaube, daß dies in mancherlei Weise eine sehr viel zutreffendere Kritik an Barth ist als der Vorwurf, er habe nicht genügend Objektivität. Er glaubte ganz bestimmt, daß – ganz unabhängig vom menschlichen Wissen davon – Gott in Christus war, daß die Bibel *das* Wort Gottes *ist* (wie er sich in *Kirchliche Dogmatik* I/2 ausdrückt), und daß das wahr ist, ob der Mensch das erkennt oder nicht. Das wahre Problem bei der Frage der Objektivität der Geschichte ist: Was meint man mit *Geschichte*? Vielleicht auch: Was meint man mit *Objektivität*?

Wenn man mit Geschichte einfach die Untersuchung dessen meint, was in der Vergangenheit geschehen ist, so ist es offensichtlich, daß das ganze System von Barth auf dem historischen Wesen der Offenbarung errichtet wurde – daß Jesus Christus von einer Jungfrau geboren wurde und von den Toten auferstand. Das sind Ereignisse, die stattgefunden haben. Aber wenn man mit Geschichte das meint, was so viele Menschen heute meinen, nämlich das, was von der modernen historischen Methode verifiziert werden kann (und wenn das dann wiederum bedeutet, daß per definitionem jedes Wunder nicht historisch gewesen sein kann), dann scheint es mir, ist Barth gezwungen, zu sagen, daß historische Kritik dem christlichen Glauben nicht helfen kann, oder daß es nichts anderes als einen unbiblischen Jesus hervorbringen kann. *Per definitionem* kann sie das nicht, wenn das ist, was man unter historischer Methode versteht. Deswegen sagt Barth über die Auferstehung (ich zitiere ihn hier wörtlich): Das ist natürlich kein historisches Ereignis, wenn man das Konzept hat, daß Wunder per definitionem nicht historisch sein können. Aber, so sagt er (und ich kann mir das Zwinkern seiner Augen vorstellen), das heißt nicht, daß es nicht stattfand. In anderen Worten. Barth argumentiert, daß mehr objektiv stattgefunden hat – was immer wir auch darunter verstehen –, als was sich durch die historische Methode entdecken läßt. Aber es scheint mir, daß wir bei Barth mehr Objektivität finden, als Sie glauben machen.

Prof. Montgomery: Ich frage mich, was Sie sagen würden – was Barth sagen würde –, wenn ich behauptete, in meinem Garten stände ein großer grüner Elefant, der ein Himbeereis ißt, aber daß es keine Möglichkeit gibt, durch eine empirische Untersuchung festzustellen, daß er da ist. Nichtsdestoweniger behaupte ich, daß er in jedem objektiven und tatsächlichen Sinne da ist. Nun habe ich das Gefühl, daß Sie das entweder als eine Behauptung auffassen, der Elefant sei vorhanden und deshalb Gegenstand empirischer Untersuchung, oder Sie würden erklären, er sei schon allein deshalb nicht vorhanden, weil es keine Möglichkeit gibt, herauszufinden, ob er nun existiert oder nicht. Wenn man Objektivität behauptet, aber jede Möglichkeit, sie zu überprüfen, leugnet, zerstört man definitionsgemäß die Objektivität damit.

Prof. Moreau: Wären Sie bereit, anstatt dieses grünen Elefantenmonstrums den Leichnam des verstorbenen Herbert Hoover in Iowa zu verwenden?

Prof. Montgomery: Der Grund, warum ich dieses Beispiel gebrauche, ist der, daß ich ein Beispiel brauche, das nicht einfach aus dem Bereich des Natürlichen stammt. Das Problem hier ist die Frage der Wunder, und deshalb möchte ich ein bizarres Beispiel gebrauchen, um den Aspekt des Wundersamen im Auge zu behalten.

Prof. Hordern: Ich bin mir nicht sicher, ob das Wunderhafte bizarr ist. Aber um das Beispiel weiterzuentwickeln: Barth müßte sagen, daß jemand, bevor er in den Garten geht und nachsieht, weiß, daß es so etwas wie einen grünen Elefanten nicht gibt – wenn er ihn dann »sieht«, wird er offensichtlich sagen: Ich leide unter Halluzinationen. Kein Beweismaterial wird diesem Mann die Wirklichkeit eines grünen Elefanten beweisen. Wenn man ein Konzept der Geschichte hat, in dem, bevor man irgend etwas untersucht, feststeht, daß Tote tot bleiben, dann, wenn es das ist, was man unter Geschichte versteht (wie viele Leute), dann beweist eine historische Untersuchung nichts.

Prof. Montgomery: Ist das nicht die Frage, um die es geht: ob es wirklich notwendig ist, bei der historischen Methode vorauszusetzen, daß das Wundersame, was immer wir auch damit meinen, nicht stattfinden kann? Mir scheint hier eine Verwechslung zwischen historischer Methode und Historizismus oder historischer Voreingenommenheit vorzuliegen. Eine historische Untersuchung kann ganz bestimmt auf einer empirischen Ebene vorgenommen werden, ohne die positivistische Prämisse, daß die Kette natürlicher Ursachen nicht unterbrochen werden kann. Die Frage, um die es hier geht, ist Glaube, ob die historische Methode, getrennt von dieser rationalistischen Prämisse, Offenbarungstatsachen bezüglich Jesus Christus vermitteln kann oder nicht, und wenn man sagt, daß sie es nicht kann, verliert das Wort »Objektivität« seine Bedeutung.

Prof. Hordern: Aber das ist, denke ich, was Barth sagen will: er gebraucht diese Ausdrucksweise nicht, aber dem, was Sie als historische Methode ohne Historizismus bezeichnen, stimmt Barth ganz bestimmt zu.

Prof. Montgomery: Nun, ich habe den Eindruck, daß er es vorziehen würde, in bezug auf die Auferstehung überhaupt nicht von historischer Methode zu sprechen. Er ist bereit, in bezug auf den Tod Christi – also auf Ereignisse, die von natürlicher, gewöhnlicher Art sind – davon zu sprechen. Aber es scheint mir, daß es zum Beispiel in bezug auf die Auferstehung hier ein Zögern gibt, das nicht einfach aus Barths Weigerung, die rationalistische Haltung Wundern gegenüber einzunehmen, erwächst. In bezug auf die Auferstehung scheint er mit dem Gebrauch jeder historischen Methode unglücklich zu sein.

Prof. Moreau: Welche Art der historischen Methode würden Sie in Verbindung mit der Auferstehung verwenden, wenn Sie zunächst einmal nicht sicher sind, was Sie mit dem Wort »Auferstehung« meinen – oder zumindest bin *ich* nicht sicher, was Sie unter »Auferstehung« verstehen. Sie haben uns hier eine ganze Reihe von Sätzen mit aktiven Verben vorgesetzt.

Prof. Montgomery: Die Behauptung, daß jemand tatsächlich von den Toten auferstand, nachdem er vorher gestorben war.

Prof. Moreau: Ich glaube nicht, daß die Bibel das sagt. Die Bibel sagt, daß jemand »auferweckt« wurde, und ich bin mir nicht ganz sicher, daß *ek nekron* – »von den Toten« – als »von den Toten auferweckt« in diesem Sinne verstanden werden kann.

Prof. Montgomery: Nun, es handelt sich dabei um den Bereich des Todes. Ich werde mich nicht mit dem Genetiv auseinandersetzen.

Prof. Moreau: Ich aber, denn ich glaube, daß es sehr wichtig ist. Ich glaube nicht, daß das Wort »Auferstehung« als solches vorkommt. Ich glaube nicht, daß die Bibel begrifflich spricht.

Prof. Montgomery: Nun, konkret ausgedrückt, beschäftigen wir uns einmal mit der Frage bezüglich eines Mannes, der von den Toten aufersteht...

Prof. Moreau: Mit welcher Art von historischen Methoden würden Sie das untersuchen?

Prof. Montgomery: Man muß zunächst einmal empirisch feststellen, ob dieser konkrete Mann starb, und zweitens, ob dieser konkrete Mann nach diesem Ereignis mit anderen Personen in einer raum-zeitlichen Situation normalen menschlichen Umgang hatte.

Prof. Moreau: Glauben Sie, daß die historische Methode das zu leisten vermag?

Prof. Montgomery: Ganz bestimmt, aber sie vermag es wohl kaum, eine *Erklärung* zu geben, zu bestimmen, *wie* es geschah.

Prof. Moreau: Nun, da die historische Methode das getan hat, *was nützt* diese Art von Information?

Prof. Montgomery: Eine ganze Menge – wenn wir ein Todesproblem haben –, denn man wird sich offensichtlich fragen, warum in aller Welt das geschehen ist.

Pater Wroblewski: Ich bin der Meinung, daß das apostolische Zeugnis als historisch akzeptiert werden kann und daß man dabei der historischen Methode folgt. Wenn ich bei Historikern lese, daß Napoleon Krieg führte, kann ich das nicht sehen, aber ich verlasse mich auf das Zeugnis derer, die es gesehen haben, und jener, die das Beweismaterial untersucht haben. Deshalb glaube ich, daß ich das Zeugnis des Apostels aus dem gleichen Grund akzeptieren kann. Sie sahen, sie stellten sich das nicht einfach vor, und für mich ist das ein historisches Zeugnis. Ich will jedoch das subjektive Element zugestehen. Die Apostel, die auf den menschlichen Christus reagierten (oder vielmehr auf den leidenden Diener) und dann auch den auferstandenen Christus, stellten ihn verschieden dar. Jedes Evangelium hat eine andere Methode, denn jeder Autor eines Evangeliums sah Christus in einer bestimmten Art und Weise. In bestimmter Weise war das subjektiv, denn nur *er* sah Christus so. Aber selbst das fand nicht unabhängig von dem Einfluß des Heiligen Geistes statt.

Dean Kantzer: Vielleicht könnte ich das Problem etwas genauer darstellen, indem ich auf den grünen Elefanten zurückkomme. In dem Rahmen unserer Diskussion gibt es gar keine Frage, daß er tatsächlich existiert. Es gab dort wirklich einen grünen Elefanten – es sei denn vielleicht, es war Samstag abend! Die Frage ist jedoch: *Woher kann man wissen, daß der grüne Elefant da war?* Wenn man diese Analogie auf die Frage der Auferstehung überträgt: Wie läßt sich diese Tatsächlichkeit erfassen, die wir ja zugestehen. Dann kommt die Frage: Ist es eine Angelegenheit der Geschichte? Manche sagen, daß es das ist, andere leugnen es. Auf der Oberfläche könnte es so aussehen, als handele es sich lediglich um eine Frage der Definition, der Definition der Geschichte: Ist die Geschichte ein Forschungsbereich, in dem das Übernatürliche ausgeschlossen wird? Aber es wurde dann langsam klar, daß dies nicht allein die Frage war, daß es nicht nur um die Definition der Geschichte geht. Die Frage ist: Kann es eine Geschichte ohne Voraussetzungen überhaupt geben? Oder ist die Geschichtsforschung eine Methodologie, die man unter der Voraussetzung nur anwenden kann, daß Wunder eben nicht passieren. Mit dieser Art von Voraussetzung könnte man auf keinen Fall irgendwelche Angaben über das Ereignis machen, das wir als Auferstehung bezeichnen. In anderen Worten: Gibt es solche, die die Unterscheidung, die Dr. Hordern machte (zwischen einer Geschichte, die übernatürliche Ereignisse ausschließt, und einer Geschichte, die sie nicht ausschließt), nicht nachvollziehen wollen, und andere wiederum, die von der Auferstehung Christi sagen würden: »*Unglaublich* – so etwas kann von nichts, was wir mit Recht als Geschichte bezeichnen (ganz gleich welche Voraussetzungen wir dabei haben), berührt werden.« Dr. Moreau, was halten Sie von der letzteren Auffassung?

Prof. Moreau: Ich glaube, daß sie zum Teil richtig ist. In einem Sinn ist Geschichte Erkenntnis der Vergangenheit. Ich glaube, daß Pater Wroblewskis Bemerkung über einen napoleonischen Krieg sehr interessant ist. Aber so etwas ist vollkommen zugänglich; man braucht sich dabei nicht wirklich auf das Zeugnis von jemand anderem zu verlassen.

Pater Wroblewski: Aber sicherlich müssen Sie sich doch auf das Zeugnis vertrauenswürdiger Zeugen verlassen, nicht wahr? Sie haben Napoleon nie gesehen.

Prof. Moreau: Aber hier haben Sie dann das Problem der Differenzen in der Schrift.

Pater Wroblewski: Ich bin der Ansicht, daß diese Differenzen zumindest teilweise darauf zurückgehen, daß die Schrift aus einer besonderen Sicht heraus geschrieben wurde. Ich glaube nicht, daß das Problem in der Definition des Gegenstandes der Geschichte besteht. Die Schwierigkeit besteht vielmehr darin, was man als beobachtbar definiert. Wenn man vom philosophischen Standpunkt aus der Meinung ist, Wunder seien unmöglich, beschränkt man sich als Historiker damit in dem, was man beobachten kann. Ich glaube, daß in der Interpretation der Schrift hier das Problem zwischen der Rechten und Linken entsteht. Bultmann zum Beispiel war von einem philosophischen Standpunkt her der Meinung, daß es Wunder nicht gibt, und deshalb würde er die Möglichkeit, daß ein Zeugnis etwas Wunderhaftes beschreibt, ausschließen – ich meine, daß ein Mann von den Toten aufersteht oder sonst irgend etwas in der Art.

Dean Kantzer: Glauben Sie, daß der Verfasser des Lukas-Evangeliums dachte, durch Befragung der Zeugnisse und Untersuchung von Quellen zu einer Gewißheit über die Ereignisse kommen zu können, die im Lukas-Evangelium berichtet werden?

Prof. Moreau: Ich bin mir nicht sicher, und ich bin mir auch nicht sicher, ob das in irgendeiner Weise relevant ist. Im Licht anderen Wissens über die Vergangenheit wäre es interessant.

Pater Wroblewski: Sie haben ein größeres Vertrauen auf Napoleon als auf die Zeugen der Evangelien? Halten Sie die Kirchenväter in bezug auf Wissenschaft und Geschichte für »Primitive«?

Prof. Hordern: Eine der besten Publikationen, die ich über das historische Problem gelesen habe, ist ein Artikel, der vor nicht langer Zeit in *Christianity Today* erschien und, wie sich herausstellte, eine Antrittsrede von J. Gresham Machen aus dem Jahre 1915 war. Hier zeigt sich, wie sich die Theologie im Kreise dreht. Was jetzt das heißeste Thema ist, wurde dort auf sehr interessante Weise diskutiert. Ich glaube, Karl Barth würde diesem Artikel zustimmen, weswegen ich diese Diskussion über Objektivität mit Fragezeichen versehen würde. Aber lassen wir Karl Barth aus dem Spiel; er ist nicht hier, um sich zu verteidigen. Zunächst einmal müssen Sie akzeptieren, daß es ein historisches Problem gibt. Zum Beispiel, hat Lee Oswald ohne Hilfe, ohne Verschwörung, Kennedy ermordet? In einer typischen Gruppe von Amerikanern werden 50 % mit Ja und 50 % mit Nein antworten. Glauben Sie an den Bericht der Warren-Kommission? Dem Meinungsumfrageinstitut Gallup nach glauben 50 % daran, und 50 % glauben nicht daran. Es handelt sich hier um ein historisches Ereignis, das gründlich untersucht wurde; vermutlich ist kein Ereignis der Geschichte so schnell und so gründlich untersucht worden.

Prof. Montgomery: Schlagen Sie eine statistische Prüfung für historische Wahrheit vor?

Prof. Hordern: Nein, auf gar keinen Fall! Es gibt kein Ereignis, das so vollständig und gründlich untersucht worden ist wie dieses Attentat durch die Warren-Kommission. Aber es sind nicht nur »Spinner«, die noch nicht überzeugt sind. Es ist nicht eine Frage der Statistik. Absoluter historischer Beweis ist nicht möglich. Und die Zweifler an dem Warren-Report werden sagen: Nun, wer stellte die Untersuchungen an? Nur eine Seite. Oswald stellte keine Untersuchungen an, sondern die amerikanische Regierung! In dem Bericht steht, was die amerikanische Regierung finden wollte. Die gleiche Haltung kann man gegenüber dem einnehmen, der über die Auferstehung Jesu berichtet – dem Christen. Bei geschichtlichen Problemen gibt es immer solche Zweifel.

Dr. Henry: Sind Sie dann der Meinung, daß, vom prinzipiellen Standpunkt aus gesehen, die Frage des Todes von Napoleon sich von der Frage des Todes und der Auferstehung Christi nicht unterscheidet – daß beide den gleichen Schwierigkeiten in bezug auf historische Zugänglichkeit und Forschung ausgesetzt sind?

Prof. Hordern: Im Prinzip, ja. Das ist das Problem der Geschichtsforschung im allgemeinen. Die Frage des grünen Elefanten ist eine ganz andere. Wir können jetzt nach draußen gehen, und er ist jetzt dort. Das Problem ist ganz anders, wenn wir entscheiden sollen, ob es historische Beweise dafür gibt, daß er am vergangenen Samstag hier war. Jezt müssen wir uns fragen, ob die Zeugen zuverlässig sind. Vielleicht gehen sie am Samstag abend in der Stadt aus.

Dr. Henry: Aber nehmen wir einmal an, daß jemand behauptet, er sei wirklich dagewesen, aber daß es völlig unmöglich sei, das durch historische Forschung zu prüfen – daß in der Tat es sich hier um etwas handelt, das am »Rand« der Geschichte stattfand?

Prof. Hordern: Sie veranlassen mich dazu, Barth erneut zu verteidigen; er ist sehr wohl fähig, sich selbst zu verteidigen. Aber ich möchte die Frage für mich selbst beantworten. (Ob Barth mir zustimmen würde, bin ich mir nicht sicher; vielleicht hängt das davon ab, wo man bei Barth seine Beweise hernimmt. Die historische Frage: Was denkt Barth nun wirklich, ist auch ein Problem.) Was tut Machen, wenn er zugunsten der Historizität der Auferstehung argumentiert? Er weist auf jene Tatsachen hin, die man nicht wirklich diskutieren kann, denn alles, was man tun muß, ist, sein Neues Testament zu öffnen, und sie sind da. Hier haben wir einen Mann, der schreibt: *Ich* habe den auferstandenen Jesus gesehen! Dort wurde eine Gemeinschaft gebildet, und hier haben wir sie heute – und hier haben wir etwas sehr Empirisches. Hier existiert etwas 2000 Jahre lang, und hier ist es. Und dann argumentiert Machen: Was ist wahrscheinlicher: daß diese Jünger zusammenkamen, nachdem Jesus gestorben war und sagten: »Ist das nicht furchtbar, wir wollen einmal so tun, als sei er von den Toten auferstanden«, und sie gründeten eine Bewegung und ließen sich um einer Lüge willen verfolgen – oder daß er wirklich auferstand? Wenn man darunter ein historisches Argument versteht – nun schön und gut. Das Evangelium hängt dann wirklich von einem historischen Argument ab. Wenn das nicht irgendwie sinnvoll wäre, dann wären wir ja schön dumm, wenn wir daran glaubten. Auf der anderen

Seite, es würde niemals ausreichen, einen meiner skeptischen Freunde zu überzeugen, die wissen, daß Tote tot bleiben.

Prof. Montgomery: Woher wissen sie das?

Dr. Henry: Sie haben eine Privatleitung zur letzten Wirklichkeit.

Prof. Montgomery: Ist dies nicht der Punkt, an dem der Angriff angesetzt werden muß – wenn ich einmal eine militärische Ausdrucksweise gebrauchen darf. Ist das Problem in Wirklichkeit gar nicht das der Historizität, sondern das der Prämissen bezüglich des Wesens der Welt? Jeder, der eine Untersuchung mit der Art von Prämissen beginnt, wie sie Dr. Hordern beschreibt, fühlt, daß er das Universum in einer Art Würgegriff hat – ein Würgegriff, der sich einfach nicht rechtfertigen läßt.

Prof. Hordern: Diskutieren Sie das nicht mit mir. Ich vertrete diese Meinung nicht.

Prof. Montgomery: Zugegeben: ihre Darstellung, die sie gerade gegeben haben, war hervorragend.

Prof. Hordern: Machens Darstellung übrigens. Wenn wir auf das Todesproblem zurückkommen, so gibt es hier noch einen weiteren Punkt zu beachten. Machen erklärt, daß wir nicht auf der Grundlage des historischen Beweismaterials überzeugt werden können, sondern weil wir im Zusammenhang der Kirche dem auferstandenen Christus begegnen. Deshalb ist, was den historischen Bericht von der Vergangenheit ziemlich logisch erscheinen läßt, letzten Endes etwas, worüber man die Achseln zucken könnte und sagen: Nun, ist das nicht interessant?

Prof. Moreau: Es ist schade, daß es damals keine Gesellschaft für psychische Forschung gab. Sie hätten wirklich allerhand Untersuchungsmaterial bekommen. Wenn wir dem auferstandenen Christus in unserem Leben begegnen, dann wird dies alles bedeutungsvoll und wichtig für uns.

Prof. Montgomery: Aber man muß hier einen Unterschied bei der Frage der Besitzergreifung machen: wenn man von dieser Tatsache für sich selbst Besitz ergreift, so macht man sie damit nicht erst zur Tatsache. Diese bedeutungsvolle Angelegenheit übersehen wir oft, glaube ich. Wenn Prof. Hordern zum Beispiel in seinem Buch *Case for a New Reformation Theology* (»Argumente für eine neue Reformationstheologie«) schreibt, daß religiöse Objektivität nur dann erreicht werden kann, wenn wir einen Glauben an die Objektivität haben, betritt er einen Weg, der direkt zum Solipsismus führt. Zwischen dem Objekt (dem in der Geschichte auferstandenen Christus, in dem gewöhnlichen Sinn der Geschichte – *Historie)* und dem Subjekt (uns als denen, die daran glauben), muß eine klare Unterscheidung gemacht werden.

Prof. Moreau: Vielleicht kann Gott eine solche Unterscheidung machen – ich kann es nicht!

Pater Wroblewski: Was machte es eigentlich aus, ob er auferstand oder nicht? Ich würde gerne wissen, was wäre der Unterschied, wenn wir nicht zeigen könnten, daß Christus von den Toten auferstand? Paulus sagt, daß wir, die wir in Christo sind, sind mit dem Auferstandenen vereinigt. Wenn er nicht von den Toten auferstand, sind wir elend dran. Ja, Paulus sagt, dann sind wir *die elendesten* unter allen Menschen. Aber Dr. Moreau scheint nicht sehr elend dran zu sein. Was würde Sie an all dem stören?

Prof. Moreau: Gehen wir zur Lehre von dem Heiligen Geist zurück. Der Unterschied besteht wirklich darin, ob es in diesem Augenblick ein Erlebnis des auferstandenen Christus in der kommunalen Gemeinschaft mit ihm gibt.

Pater Wroblewski: Inwiefern macht das einen Unterschied?

Prof. Moreau: Hinsichtlich Bedeutung oder Bedeutungslosigkeit.

Prof. Montgomery: Wenn ich kein Christ wäre, dann müßte ich mir jedoch die Frage stellen: Warum sollte ich mich dieser Gemeinschaft anschließen anstatt einer anderen? Welche Kriterien sollen Menschen anwenden, um eine Wahl oder Entscheidung zu rechtfertigen?

Prof. Moreau: Ich weigere mich einfach, in solche Dichotomien verwickelt zu werden.

Pater Wroblewski: Ich würde in dem Erlebnis des auferstandenen Christus keine Wirklichkeit sehen, hätte ich keinen Beweis seiner Auferstehung.

(An diesem Punkt lädt Dean Kantzer das Publikum ein, Fragen zu stellen.)

Student: Wenn Christus nicht von den Toten auferstand, wie kann ich dann in meinem Leben heute irgendwelchen Nutzen von der Auferstehung Christi haben?

Prof. Moreau: Ich möchte hierzu zweierlei sagen. Erstens: Ich habe nicht gesagt, daß er nicht von den Toten auferstand. Worum es mir geht, ist, ob es dafür irgendeine historische Verifizierung gibt. Was mich anbetrifft, so halte ich den Bericht von dem leeren Grab für rein figurativ; hier wird etwas näher ausgeführt, das in dem Sinne einer Erfahrung durchaus wirklich ist. Und ich glaube, daß es einer historischen Untersuchung nicht zugänglich ist. Ich habe nicht gesagt, daß Gott ihn nicht von den Toten auferweckt hat. Ich bestehe darauf, diese physische Ausdrucksweise beizubehalten.

Prof. Montgomery: Aber Sie würden das von einer »wirklichen« Objektivität der Auferstehung unterscheiden?

Prof. Moreau: Mir gefällt diese Ausdrucksweise nicht.

Prof. Montgomery: Aber Sie unterscheiden zwischen der Auferstehung und dem leeren Grab?

Prof. Moreau: Ich unterscheide die Aussage, daß Gott Jesus von den Toten auferweckt hat, von der Aussage, daß das leere Grab irgend etwas damit zu tun hat, was eine Untersuchung oder einen Beweis angeht.

Dr. Henry: Aufgrund welcher Kriterien unterscheiden Sie diese Gegenwart des auferstandenen Christus von einer bloßen Unsterblichkeit des Einflusses?

Prof. Montgomery: Und woher wissen Sie (dies ist eine furchtbar respektlose Frage), daß Ihre Erfahrung vom Christus im Herzen kein Sodbrennen ist?

Prof. Moreau: Letzten Endes, vermutlich, weiß ich das nicht.

Student: Ich möchte eine Frage an Dr. Hordern stellen in bezug auf das Beispiel des vermeintlich von Oswald begangenen Attentats an Präsident Kennedy. Ich zögere, diese Analogie ganz zu akzeptieren, denn soweit ich weiß, ist es nicht bekannt, daß Oswald behauptete, daß er das tun würde. Wenn der Bericht der Autoren des Neuen Testamentes gültig ist, so gibt es hier einen Unterschied zwischen dem Christus-Ereignis und der Ermordung von John F. Kennedy, da Christus scheinbar behauptete, daß er sein Werk vollenden würde. Vielleicht läßt es sich darauf zurückführen, daß so viele Leute nicht an den Bericht der Warren-Kommission glauben.

Prof. Hordern: Für mich besteht die Parallele zwischen dem Kennedy-Attentat und der Kreuzigung und Auferstehung lediglich darin, daß beide für uns Geschichte sind. Und die Tatsache, daß ein geschichtliches Ereignis, das erst vor so kurzer Zeit passiert ist und so genau untersucht wurde, immer noch nicht alle möglichen Zweifel beseitigen kann, zeigt, daß, wenn wir ein geschichtliches Ereignis haben, das sich vor 2000 Jahren ereignet hat, mit sehr viel weniger Material und ohne eine intensive Untersuchung – ohne Mithilfe des FBI – wir auf dieser Grundlage sehr viel weniger Gewißheit haben können.

Ich habe versucht, mich hier Dr. Moreau anzuschließen, offensichtlich haben wir eine Reihe von Dingen gemeinsam. Ich möchte ihn jedoch warnen, so wie Barth Bultmann gewarnt hat, daß, wenn Sie sich des leeren Grabes zu leicht entledigen, Sie vermutlich in Doketismus verfallen.

Aber was sich meiner Meinung nach nicht vertreten läßt, ist mehrmals erwähnt worden: Wenn Jesus Christus nicht von den Toten auferstanden ist, wie kann das alles für mich von Bedeutung sein? Wir haben hier zwei Fragen. Erstens: Ist Jesus Christus von den Toten auferstanden? Irgendwie läßt sich das beantworten, obwohl ich nicht ganz sicher bin wie. Und die andere Frage ist: Was bedeutet das für mich? Sicherlich, bevor man die Frage stellt: Ist Jesus Christus von den Toten auferstanden? so tut man das doch nur, weil sie für einen irgendeine Bedeutung hat. Der eine fragt, weil er alle Toten tot bleiben sehen will, und deshalb will er eine Antwort: Nein, er ist nicht auferstanden. Der andere sucht nach der entgegengesetzten Antwort. Was ich sagen will, ist, daß wir das historische Urteil auf der Grundlage unserer eigenen Erfahrung vollziehen müssen. Mir scheint, daß Machen hier auf meiner Seite steht, denn er sagt, wenn wir den lebenden Christus nicht jetzt kennen würden, dann könnten wir die Geschichte der Vergangenheit nicht akzeptieren. Und ich meine, daß man die Frage: »Ist er von den Toten auferstanden?« nicht allein beantworten kann und dann fragen: »Inwiefern geht mich das an?« oder »Was hat das für mich zu bedeuten?«, sondern die beiden gehören ständig zusammen. Das heißt jedoch nicht, daß man für seinen Glauben keinen Grund hat. Man hat viele Gründe. Es gibt einen großen Unterschied zwischen jemandem, der seine Augen schließt und glaubt, und jemandem, der das nicht tut. Ich weiß, daß Dr. Moreau viele Gründe hat, das zu glauben, was er glaubt. Aber letzten Endes, wenn man es wirklich so ausdrücken will, keiner von uns weiß mit Sicherheit wirklich, ob wir hier sind, und ein guter Philosoph könnte uns beweisen, daß wir es nicht sind. Wir gehen durch diese Welt im Glauben, und nicht, indem wir sehen.

Student: Die Frage ist jedoch, im Glauben an was? Letzten Endes kommen wir wieder darauf zurück, was der Grund unseres Glaubens ist. Sonst könnte jemand kommen und sagen, wir leben durch Glauben und nicht durch Sehen, und eine Position einnehmen, die Ihrer oder meiner genau widerspricht, und dann wird die christliche Verkündigung nichts dazu sagen können.

Student: Ich möchte noch etwas weitergehen, Sie sprachen von dem Rhythmus der Geschichte, und daß der Charakter des Ereignisses in Frage gestellt sei. Es scheint mir, daß der große Unterschied zwischen dem Tatsachenmaterial in Verbindung mit dem Kennedy-Attentat und über die Auferstehung in der Art des Materials, das wir haben, besteht. Paulus erklärt, daß das nicht heimlich geschah. Bei einem Attentat haben wir ein Ereignis, das unter den größten Sicherheitsvorkehrungen stattfand, von der Person, die die Tat beging, absichtlich verschleiert, und deshalb ist das Beweismaterial obskur. Aber im Fall von Jesus ist es genau das Gegenteil – es fand in aller Öffentlichkeit statt. Ich möchte Dr. Henry fragen, ob er glaubt, daß es einen Unterschied zwischen der napoleonischen oder Kennedy-Attentat-Geschichte und dem

Jesus-Ereignis gibt, und ob die wirkliche Frage nicht die des Übernatürlichen, sondern die Art von Ereignis ist.

Dr. Henry: Wenn Sie eine historische Frage stellen, kann man sie mit historischer Forschung und der historischen Methode beantworten. Das kollektive Bewußtsein der Urkirche, oder meine gegenwärtigen psychologischen Begegnungen, welcher Art sie auch sein mögen, können keine entscheidende Antwort auf die Frage der Historizität eines Ereignisses geben, das sich vor etwa 19 Jahrhunderten ereignet haben soll.

Ich würde also mit Prof. Hordern darin übereinstimmen, daß die Erlösungsgeschehnisse des Neuen Testamentes vom geschichtlichen Standpunkt aus gleichermaßen Gegenstand der Forschung sind wie andere historische Ereignisse. Es gibt jedoch eine breitere Grenze. Jesus Christus betrat die Geschichte von außerhalb, deshalb erklären wir ihn letzten Endes nicht *in toto,* von innerhalb der Geschichte, sondern wir erklären die Geschichte mit ihm. Und es ist sicherlich wahr, daß wir zugunsten der Auferstehung Jesu Christi mehr als nur historische Tatsachen aufführen können. Der Christ argumentiert zugunsten des auferstandenen Christus nicht nur mit historischen Daten. Wir haben die Relevanz von Pfingsten; bestimmt würde ich nicht die Apostelgeschichte und die Briefe des Neuen Testamentes aus dem Argument für den auferstandenen Christus fallenlassen. Aber wenn es zu der Frage der historischen Auferstehung von den Toten und des leeren Grabes kommt, so kann man das nur mit historischer Forschung und historischem Zeugnis beantworten. Und ich will zugeben, daß man mit der historischen Methode keine absolute Gewißheit erlangen kann; absolute Gewißheit ist stets etwas, was uns von dem Geist Gottes gegeben wird. Aber wenn wir den historischen Bestandteil verlieren, verliert die apostolische Predigt ihr ganzes Zentrum.

Prof. Montgomery: Ich möchte ein anderes Beispiel als Dr. Horderns Analogie mit dem Kennedy-Attentat gebrauchen. Es wäre fairer, wenn man die Auferstehung mit anderen Ereignissen in klassischer Zeit vergleicht, denn es handelt sich etwa um die gleiche Zeitspanne und deshalb lassen sich die vorhandenen Daten besser vergleichen. Mein Hauptfach im College war Klassik, und zu meinem Erstaunen wurde die *per se* Historizität der Ereignisse der klassischen Zeit nie in Frage gestellt, obwohl es für sie sehr viel weniger Daten gibt als für die Auferstehung Christi. Die Existenz von Plato ist uns nur durch Manuskripte bekannt, die 1000 Jahre nach ihm geschrieben wurden. Wenn wir mit reinem Glauben an den Ereignischarakter der Auferstehung herangehen müssen, so werden wir nicht nur die Auferstehung, sondern einen großen Teil der Weltgeschichte aufgeben müssen, und ich glaube nicht, daß wir dazu bereit wären.

Prof. Hordern: Es macht mir überhaupt nichts aus, ob Cäsar den Rubikon überquert hat oder nicht. Es ändert für mich nichts. Es wird an meinem alltäglichen Leben nichts ändern, nichts steht oder fällt damit. Vielleicht, wenn Geschichte meinen Lebensunterhalt darstellte und ich mich mit einem anderen Kollegen streiten würde, so könnten wir Historiker einen wahren Kampf darüber ausfechten. Es gibt kaum etwas, das sich in der Geschichte ereignet hat, was nicht irgendwann einmal von Historikern debattiert wird. Die meisten von uns kann das nicht kümmern, wir sind nicht darin engagiert. Aber hier haben wir eine Geschichte, die uns über 2000 Jahre hinweg überliefert worden ist, und wenn sie wahr ist, dann hängt nicht nur mein Schicksal hier, sondern auch nach dem Tode davon ab – und Sie sagen mir, ich soll sie auf der Grundlage von unzuverlässigen historischen Daten allein akzeptieren?

Prof. Montgomery: Nein, nicht ganz. Ich sage lediglich, daß die historischen Wahrscheinlichkeiten mit denen anderer Ereignisse der klassischen Zeit vergleichbar sind.

Deshalb gibt es einen sehr guten objektiven Grund für die Religion, die Jesus predigte. Letztlich kann die Gültigkeit nur in der eigenen Erfahrung bestätigt werden. Aber es ist äußerst wichtig, daß wir uns nicht in eine Position begeben, in der der Ereignischarakter der Auferstehung völlig auf »dem Glauben« beruht. Vielmehr ist es umgekehrt: Der Glauben nimmt seinen Anfang in dem Ereignis, dem objektiven Ereignis, und nur indem die Konsequenzen dieses objektiven Ereignisses in unserem Leben Wirklichkeit werden, entdecken wir seine letzte Gültigkeit. Das ist das subjektive Element und hat in der Untersuchung des Ereignisses nichts zu suchen, weil sonst der christliche Glaube zu irrelevanter Zirkularität reduziert wird.

Pater Wroblewski: Dr. Hordern, wie Sie wissen, lehnt man heute ab, Wunder als Beweise zu akzeptieren. Warum sieht die Schrift selbst Wunder, das leere Grab, die Geistesgaben, die Ausgießung des Heiligen Geistes als Beweis an? Würden Sie solche Beweise ablehnen, wenn die Schrift sie selbst als solche ansieht?

Prof. Hordern: Zeigen Sie mir, wo die Schrift sie als Beweise ansieht.

Dr. Henry: Wie steht es mit der Betonung von Paulus, daß Jesus von mehr als 500 Menschen auf einmal gesehen wurde, als Beweis für die Auferstehung?

Prof. Montgomery: Der christliche Glaube beruht auf einem Evangelium, d. h. auf einer »Guten Nachricht«, und es gibt weder gute noch schlechte Nachrichten, wenn sich nichts ereignet hat. Gewisse zeitgenössische Bewegungen in der Theologie, aus denen scheinbar hervorgeht, daß wir glauben können, ob sich nun etwas ereignet hat oder nicht, beunruhigen mich sehr. Ich glaube absolut daran, daß der ganze christliche Glaube auf der Tatsache beruht, daß zu einem bestimmten Zeitpunkt unter Pontius Pilatus ein gewisser Mann starb, begraben wurde und drei Tage später von den Toten auferstand. Wenn man mir irgendwie beweisen könnte, daß Jesus nie gelebt hat, starb oder auferstand, dann müßte ich sagen, daß ich kein Recht auf meinen Glauben habe.

Prof. Moreau: Ich könnte das nicht tun, denn Sie beginnen mit der Voraussetzung, daß es tatsächlich stattfand.

Pater Wroblewski: Ich bin der Meinung, daß das apostolische Zeugnis über das Wunderhafte im Leben Christi der Art von Beweismaterial entspricht, auf der die Geschichte beruht. Die Apostel sahen und hörten, wie sich diese Dinge in Zeit und Raum ereigneten. Und ich habe keinen Grund, an ihrem Zeugnis zu zweifeln. Vielmehr habe ich guten Grund, an ihre Beobachtungsfähigkeiten zu glauben, denn sie unterschrieben ihr Zeugnis mit Blut. Gelehrte, die das Wunderhafte bezweifeln, tun das aus philosophischen Gründen, entgegen der Tatsache, daß die Schrift auf dem Wunderhaften als Beweis besteht. Es ist wahr, daß die Beweise nicht absolut sind, wenn auch nur, weil die »ernannten Zeugen« wenige an der Zahl waren und ihre geschriebenen Berichte rätselhaft sind. Aber das Seltsame an dem biblischen Beweismaterial ist: es läßt den Intellekt zögern, ob der Akt des Glaubens eher von der Handlung des Heiligen Geistes herrührt oder von intellektuellem Beweis.

Prof. Moreau: Das gegenwärtige übertriebene Interesse für die Tatsächlichkeit der Umstände des Ereignisses, das als Auferstehung bezeichnet wird, spiegelt ein Verlangen nach Verifikation wieder, das der Haltung der Urkirche sehr fremd ist. Der »Beweis«, daß Gott Jesus von den Toten auferweckt hatte, war das Erlebnis des lebenden Herrn in der Gemeinschaft. Die Erzählung von dem leeren Grab und ihre Ausschmückungen dienten mehr der Apologetik als der Verifikation. Das komplizierte Argument von Paulus (1. Kor. 15, 35–58) scheint das nur zu bestätigen.

Prof. Hordern: Das Leben Jesu ist ein historisches Ereignis wie alle anderen historischen Ereignisse, und wir wissen davon nur durch die Berichte von denen, die es miterlebt haben.

Es unterscheidet sich von anderen historischen Ereignissen, denn wir haben ein einzigartiges Mittel, die Zuverlässigkeit der Zeugen zu prüfen. Sie sagen uns, daß Jesus nicht tot blieb, und wir können ihn als den auferstandenen Herrn kennen. Deshalb kann unsere Beurteilung der Evangeliumsberichte nicht von unserem Verhältnis zu dem auferstandenen Christus heute getrennt werden.

Anmerkungen

Anmerkungen zum Vorwort

1 Jean Guitton, *Journal, 1952–1955* (Paris: Librairie Plon, 1959), S. 19–21.
2 Paddy Chayefsky, *Gideon: a Play* (New York, Random House, 1962), S. 128–129.

Anmerkungen zu Kapitel 1

1 Schlesinger, Arthur, *The Politics Of Hope*, 1962.
2 Eine ausführlichere Darstellung der in diesem Kapitel behandelten Fragen befindet sich in meinem Buch *The Shape of the Past: An Introduction to Philosophical Historiography* (»History in Christian Perspective«, Vol. I; Ann Arbor, Mich.: Edwards Brothers, 1962).
3 W. H. Walsh, *Philosophy of History: An Introduction* (New York: Harper Torchbooks, 1960), S. 122.
4 Dies ist Kants »Achter Satz« in seiner »Idee zu einer allgemeinen Geschichte in weltbürgerlicher Absicht«, Immanuel Kant, *Werke, Bd. 6, S. 45.*
5 Immanuel Kant, *Werke*, Bd. 6, S. 38.
6 Hegel, Studienausgabe. Bd. 1, S. 290, Fischer Verlag Frankfurt 1968.
Eine gute Darstellung der Hegelschen Geschichtsphilosophie findet sich bei Jean Hyppolite, *Introduction à la philosophie de l'historie de Hegel* (Paris: Marcel Rivière 1948).
7 Aus dem Vorwort von Marx in *Zur Kritik der politischen Ökonomie*. Orthodox marxistische Historiker interpretieren geschichtliche Ereignisse gewöhnlich in diesen Kategorien; so zum Beispiel wird der amerikanische Bürgerkrieg dargestellt als Sieg der bourgeois-kapitalistischen Phase über die ältere Feudalphase (repräsentiert durch den landwirtschaftlichen Süden, in dem noch Sklaven gehalten wurden). Eine gute allgemeine Darstellung der marxistischen Geschichtsphilosophie, die mit vielen Mißverständnissen in diesem Bereich aufräumt, ist das Buch von Georgi Plekhanov, *Essays in Historical Materialism* (New York: International Publishers, 1940). Der deutsche Leser sei hingewiesen auf das Buch von Felix Flückiger: Theologie der Geschichte. Theol. Verlag R. Brockhaus, Wupp. 1970. Flückiger behandelt neben Marx auch neuere geschichtstheologische Entwürfe (Pannenberg, Sölle).
8 Karl Löwith, *Weltgeschichte und Heilsgeschehen,* W. Kohlhammer Verlag, Stuttgart 1953, S. 47.
9 Siehe Milovan Djilas, *The New Class; An Analysis of the Communist System* (New York: Prager, 1957).
10 Die Kreisläufe Spenglers werden in Diagrammen von Edwin Franden Dakin in seinem Buch *Cycles in History* (»Foundation Reprints«, No. 7; Riverside, Conn.: Foundation für the Study of Cycles, 1948) gut dargestellt.
11 G. P. Gooch, *History and Historians in the Nineteenth Century* (2. Auflage, London: Longmans, Green, 1952)
12 Oswald Spengler, *Der Untergang des Abendlandes*, Bd. 1: *Gestalt und Wirklichkeit,* dtv Bd. 838, München 1972
Spengler behauptete wiederholt, er bediene sich nicht der Methoden der Naturwissenschaften, und daß es so etwas wie absolute Wahrheit nicht gebe; es ist allerdings klar, daß er in der Praxis von positivistischen Voraussetzungen ausgeht.
13 Gardiner, a. a. O., S. 188. Es ist äußerst lehrreich, Spenglers Antipathie gegen die Metropolis mit Lewis Mumfords *The City in History* (New York: Harcourt, Brace & World 1961) zu vergleichen.

14 R. G. Collingwood, *The Idea of History* (New York: Oxford University Press, Galaxy Books, 1956), S. 182 f.

15 Walsh ist der Meinung, man solle Toynbee nicht als »Historiker« bezeichnen, denn seine Interessenbereiche seien nicht die des forschenden Historikers (a. a. O., S. 167 f.). Das Argument klingt nicht überzeugend; man könnte ihm entegnen, daß der forschende Historiker seine Aufgabe vielleicht besser erfüllen würde, wenn er sich für die Probleme interessierte, mit denen sich Toynbee beschäftigt.

16 Toynbee in: Geyl, Toynbee und Sorokin, *The Pattern of the Past: Can We Determine It?* (Boston: Beacon Press, 1949), S. 81–82. Die gleiche Diskussion ist auch bei Gardiner abgedruckt, a. a. O., S. 307–319.

17 In einer Filmdiskussion der »Wisdom Series« der National Broadcasting Company mit Christopher Wright, Dozent an der Harvard Universität.

18 Toynbee, *Civilization on Trial* (London: Oxford University Press, 1948), Kaitel 1.

19 *A Study of History*, XII (*Reconsiderations*) (London: Oxford University Press, 1961), S. 546–561. Hier schildert Toynbee seine jüngste Überzeugung.
»Im Laufe der ersten zehn Bände dieses Werks war ich schließlich bei einer Liste angelangt, die 23 vollentwickelte Kulturen enthielt; vier, deren Wachstum in einem frühen Stadium abgebrochen wurde und fünf fehlgeschlagene Kulturen.« (S. 546).

20 Die Bedeutung, die Toynbee in seinen späteren Bänden der Religion beimißt, ist so groß, daß Geyl seine Kritik an den Bänden VII-X von *A Study of History* mit der Überschrift »Toynbee der Prophet« versah (Pieter Geyl, *Debates With Historians* (London: B. T. Batsford, 1955) S. 158–178.

21 *Civilization on Trial*, S. 236. Hier wurde die Übersetzung des Zitats aus Löwith, *Weltgeschichte und Heilsgeschehen*, S. 22 zitiert.

22 *A Study of History*, XII, S. 559. Toynbee erklärt in seinen »Reconsiderations« (nochmaligen Überlegungen), daß er zu der Ansicht gelangt sei, daß »Religion selbst ein Zweck« und nicht nur ein Mittel zum Zweck sei. (S. 94 n).

23 Ibid. S. 99 Vgl. z. B. mit dieser emotional geladenen Feststellung: »Der Verfasser dieser Studie wird seinem persönlichen Glauben Ausdruck verleihen, daß die vier Religionen, die es zu seiner Lebenszeit gab, vier Variationen eines einzigen Themas waren, und daß, wenn alle vier Komponenten dieser himmlischen Sphärenmusik auf der Erde gleichzeitig gehört werden könnten, und mit gleicher Klarheit, dann würde der glückliche Hörer keinen Mißklängen, sondern einer Harmonie zuhören.« (*A Study of History*, VII [London: Oxford University Press, 1955]S. 428). Er gibt allerdings trotzdem zu, daß »soweit wir die Zukunft überblicken können«, er »nicht erwartet, daß sie sich dazu einigen werden, ihre verschiedenen Lehren, Praktiken und Einrichtungen, durch die ihr gemeinsamer geistlicher Schatz verschiedentlich dargeboten wird, zu vereinen«. (*A Study of History*, XII, 100 n).

24 Das wird besonders gut dargestellt von Experten der Geschichte des Islam und der russischen Geschichte etc., die zu *The Intent of Toynbee's History*, herausgegeben von Edward T. Gargan (Chicago: Loyola University Press, 1961), beigetragen haben.

25 Siehe Geyls Kritik »Noch einmal Toynbee: Empirik oder Apriorik?« in Geyl, *Debates With Historians*, S. 144–157.

26 Um nur ein einzelnes, aber typisches Beispiel zu nehmen: Seine Diskussion der europäischen Geschichte von 1453–1517 zeigt, daß das »lateinische Christentum keineswegs am wenigsten für eine Expansion geeignet war (wie Toynbee glaubt),

sondern vielmehr war bei ihm am ehesten damit zu rechnen«. Myron P. Gilmore, *The World of Humanism* (New York: Harper 1952), S. 34.

27 William Dray, »Toynbees Suche nach historischen Gesetzen«, *History and Theory*, I (1960), S. 49; F. H. Underhill, »The Toynbee of the 1950's«, *Canadian Historical Review*, XXXVI (1955), S. 227.

28 Gerhard Mause, Rezension von *A Study of History*, Vol. XII in *American Historical Review*, LXVII (1961), S. 79.

29 Wenn man die Zeugnisse von Jesus und der Urkirche über die Einzigartigkeit und Endgültigkeit des Christentums außer acht läßt, hört man auf, Historiker zu sein (vgl. Joh. 14, 6, Apg. 4, 12).
   Vgl. Will Herberg, »Arnold Toynbee – Historian or Religious Prophet?« Queen's Quarterly, LXIV (1957), S. 421–433. Herberg kritisiert Toynbee auch, wie viele andere, wegen seiner negativen Einschätzung des Judentums.

30 New York: Simon & Schuster, 1961, S. 9–10.

31 Über Beard, Becker, Croce und Collingwood siehe mein Buch Shape of the Past, *S. 89 ff.*

32 *Raymond Aron, Introduction to the Philosophy of History,* übers. von G. J. Irwin (London: Weidenfeld & Nicolson, 1961) S. 86 ff., S. 334.

33 Erwin Panofsky, *Studies in Iconology: Humanistic Themes in the Art of the Renaissance* (2. Aufl. New York: Harper Torchbooks, 1962) S. 73.

34 Denis Baly, *Academic Illusion* (Greenwich, Conn.: Seabury Press, 1961), . 66–67.

35 a. a. O., S. 182.

36 *Institutio*, I, xvı, 3.

37 Clark, *The Kingdom of Free Man* (Cambridge: Cambridge University Press 1957), S. 204 f.

38 *Institutio*, IV, xx, 30–31.

39 Cf. C. S. Lewis, *The World's Last Night, and Other Essays* (New York: Harcourt, Brace & World, 1960).

40 Vgl. Montgomery, *The Shape of the Past,* insbesondere Teil I, Kap. V.

41 Vgl. Ethelbert Stauffer, *Christ and the Caesars: Historical Sketches* (Philadelphia: Westminster Press, 1955). Deutsche Ausgabe: Friedrich Wittig-Verlag, Hamburg.

Anmerkungen zu Kapitel 2

1 Lewis, Clive Staples, Überrascht von Freude, R. Brockhaus Verlag, Wuppertal 1968.

2 More Light on the Dead Sea Stcrolls (New York: Viking Press, 1958),S. 55

3 Avrum Stroll and Richard H. Popkin, Philosophy Made Simple (»Made Simple Books«; Garden City, N. Y.: Doubleday, 1956), S. 165.

4 Introduction to the Study of the New Testament (2. Aufl.; Oxford: Clarendon Press, 1955).

5 Miracles (New York: The Macmillan Company, 1947), S. 121–124.

6 Form-criticism of the Synoptic Healing Narratives (Woodstock, Md.: Woodstock College Press, 1944), S. 71.

7 Introduction to Research in English Literary History (New York: The Macmillan Company, 1952), S. 143 ff.

8 *Handbook to the Textual Criticism of the New Testament* (2. Aufl.; London: The Macmillan Company, 1912), S. 5. Siehe Anhang C für Prof. Edwin Yamauchis Beurteilung von Kenyons Beweismaterial.

Für eine Bestätigung dieser Zeitintervalle zwischen Verfassungsdatum und dem frühesten verfügbaren Text, zusammen mit zahlreichen anderen Beispielen, vgl. F. W. Halls Liste: »MS. Authorities for the Text of the Chief Classical Writers«, in seinem *Companion to Classical Texts* (Oxford, Clarendon Press, 1913), . 196 ff.

9 The Bible and Archaeology (New York and London: Harper & Row, 1940), . 288–289, Kenyon's italics.

10 Introduction to the Textual Criticism of the New Testament (Nashville, Tenn.: Broadman Press, 1925), S. 70.

11 See Aristoteles Art of Poetry (De Arte Poetica), 1460b–1461b.

12 A New Commentary on Holy Scripture, Pt. III, S. 42–124.

13 The Bearing of Recent Discovery on the Trustworthiness of the New Testament (reprint ed.; Grand Rapids, Mich.: Book House, 1953), S. 81.

14 Op. cit., S. 33.

15 See Eusebius, H. E., V. 20.

16 Quoted in an interview for Christianity Today, January 18, 1963.

17 Handbook of Greek Literature from Homer to the Age of Lucian (London: Methuen, 1934), S. 42–.

18 Op. cit., S. 58.

19 Mischna Aboth, II. 8.

20 F. F. Bruce, The New Testament Dokuments (5. Aufl.; London: Inter-Varsity Fellowship, 1960), S. 33.

21 Ibid., S. 45–46.

Anmerkungen zu Kapitel 3

1 Lewis, Überrascht von Freude, S. 188.

2 The Religion of Jesus (Indianapolis, Ind. Bobbs-Merril, 1928), S. 324.

3 Levis, C. S., Dienstanweisung für einen Unterteufel, Verlag Herder Freiburg 1959, S. 99.

4 Zur Zeit des Alten Testaments wurde das Wort YHVH aus Ehrerbietung nicht wirklich ausgesprochen. Stattdessen wurden ihm die Vokale des hebräischen Wortes für »Herr« – Adonai – gegeben, und *Adonai* wurde in öffentlichen Schriftlesungen für YHVH eingesetzt. Deshalb war es für die hellenistischen Juden, die in Alexandria von ca. 300 bis ca. 100 v. Chr. die Septuaginta erstellten, nur natürlich, das hebräische YHVH mit *kyrios* zu übersetzen. (Ein anderer Standpunkt zu dieser linguistischen Frage findet sich in dem Brief von C. S. Lewis, Anhang B).

5 Siehe auch das Sammelwerk *Who Say Ye that I am?*, herausgegeben von W. C. Robinson (Grand Rapids, Michigan, Wm. B. Eerdmans, 1949), S. 133 ff.

6 Es darf als fast gesichert bezeichnet werden, daß zwischen dem hebräischen Namen Gottes, YHVH, und dem hebräischen Verb »sein«, HYH (»bin«) eine etymologische Verbindung besteht (vgl. Exodus 3, 14 mit der Parallelstelle Exodus 6, 3)

7 History of European Morals from Augustus to Charlemagne, II (2. Aufl.; London: Longmans, Green, 1869), S. 88.

8 The Psychiatric Study of Jesus (Boston: Beacon Press, 1958), S. 15.

9 Modern Clinical Psychiatry (Philadelphia and London: Saunders, 1958), S. 401.

10 J. T. Fisher and L. S. Hawley, A Few Buttons Missing (Philadelphia: J. B. Lippincott, 1951), S. 273.

11 Sketches of Jewish Social Life in the Days of Christ (reprint ed.; Grand Rapids, Mich.: Wm. B. Eerdmans, 1957), S. 28–29.

12 Social and Religious History of the Jews, II (2. Aufl.; New York: Columbia University Press, 1952), S. 58 ff.

13 Ibid., S. 67.

14 More Light on the Dead Sea Scrolls (New York: Viking Press, 1958), S. 65–73. Siehe auch F. F. Bruce's Second Thoughts on the Dead Sea Scrolls (London: Paternoster Press, 1956), passim.

15 Op. cit., S. 68.

16 In the Oxford Legacy of Israel (Oxford: Clarendon Press, 1928), S. 103.

17 Josephus, Jewish War, II, 13, 4.259; Antiquities, XX, 8, 6.170.

18 Models and Metaphors (Ithaca, N. Y.: Cornell University Press, 1962), S. 169.

19 Jesus and His Story (New York: Alfred A. Knopf, 1960), S. 17.

20 The Retreat from Christianity in the Modern World (London: Longmans, reen, 1952), S. 82.

21 See Frank Morison, Who Moved the Stone? (Neuaufl.; London: Faber & Faber, 1944), passim.

22 Ausführliches zu diesem Thema siehe hinten: Kapitel 7 und 8.

23 Siehe oben, zu Beginn des Kapitels. Ein Kommentar von Lewis selbst zu diesen beiden Kapiteln ist in Anhang B abgedruckt.

Anmerkungen zu Kapitel 4

1 Vortrag auf der Versammlung evangelikaler Historiker, zusammen mit der 79. alljährlichen Versammlung der American Historical Association in Washington, D. C., am 28. Dezember 1964. Prof. McNeill war als Gast anwesend.

2 Rezensionen von The Rise of the West beurteilten das Werk gewöhnlich sehr positiv. Toynbee bezeichnete es als die »klarste Darstellung der Weltgeschichte in Erzählform, die ich kenne«. L. S. Stavrianos von der Northwestern University ist der Meinung, daß McNeill »bewiesen hat, daß Weltgeschichte ein lohnendes und intellektuell respektables Forschungsgebiet ist« (American Historical Review, LXIX, April 1964, 715). Der britische Historiker H. R. Trevor-Roper bestätigt: The Rise of the West ist »nicht nur das gelehrteste und intelligenteste, sondern auch das anregendste und faszinierendste Buch, in dem je versucht wurde, die gesamte Geschichte der Menschheit zu berichten und zu erklären« (The New York Times Book Review, October 6, 1961, S. 1). Carter Jefferson von Rutgers bezeichnet das Buch als »ein Monumentalwerk« (Chicago Sunday Tribune Magazine of Books, September 8, 1963, S. 2). Die negativste Beurteilung stammt von M. I. Finley, einem Experten klassischer Geschichte, der der Meinung ist, McNeills Behandlung der griechischen Kultur sei nicht sehr gut (New York Review of Books, October 17, 1963, S. 4 f.). Dieser Angriffspunkt ist jedoch schlecht gewählt, denn in der Forschung für seine Magisterarbeit beschäftigte sich McNeill vor allem mit griechischer Geschichtsphilosophie, und ein anderer Re-

zensent – der allgemeine Historiker Carroll Quigley von der Georgtown University findet McNeills Bericht von »dem Aufstieg der Griechen brillant« – der Höhepunkt seines Buches! (*Saturday Review*, XLVI, Augusts 24, 1963, 41–42).

3 William H. McNeill, *The Rise of the West: A History of the Human Community* (Chicago: University of Chicago Press, 1963), S. 807. Von nun an wird *The Rise of the West* in den Anmerkungen als RW bezeichnet.

4 Zweifelsohne schulde ich gleich zu Anfang eine Entschuldigung für den negativen Ton des kritischen Materials, besonders wenn man bedenkt, daß Prof. McNeill und ich Alumni von zwei gleichen Universitäten (Cornell und Chicago) sind; und seit ich Leiter der Abteilung für Geschichte an einer Universität bin, habe ich jahrelang regelmäßig und schamlos Vorlesungsstoff von seinem bewundernswerten *History Handbook* (Chicago: University of Chicago Press Syllabus Division 1958) entnommen! Meine einzige Erklärung (nicht Ausrede) besteht darin, daß die große Bedeutung des Themas ein wenig *rabies historicorum* (wenn nicht die noch schlimmere *rabies theologorum)* verlangt.

5 RW, S. 340–44.

6 Ibid., S. 338.

7 American Historical Review, LXIX, 713–714.

8 RW, S. 352–353.

9 Vgl. die epochalen Monographien, *The Old Testament Against Its Environment* von G. Ernest Wright, und *The New Testament Against Its Environment* von Floyd V. Filson (SCM Studies in Biblical Theology, No. 2 & No. 3).

10 Robert Ernest Hume, *The World's Living Religions: An Historical Sketch* (rev. Ausgabe; New York: Charles Scribner's Sons, 1955). S. 37–40, 81–82. Die obigen Gegensätze stellen nur eine der bedeutendsten Fragen, die Hume diskutiert hat, dar. Nebenbei sollte man vielleicht bemerken, daß McNeill, wie Toynbee, den Buddhismus etwas schief und »christlicher« als er ist, darstellt, indem er die Aufmerksamkeit auf den Mahayana-Buddhismus lenkt und sich mit dem Hinayana-Buddhismus kaum beschäftigt; aber die grundlegenderen Unterschiede zwischen Christentum und Buddhismus gelten in jedem Fall auch für den Mahayana-Buddhismus.

11 RW, S. 341. Vgl. McNeills *Past and Future* (Chicago: University of Chicago Press Phoenix Books, 1964), S. 35: »Für die Völker, die in alten Zeiten um das Mittelmeer herum lebten, brachte das Leben eines Seemanns seine Schrecken mit sich, wie die Reisen des Paulus uns erinnern.« Von nun an wird diese Ausgabe von *Past and Future* als PF bezeichnet.

12 Vgl. 1. Kor. 15, wo Paulus schon im Jahre 56 n. Chr. Zeugen nennt, die den auferstandenen Jesus gesehen hatten, und nennt insgesamt 500 Zeugen, von denen die meisten damals noch am Leben waren. Wie C. H. Dodd in seinem Buch *Apostolic Preaching and its Developments* gezeigt hat, ist die Auferstehung das Hauptthema der Predigten der Urkirche, so wie sie uns in der Apostelgeschichte wiedergegeben werden, und F. F. Bruce betont in seinem Buch *Apostolic Defence of the Gospel,* daß die neutestamentliche Kirche die Wahrheit ihrer Botschaft vor allem auf die Historizität der Eroberung des Todes durch Jesus stützte (er diskutiert diese Frage in allen Einzelheiten in Kapitel 3).

13 Lukas 24, 36–43 (man beachte: der gleiche Autor hat auch die Apostelgeschichte geschrieben, die McNeill wie fast alle anderen klassischen Historiker als verläßliche Quelle ansieht). Vgl. auch Johannes 20, 25–28. Was die Frage von »Wundern« und historischer Forschung angeht, siehe Ende dieses Kapitels.

14 Josephus, Jewish War, II, 13, 4.259; Antiquities, XX, 8, 6. 170.

15 Vgl. Apostelgeschichte 2, 22, wo die Apostel nicht nur sagen »Wir sind Zeugen«,

sondern auch »Wie ihr selbst wisset«. Dieser Punkt wird besonders von F. F. Bruce von der Universität Manchester betont, einem der führenden Experten der Schriftrollen vom Toten Meer, vgl. vor allem sein Buch *New Testament Documents: Are They Reliable?*

16 RW, S. 599 (Concluding the section on »The Transmutation of Europe, A. D. 1500–1650«).

17 Respectively, RW, S. 405–412; 547–558; 606–608.

18 Ibid., S. 589–598.

19 Ibid., S. 685.

20 Eine verläßliche, buchlange Behandlung dieses wichtigen Themas ist A. Skevington Woods *The Inextinguishable Blaze: Spiritual Renewal and Advance in the 18th Century* (»The Advancement of Christianity Through the Centuries«, VI, London, Pasternoster Press, 1960).

21 Es ist bezeichnend, daß David Livingstone in RW nicht erwähnt wird, obwohl McNeill ihn einmal *en passant* in Past and Future erwähnt (S. 58).

22 Latourettes große *History* wird in *The Rise of the West* nur einmal erwähnt, und zwar wird auf Bd. I Bezug genommen, der sich nur mit den ersten fünf Jahrhunderten des christlichen Zeitalters beschäftigt (RW. S. 344, n. 80). McNeill bezieht sich dreimal auf Latourettes *History of Christian Missions in China*.

23 RW, S. 405, n. 81.

24 a. a. O, S. 445, n. 39: »Die christliche Lehre pries die Macht und Unverletzlichkeit des Königs, und durch das Prinzip der hierarchischen kirchlichen Organisation allein schon führte es ein neues, stammesunabhängiges Konzept sozialer Organisation in den Hinterwäldern ein.«

25 Vgl. Emile Léonards *Historie générale du Protestantisme* (3 Bände) (Paris: Presses Universitaires de France, 1961–1964). Siehe auch meine Artikel »Luther and ibraries«, *The Library Quarterly* (University of Chicago), XXXII (April 1962), S. 133–147; und »Cross, Constellation and Crucible: Lutheran Astrology and Alchemy in the Age of the Reformation«, *Transactions of the Royal Society of Canada*, 4th ser., I (1963) m 251–270 (auch in der britischen Zeitschrift *Ambix*, Juni 1963, veröffentlicht und in der französischen *Revue d'Histoire et de Philosophie Religieuses* (1966). Beide Artikel enthalten zahlreiche Hinweise auf primäres und sekundäres Quellenmaterial über die behandelten Themen.

26 Kolumbus' Brief vom 14. März 1493 an Ferdinand und Isabella, in dem er erklärte, er bemühe sich darum, die Gunst der Einheimischen zu gewinnen, »damit sie Christen werden«, ist bezeichnend für einen großen Teil der späteren Erforschungs- und Kolonisierungstätigkeit. William Warren Sweet, der verstorbene Dekan der amerikanischen Kirchenhistoriker, hat das in seinem Werk *Religion in Colonial America* (1942), in dem er ausführlich die Kolonisierungsmotive, wie sie in Richard Hakluyts »Discourse on Western« geschildert werden, analysiert, sehr gut zum Ausdruck gebracht. Obwohl McNeill die »Prester John«-Legende einmal erwähnt (RW, S. 613) so erkennt er scheinbar nicht darin die Auswirkung christlicher Sehnsucht nach dem Paradies in bezug auf Forschung und Kolonisierung (vgl. Elaine Sanceau, *The Land of Prester John* [New York: Alfred A. Knopf, 1944]).

27 Siehe die Einführung des Herausgebers für mein *Chytraeus on Sacrifice* (St. Louis: Concordia, 1962); mein *Shape of the Past*, S. 52–54, und meine noch unveröffentlichte Dissertation protestantischer Theologie.

28 K. S. Latourette, A History of Christianity (New York: Harper & Row, 1953), S. 1474.

29 RW, S. 412.

30 Ibid., S. 410–412.

31 Ibid., S. 539.

32 a. a O., S. 588–589. McNeills allgemeine Bewertung der evangelischen Reformation erinnert einen etwas an die Anschauungen von Bertrand Russell (*A History of Western Philosophy*) und Will Durant (*The Reformation*), die ein etwas schadenfrohes Bild von Protestanten und Katholiken zeichnen, die einander gegenseitig den Schädel einschlagen und somit für die säkulare, naturwissenschaftsorientierte Weltanschauung Ende des 17. Jahrhunderts den Weg frei machten!

33 Raymond Walters, jr., in The New York Times Book Review, 6. Oktober 1963, S. 30.

34 PF, S. viii.

35 Ibid., S. 15.

36 Vgl. die graphische Darstellung in RW, S. 766 f.

37 Es ist kein Zufall, daß sich Prof. McNeills Dissertation für den Titel »Doctor of Philosophy« mit dem »Einfluß der Kartoffel auf die irische Geschichte« beschäftigte. Die Bedeutung des Streichbrettpflugs wird in McNeills *History Handbook* sehr betont.

38 PF, S. 29/30. McNeill begeht möglicherweise eine »Freudsche Fehlleistung«, wenn er davon spricht, daß »europäische Bauern oft ihre Pflugscharen zu Schwertern gemacht haben« – eine genaue Umkehrung des biblischen Motivs!

39 Ibid., S. 109 ff., 186 ff.

40 Ibid., S. 170–171.

41 Ibid., S. 35.

42 Donald C. Masters, The Christian Idea of History (Waterloo, Ontario: Waterloo Lutheran University, 1962), S. 15.

43 Carroll Quigleys Kritik an dem letzten Drittel von *The Rise of the West* ist für das reduktionistische Element in McNeills Werk besonders bezeichnend. Quigley, dessen sozialwissenschaftlich orientiertes Werk *Evolution of Civilizations* ich in *Shape of the Past* (S. 86–88) analysiert habe, wünscht, daß McNeill sein Argument, daß die Waffenentwicklung und Verteidigungsbedürfnisse ihr soziales und intellektuelles Leben wesentlich beeinflußten, auf das alte Regime ausgedehnt hätte. (»The Greek Miracle«) (siehe *Saturday Review*, 24. August 1963, S. 41 f.). Hier erkennt Quigley, dessen Analogie zwischen »Quarzkristallen« und menschlichen Gesellschaften in *Evolution of Civilizations* das menschliche Drama zu einer soziologischen Studie reduziert, eine gewisse (wenn auch unvollständig entwickelte) Verwandtschaft in McNeills reduktionistischen Tendenzen.

44 Raymond Aron, »Evidence and Inference in History«, in Daniel Lerner (ed.), Evidence and Inference; the Hayden Colloquium on Scientific Concept and Method (Glencoe, Illinois: Free Press, 1959), S. 46.

45 W. H. McNeill, »Herodotus and Thucydides: A Consideration of the Structure of their Histories« (unveröffentlichte Magister-Dissertation, University of Chicago, 1939), S. 98.

46 Vgl. Trevor-Roper über *The Rise of the West*: »Ein Kritiker könnte sich wünschen, daß er an einer Stelle seine allgemeinen Schlußfolgerungen von seinem überfüllten, aber verständlichen Erzählbericht getrennt hätte« (*New York Times Book Review*, 6. Oktober 1963, S. 30).

47 Siehe die abschließenden Passagen von PF und RW.

48 PF, S. 52 (unsere Hervorhebung).

49 Die englische Übersetzung der Schrift gebraucht hier den Ausdruck »fullness of time« – »Fülle der Zeit« für *to pleroma tou chronou*, das, wie man pedantischerweise hinzufügen könnte, sich nur auf ein inneres historisches Ziel beziehen kann, ein Konzept, das Prof. McNeills relativistischer Geschichtsphilosophie fremd ist. (Zitierte Stelle: Gal. 4, 4,5).

50 RW, S. 338, n. 76.

51 »Off the Cuff«, 12.35 a. m., 20. Dezember 1964, Channel 7, Chicago.

52 Siehe seine *Introduction à la philosophie de ,l'histoire* (2. Auflage, Paris: Gallimard 1948), und siehe Montgomery, *Shape of the Past*, S. 94 f., wo seine Anschauung im Detail besprochen wird.

53 Bd. VII (2. Aufl.; New York: Harper 1945), S. 505.

54 Langmead Casserley, The Retreat from Christianity in the Modern World (London: Longmans, Green, 1952), S. 82.

55 In der bereits erwähnten Fernsehdiskussion erklärte Dr. McNeill, daß er als Mensch des 20. Jahrhunderts – nicht als Historiker – das Wunderhafte nicht für möglich hielt; er gab jedoch zu, daß das nichts mehr als ein Glaubenssatz sei, den er im Hinblick auf das moderne naturwissenschaftliche Weltbild akzeptiere.

56 RW, S. 684, 756–58.

57 C. S. Lewis, Miracles (New York: The Macmillan Company, 1947), passim.

58 Ethelbert Stauffer, Jesus and His Story (New York: Knopf, 1960), S. 17.

59 Ein alptraumhaftes Beispiel dieser Tendenz finden wir am Ende von McNeills Vorwort zu *Past and Future* (Ausgabe von 1964): »Es gibt bereits Computer, die über jeden lebenden Menschen eine unbegrenzte Anzahl von Informationen speichern können. Wenn man in eine solche monströse Maschine die geeigneten Informationen füttert, kann das im Laufe der Zeit zwischen ganzen Bevölkerungen und einzelnen zu einer solch engen und präzisen Wechselwirkung führen, daß wir alle auf das Niveau getrennter Zellen einer locker organisierten Kreatur wie der portugiesische Kriegsmensch reduziert (oder erhöht) werden, dessen einzelne Teile durch chemische und elektrische Wechselwirkungen zwischen den Zellen, die die gesamte Kreatur bilden, kontrolliert und koordiniert werden. Kurz gefaßt, wir scheinen uns auf die Schöpfung eines Leviathans hinzubewegen, von dem die politischen Philosophen einst träumten – ein Leviathan, in dem jeder seinen eigenen Platz und seine Funktion haben wird, die ihm auf der Grundlage sorgfältiger und präziser statistischer Untersuchungen zugewiesen wird, welche durch ein Datenaufzeichnungssystem möglich werden, dessen Finessen wir heute erst erahnen können. Die technischen Mittel einer solchen Evolution der Menschheit scheinen bestimmt im Bereich unseres Verständnisses zu liegen« (PF, S. x–xi). Niemand wird sich schneller an einen *ganz bestimmten* Leviathan dieser Art erinnern als der Christ, der diesen Abschnitt liest – nämlich Hobbes!

60 Vgl. was Gerhard Masur über Toynbee schreibt: »Toynbee ist immer noch der Meinung, daß das Prinzip von Herausforderung und Antwort ein magischer Schlüssel zu dem Warum und Wie menschlicher Kreativität darstellt. Aber handelt es sich dabei nicht um wenig mehr als ein formales Prinzip, wie Hegels Dialektik, das uns keinen Leitfaden der Interpretation liefern kann?« (Rezension von *A Study of History*, Bd. XII in *American Historical Review*, LXVII (Oktober 1961), 79)

61 Der kanadische Philosoph George P. Grant schreibt: »Worauf bestanden werden muß, ist die Tatsache, daß der Geist des Fortschritts seinen Fortschritt und Ursprung in der jüdisch-christlichen Geschichtsschau findet.« (*Philosophy in the Mass Age* (Vancouver: Copp Clark 1959), S. 49. Vgl. John Baillie, *The Belief in Progress* (London: Oxford University Press 1950), passim »Heroisches Ringen mit der langen Saga des Menschen« (»Heroically Grappling with Man's Long Saga«), (*New York Herald Tribune Books,* 11. August 1963, S. 3).

62 RW, S. 339–340.

63 The Shape of the Past, S. 42.

64 Vgl. PF, S. 212. Stringfellow Barr gibt seiner Rezension von RW die geeignete

Überschrift: *Heroically Grappling with Man's Long Saga (New York Herald Tribune Books,* 11. August 1963, S. 3)

65 RW, S. 807.

66 Das gleiche Problem unbegründeter Werte beeinträchtigt E. H. Carrs Geschichtshilosophie, wie sie in seinen »Trevelyan lectures« dargestellt wird (*What is History?,* London: Macmillan 1961); Boyd C. Shafer schreibt über Carrs Ansatz – und was er sagt, gilt fast genausogut für McNeill: »Carr ist überzeugend. Während man ihn liest, stimmt man mit ihm schnell und einfach überein. Später, wenn man nüchtern noch einmal darüber nachdenkt, fragt man sich nach dem ›Sinn‹, der ›Richtung‹, wessen ›Richtungssinn‹ des historischen Vorgangs? Der von Marx oder Wells, Hitler oder Churchill, Ghandi oder Toynbee, Mao Tse-tung oder Chruschtschow, Nehru oder Kennedy, oder der des aufgeklärten, liberalen, hoffnungsvollen Professors am Trinity College (d. h. Carr selbst)?« (Rezension von *What is History?* in *American Historical Review,* LXVII, April 1962, S. 676 f.).

67 Kommt in dieser krassen Auslassung wie in dem ziemlich naiven praktischen Relativismus, der für seine Schriften charakteristisch ist, nicht McNeills typisch amerikanischer Pragmatismus zum Ausdruck – die amerikanische Ungeduld mit »theoretischen« Problemen – die sein Kollege Daniel Boorstin so gut beschrieben hat; siehe Boorstin, *The Americans: The Colonial Experience* (New York: Random House, 1958) und *The Genius of American Politics* (Chicago: University of Chicago Press Phoenix Books 1953).

68 PF, S. 110.

69 a. a O., S. 174 f. McNeill fügt jedoch sofort hinzu – gemäß seiner persönlichen Lebensauffassung: »Ich stelle mir nicht vor, daß Religion allein dazu ausreichen würde, der Menschheit eine moralische Vernunft wiederzugeben.«

70 So argumentiert Ethelbert Stauffer sehr gut in *Christ and the Caesars,* übers. von K. u. R. Gregor Smith (Philadelphia: Westminster Press, 1955), S. 296 und passim.

71 M. I. Finley ist der keineswegs unvernünftigen Meinung, daß die Darstellung »westlicher Macht« während der Nazi-Zeit »den Optimismus seiner (McNeills) Vision und die Eleganz seiner evolutionistischen Struktur« sichtbar macht. (*New York Review of Books,* 17. Oktober 1963, S. 5).

72 Apg. 1, 10–11: »Und als sie (die Apostel) ihm (Jesus) nachsahen, wie er gen Himmel fuhr, siehe, da standen bei ihnen zwei Männer in weißen Kleidern, welche auch sagten: Ihr Männer von Galiläa, was stehet ihr und sehet gen Himmel? Dieser Jesus, welcher von euch ist aufgenommen gen Himmel, wird so kommen, wie ihr ihn habt gen Himmel fahren sehen.« Wie Carter Jefferson ganz richtig bemerkte: »McNeill hat die apokalyptische Vision vermieden, die so oft ein Merkmal einer ›Universalgeschichte‹ ist« (*Chicago Sunday Tribune Magazine of Books,* 8. September 1963, S. 2); obwohl das hinsichtlich säkularer Apokalyptiken durchaus empfehlenswert ist, verbleibt ihm damit eine verstümmelte historische Vision; was ihm fehlt, kann nur durch die christliche Hoffnung ersetzt werden. Diese und allgemeine axiologische Fragen werden in Kapitel 1 dieses Buches diskutiert.

73 Ein konkretes Beispiel der Bedeutung von McNeills universaler Perspektive für die christliche Geschichtsinterpretation wird von Stringfellow Barr erwähnt, der bemerkt, daß der gegenwärtige planetare »Schmelztopf« der Kulturen, der in RW geschildert wird, direkt mit dem gemeinsamen Selbstbewußtsein der Völker in Beziehung gesetzt werden kann, die der verstorbene christliche Denker Teilhard de Chardin als »Noosphäre« bezeichnet hat (*New York Herald Tribune Books,* 11. August 1963, S. 3).

74 Stavrianos hat völlig unrecht, wenn er behauptet, eine »global orientierte Ge-

schichte« wie die von McNeill »stellt eine Rückkehr zur historiographischen Tradition der Aufklärung dar, als der Gedanke einer Universalgeschichte mit den vorherrschenden Fortschrittsvorstellungen zusammenpaßte. Zuvor wurden westliche Historiker dadurch beeinträchtigt, daß sie alle historischen Ereignisse in einen strengen biblischen Zusammenhang einpassen mußten« (American Historical Review, LXIX [April 1964] S. 713). In Wirklichkeit ist der universale biblische Bezugsrahmen der mittelalterlichen Kirche die wahre Quelle globaler Geschichte, und die Aufklärung, mit ihrer Betonung unveränderlicher Vernunft, war eine besonders unhistorische Zeit (vgl. *Shape of the Past*, S. 48, 66–70).

Anmerkungen zu Kapitel 5

1 Die protestantische Theologie im 19. Jahrhundert (New York: Harper & Row, 1959).
2 Church Dogmatics, IV/1, S. 505–508.
3 Psalm 24, 1; ebenso Exodus 9, 29, Deuterokomium 10, 14; I. Korinther 10/26.
4 Institutes, IV xx, 30–31.
5 Siehe Hegels Lectures on the Philosophy of History, und Jean Hyppolite, Introduction à la philosophie de l'histoire de Hegel (Paris: Marcel Riviere, 1948).
6 Vgl. Donald C. Masters, The Christian Idea of History (Waterloo, Ontario: Waterloo Lutheran University, 1962), S. 19–21.
7 Burckhardt, Briefe, Ed. F. Kaphahn (Leipzig, 1935), Korrespondenz mit F. von Preen.
8 Vgl. Gertrude Himmelfarb, Lord Acton: A Study in Conscience and Politics (Chicago: University of Chicago Press, Phoenix Books, 1962), S. 161 ff.
9 Shailer Mathews, The Spiritual Interpretation of History (4. Auflage; Cambridge, Mass.: Harvard University Press, 1920), S. 216.
10 Siehe Natural Theology: Comprising »Nature and Grace« von Professor Dr. Emil Brunner und the Reply »No!« by Dr. Karl Barth, trans. Peter Fraenkel (London: Geoffrey Bles, Ltd., 1946).
11 Elert's The Structure of Lutheranism, Bd. I, trans. W. A. Hansen (St. Louis, Mo.: Concordia Publishing House, 1962), S. xxiii and passim.
12 Emil Brunner, The Divine Imperative, trans. Olive Wyon (Philadelphia: The Westminster Press, 1947).
13 Werner Elert, The Christian Ethos, trans. C. J. Schindler (Philadelphia: Muhlenberg Press, 1957).
14 Ich versuche eine solche Interpretation in meiner Serie »History in Christians Perspective« zu erstellen. Der erste Band ist bereits unter dem Titel erschienen: *The Shape of the Past: An Introduction to Philosophical Historiography* (Ann Arbor, Mich.: Edwards Bros., 1962).
15 Barth, The Epistel to the Romans, trans. E. C. Hoskyns (London: Oxford University Press, 1933), S. 171.
16 Church Dogmatics, I/1, S. 44.
17 Ibid., S. 373.
18 Vgl. Gustaf Wingren, Theology in Conflict: Nagren – Barth – Bultmann, trans. E. H. Wahlstrom (Philadelphia: Muhlenberg Press, 1958), S. 137 ff.
19 Cornelius Van Til, Christianity and Barthianism (Grand Rapids, Mich.: Baker Book House, 1962), S. 444–445.
20 Edward John Carnell, »Barth As Inconsistent Evangelical«, Christian Century, LXXIX (6. Juni 1962), 714.

21 »Some Comments on Paul's Use of Genesis in his Epistel to the Romans«, Evangelical Theological Society Bulletin, IV (April, 1961), 4–11.

22 Wingren, op. cit., S. 117 ff. Cf. my report, »Barth in Chicago: Kerygmatic Strength and Epistemological Weakness«, Dialog, A Journal of Theology, I (Autumn, 1962), 56–57.

23 Über Barths anti- und metahistorische Tendenzen siehe Köhler's *Historie und Metahistorie in der Kirchengeschichte* (1930) und Robert P. Lightner, *Neo-evangelicalism* (Findlay, Ohio: Dunham 1961, S. 117).

24 Herbert Butterfield, Christianity and History (London: Collins Fontana Books, 1957), S. 168.

25 Barth, Anselm: Fides Quaerens Intellectum; Anselm's Proof of the Existence of God in the Context of his Theological Scheme, trans. I. W. Roberseon (Richmond, Va.: John Knox Press, 1960), S. 170.

26 Über Bultmanns »Zirkularitätsprinzip«, siehe Armin Henry Limper »Hermeneutics and Eschatology: Rudolf Bultmanns Interpretation of John«, Kap. 13–17 (unveröffentlichte Dissertation, University of Chicago, 1960).

27 Rudolf Bultmann, The Presence of Eternity: History and Eschatology; the Gifford Lectures 1955 (New York: Harper & Row, Inc., 1957), S. 155.

28 Rudolf Bultmann, Das Verhältnis der unchristlichen Christusbotschaft zum historischen Jesus (2. Aufl.; Heidelberg: Carl Winter, 1961), S. 27.

29 Vgl. Andrew Dickson White's A History of the Warfare of Science with Theology in Christendom (New York: Dover Publications, Inc., 1960).

30 Natural Theology (op. cit.), S. 127.

31 Barth, Anselm, S. 71.

32 The American Scholar, XXX (Sommer 1961), 377.

33 Contemporary Evangelical Thought, ed. Carl F. H. Henry (Great Neck, N. Y.: Channel Press, 1957), S. 315.

34 Bernard Ramm, Special Revelation and the Word of God (Grand Rapids, Mich.: Wm. B. Eerdmans, 1961), S. 98.

35 Ibid., S. 97.

36 E. Harris Harbison, Review of The Meaning and Matter of History: A Christian View by M. C. D'Arcy, History and Theory, I (1960), 86–89.

37 Ramm, op. cit., S. 99.

38 Ibid. Siehe auch Ramm's The Witness of the Spirit (Grand Rapids, Mich.: Eerdmans, 1960), passim.

39 George Eldon Ladd, »The Resurrection and History«, Dialog, I (Herbst 1962), 55–56.

40 Vgl. die parallele Unterscheidung zwischen der wahrhaft naturwissenschaftlichen Methode und naturwissenschaftlichem Positivismus (vgl. *Shape of the Past*, . 141, 265–268).

41 Ramm, Special Revelation and the Word of God, loc. cit.

42 Thucydides, History of the Peloponnesian War, trans. Rex Warner (Harmondsworth, England: Penguin Books, 1954), S. 118, 121.

Anmerkungen zu Kapitel 6

1 Folgende sind beachtenswert: (1) James Luther Adams, »Tillich's Interpretation of History«, in Charles W. Kegley and Robert W. Bretall (eds.), The Theology of Paul Tillich (New York: The Mcmillan Company, 1952), S. 294–309 (with Til-

lich's reply to Adams and to other critics of his historical position, S. 345–348); 2) John W. Sanderson, Jr., »Historical Fact or Symbol? The Philosphies of History of Paul Tillich and Reinhold Niebuhr«, Westminster Theological Journal, XX (May, 1958), 158–69, and XXI (November 1958), 58–74; (3) William Wright »Paul Tillich's Interpretation of History« (Ann Arbor, Michigan: University Microfilms [AC–1 No. 59–3124], 1959; (4) George H. Tavard, Paul Tillich and the Christian Message (New York: Chas. Scribner's Sons, 1962), especially chap. v. (»Christology As History«), S. 82–112; (5) Robert D. Knudsen, »Symbol and Myth in Contemporary Theology, with Special Reference to the Thought of Paul Tillich, Reinhold Niebuhr, and Nicolas Berdyaev (Roslyn, Pa.: The Author, 1963), passim (mimeographed and stylistically revised version of the author's 1952 S. T. M. thesis submitted at Union Theological Seminary, New York); (6) J. Heywood Thomas, Paul Tillich: An Appraisal (»The Library of Philosophy and Theology«; London: SCM Press, 1963), especially chaps III (»Christology and Historical Criticism«), S. 78–90, and VII (»History and the Kingdom of God«), S. 150–171; (7) Avery R. Dulles, S. J., »Paul Tillich and the Bible«, in Thomas A. O'Meara and Celestin D. Weisser (eds.), Paul Tillich in Catholic Thought (Dubuque, Iowa: Priory Press, 1964) S. 109–32 (with Tillich's reply as to the relation between the Jesus of history and the Christ of faith, S. 309–10); (8) James Luther Adams, Paul Tillich's Philosophy of Culture, Science, and Religion (New York: Harper, 1965), passim; and (9) Bruce J. R. Cameron, »The Historical Problem in Paul Tillich's Christology«, Scottish Journal of Theology, OVIII (September, 1965), 257–272.

2 Mircea Eliade, »Paul Tillich and the History of Religions«, in The Future of Religions von Paul Tillich (New York: Harper & Row, 1966), S. 35–36.

3 E. g. Arthur C. Danto, Analytical Philosophy of History (Cambridge: Cambridge University Press, 1965).

4 Vgl. Karl Hennig, »Paul Tillich: Leben und Werk«, in Der Spannungsbogen. Festgabe für Paul Tillich zum 75. Geburtstag (Stuttgart: Evangelisches Verlagswerk, 1961), S. 171 ff.

5 Paul Tillich, The Interpretations of History, trans. Rasetzki and Talmey (New York: Scribner, 1936);

6 Über das »Grenz«motiv in Tillich Denken siehe Helmut Thielicke, »Paul Tillich – Wanderer zwischen zwei Welten«, in Der Spannungsbogen, S. 9–24.

7 Paul Tillich, Auf der Grenze, Siebenstern, Hamburg 1964, S. 47 f.

8 Eine Diskussion und schematische Diagrammdarstellung von Tillichs Theonomie – Heteronomie – Autonomie-Anschauung befindet sich in meinem Buch The Shape of the Past, S. 127–131.

9 Vgl. Tillich »A History of Christian Thought: A Stenographic Transcription of Lectures Delivered during the Spring Term, 1953 at Union Theological Seminary«, herausgegeben von Peter H. John, S. 234–241 (»Diese Vorlesungen sind für den privaten Gebrauch von gegenwärtigen und ehemaligen Studenten von Dr. Tillich bestimmt und dürfen ohne seine Erlaubnis nicht in zur Veröffentlichung bestimmten Arbeiten zitiert werden« – aus dem Vorwort.)

10 Montgomery, a. a O., S. 135–136; ich beschäftige mich mit Voegelin im Detail auf S. 131 ff.

11 Siehe Anmerkung 5.

12 Vgl. Hanns Lilje, »Paul Tillichs Bedeutung für das amerikanische Geistesleben«, in Der Spannungsbogen, S. 149–169.

13 Tillich, in Harold E. Fey (ed.), How My Mind Has Changed (New York: Meridian Living Age Books, 1961), S. 165–66).

14 Vgl. Bultmanns charakteristische Feststellung am Ende seiner Gifford-Vorlesun-

gen: »Der Sinn der Geschichte liegt stets in deiner Gegenwart.« *The Presence of Eternity: History and Eschatology* (New York: Harper & Row, 1957), S. 155.

15 *How My Mind Has Changed*, S. 165. Vgl. Tillichs äußerst wertvollen Essay: »Existential Philosophy: Its Historical Meaning«, in seiner *Theology of Culture*, herausgegeben von Robert C. Kimball (New York: Oxford University Press, 1959), S. 76–111.

16 Auf der Grenze, S. 25.

17 »Der Gott, der *ein* Wesen ist, wird von dem Gott transzendiert, der das Sein selbst ist, der Grund und Abgrund eines jeden Seins.« Tillich, *Biblical Religion and the Search for Ultimate Reality* (Chicago: University of Chicago Press 1955), S. 82.

18 Siehe Tillich's Essays, »The Meaning and Justification of Religious Symbols« and »The Religious Symbol« in Sidney Hook (ed.), Religious Experience and Truth (New York: New York University Press, 1961), S. 3–11, 301–321.

19 Tillich, »Where Do We Go from Here in Theology?«, Religion in Life, Winter 1955–1956.

20 Thomas, op cit., S. 140.

21 a. a. O, S. 140–141. Tillich behandelt die »latente Kirche« in Verbindung mit verschiedenen Themen, die im dritten Band seiner *Systematic Theology* behandelt werden.

22 The Interpretation of History, S. 33.

23 Systematic Theology (3 vols.; Chicago: University of Chicago Press, 1951–1963), II, 113.

24 Tillich, »Foreword« to Martin Kähler, The So-Called Historical Jesus and the Historic, Biblical Christ, trans. Carl E. Braaten (Philadelphia: Fortress Press, 1964), S. xii. Deutsche Ausgabe: Der sog. historische Jesus und der geschichtliche, biblische Christus. Theolog. Bücherei, Bd. 2, Kaiser, München, 1967.

25 Vgl. Tillichs Artikel, »Kairos«, in Halverson and Cohen (eds.); A Handbook of Christian Theology (New York: Meridian Living Age Books, 1958), S. 196–197.

26 Tillich: Love, Power, and Justice (New York: Oxford University Press, 1954), passim.

27 Tillich, Dynamics of Faith (New York: Harper Torchbooks, 1958), S. 97–98.

28 Tillich, Systematic Theology III, S. 349.

29 Ich habe mich mit der Frage des »theologischen Kreises« en detail in meinem Aufsatz »Lutheran Hermeneutics and Hermeneutics« beschäftigt. Veröffentlicht in *Aspects of Biblical Hermeneutics* (»Concordia Theological Monthly. Occasional Papers« Nr. 1, St. Louis, Missouri 1966), S. 78–108.

30 Tillich, Systematic Theology, loc. cit.

31 Alexander J. McKelway, The Systematic Theology of Paul Tillich (Richmond, Virginia: John Knox Press, 1964), S. 249.

32 »Absolute Urteile über endliche Wesen... sind unmöglich, denn sie machen das Endliche unendlich« (Tillich, *Systematic Theology*, III, 407).

33 McKelway, op. cit., S. 245, n. 11.

34 Tillich, *Systematic Theology*. Bezüglich des profunden Einflusses von Schellings *Lebensphilosophie* auf Tillichs Denken, siehe John H. Randall Jr., »Tilliches Systematic Theology, vol. III«, *Union Seminary Quarterly Review*, XIX (Mai 1964), 356 ff.

35 Siehe Tillich, *Systematic Theology*, III, 420.

36 wie z. B. in meinem Buch *Shape in the Past* dargestellt.

37 Tillich, »The Decline and the Validity of the Idea of Progress«. In seine *The Future of Religions*, S. 79. Vgl. Tillichs Thema des »ewigen Jetzt«, der Titel einer

seiner wichtigen Predigten und von ihm als Titel für die gesamte Sammlung von Predigten, in der diese Predigt enthalten ist, ausgesucht: *The Eternal Now* (New York: Charles Scribners Sons, 1963).

38 Zitiert aus Kenneth Hamilton, »Paul Tillich« in Philip Edgcumbe Hughes (ed.), *Creative Minds in Contemporary Theology* (Grand Rapids, Michigan: Eerdmans 1966), S. 478. Vgl. auch Hamilton, *The System and the Gospel: A Critique of Paul Tillich* (»The Library of Philosphy and Theology«; London SCM Press, 1963).

39 Siehe Tillichs *Systematic Theology*, III, 363. Über das dialektische Konzept der »Suprageschichte« (»Metahistorie«) siehe Kapitel 5.

40 Siehe zum Beispiel seinen Aufsatz aus dem Jahre 1939: »Historical and Nonhistorical Interpretations of History: A Comparyosn« in seinem Buch *The Protestant Era* übers. von James Luther Adams (Chicago: University of Chicago Press 1948), S. 16–31.

41 How My Mind Has Changed, S. 161.

42 Ibid., S. 163–164.

43 Christianity and the Encounter of the World Religions (New York' Columbia University Press, 1963).

44 Takeuchi, »Buddhism and Existentialism: The Dialogue between Oriental and Occidental Thought«, in Walter Leibrecht (ed.), Religion and Culture: Essays in Honor of Paul Tillich (New York: Harper & Row, Inc., 1959), S. 291–318.

45 Eliade, in Tillich's The Future of Religions, S. 32.

46 Ibid., S. 34.

47 Tillich, »The Significance of the History of Religions for the Systematic Theologian«, in his The Future of Religions, S. 87–88, 91.

48 Robert P. Scharlemann, »After Tillich, What?« The Christian Century LXXXII (December 1, 1965), 1480. Charlemann's muddy neo-Tillichian Thinking has been scored by John Hick in an exchange in Theology Today, XXII (January 1966), 513–529; XXIII (April, 1966), 139–140.

49 Altizer, in The Christian Scholar, XLVI (Winter, 1963), 362. Cf. my book, The 'Is God Dead?' (Grand Rapids, Michigan: Zondervan Publishing House, 1966), S. 23–24 and passim.

50 So berichtet Dr. Jürgen Winterhager, Professor an der Kirchlichen Hochschule Berlin.

51 Vgl. Tillichs Rede, »Our Ultimate Concern«, in his The New Being (New York: Scribner, 1955), S. 152–160; and D. Mackenzie Brown (ed.), Ultimate Concern: Tillich in Dialogue (New York: Harper & Row, Inc., 1965), passim.

52 Franz Pieper, Christian Dogmatics, trans. and eds. T. Engelder, J. T. Müller, and W. W. F. Albrecht (4 Vols.; St. Louis, Missouri: Concordia Publishing House, 1950–1957), II, 557.

53 »Es kann keinen Zweifel darüber geben, daß jede konkrete Aussage über Gott symbolisch sein muß, denn eine konkrete Aussage gebraucht einen Ausschnitt der endlichen Erfahrung, um etwas über ihn zu sagen.« (Tillich, Systematische Theologie)

54 This point has been made by a number of Tillich's critics in the symposium edited by Sidney Hook (op. cit.).

55 Willard von Orman Quine, »On What There Is«, in his From a Logical Point of View (2d ed.; New York: Harper Torchbooks, 1963), S. 1.

56 Paul Edwards, »Professor Tillich's Confusions«, Mind. LXXIV (April, 1965), 197 (Edwards' italics).

57 Siehe Montgomery, *Shape of the Past*, S. 67–68, 70–71; und vgl. Tillichs eigene Bemerkungen in *How my Mind Has Changed*. Es bedarf keines besonderen

Hinweises, daß trotz alledem Tillich kein orthodoxer Kantianer oder Hegelianer war (vgl. *The Future of Religions*, S. 85 f.).

58 Tillichs folgende Bemerkung ist nicht nur vom humoristischen Standpunkt aus von Interesse: »Ich sagte einmal zu einem logischen Positivisten, ich hätte es gern, wenn er meine Vorlesungen besuchen und seinen Finger heben würde, sobald irgend etwas gesagt wird, dem es an Rationalität mangelt. Er antwortete, daß er diese Aufgabe nicht übernehmen könne, denn dann müßte er während der ganzen Vorlesung seinen Finger hochhalten« (*The Theology of Paul Tillich*, herausgegeben von Kegley und Bretall, S. 330.)

59 Tillichs Unfähigkeit, diese wesentliche Tatsache zu begreifen, wurde in einem Interview ganz deutlich, das er kurz vor seinem Tode Ved Mehta gab. Mehta »Ich fragte Tillich, ob ... er glaubte, daß, Christus tatsächlich Wunder vollbrachte oder ob er glaubte, die Wunder seien im Bultmannschen Sinn ›mythologisch‹.« »Ich glaube, daß es für einige seiner Heilungen sehr gutes Beweismaterial gibt«, sagte er (Tillich) gelassen. »Aber in der Geschichte gibt es natürlich für nichts wirklich definitives Beweismaterial« (Ved Mehta, »The New Theologian I«, *The New Yorker* XLI (13. November 1965), 128.

60 Ian T. Ramsay, Christian Discourse: Some Logical Explorations (London: Oxford University Press, 1965), S. 23–24.

61 Das ist Alan Richardsons Hauptkritik an Tillichs Geschichtstheologie; siehe Richardson, *History Sacred and Profane; Bampton Lectures for 1962* (London.: SCM Press 1964), S. 127–131.

62 Siehe Kapitel 8. Argues George H. Tavard (a. a. O., S. 111–112) schreibt: »Tillich hat recht, wenn er den Versuchen der Historiker, die Geschichte von Jesus neu zu schreiben, skeptisch begegnet – aber aus dem falschen Grund. Historiker können die Geschichte nicht neu schreiben, weil sie bereits geschrieben worden ist: der historische Wert des Neuen Testaments ist klar genug. Es ist Historikern nicht gelungen, seine Zuverlässigkeit unwahrscheinlich zu machen. Tillich ist bei seiner Kritik an der liberalen Theologie eben nicht radikal genug gewesen. Er hat nicht gesehen, daß es den Historikern, die an dem Wert der Berichte zweifeln, nicht gelungen ist, ihre Behauptung zu beweisen. Hier bleibt Paul Tillich ein Kind seiner Generation, ein Opfer des Historizismus des vergangenen Jahrhunderts.«

63 Siehe Montgomery, ›Is God Dead?‹ Controversy, S. 26.

64 Vgl. James McCords Meinung, die in *Time*, 5. August 1966, S. 69 f. zitiert wurde: »...wir stehen auf der Schwelle einer ganz neuen Ära in der Theologie«, die sich durch die Betonung des Heiligen Geistes auszeichnet – dem »Gott im Heute«.

65 Herbert Butterfield, Christianity and History (London: Collins Fontana Books, 1957), S. 168.

66 Siehe Kapitel 1.

67 Danto, op. cit., S. 12.

68 »Der Sinn der Welt muß außerhalb ihrer liegen« (Wittgenstein, Tractatus Logico-Philosophicus, S. 41).

Anmerkungen zu Kapitel 7

1 Vgl. John Warwick Montgomery, The Shape of the Past: An Introduction to Philosophical Historiography (»History in Christian Perspective«, Bd. I; Ann Arbor, Michigan: Edwards Brothers, 1963), S. 68–70, 187–216.

2 Herbert Butterfield, Christianity and History (London: Collins Fontana Books, 1957), S. 168.

3 Wir werden in diesem Kapitel nicht versuchen, die strittige Frage zu beantworten, ob Professor Clark tatsächlich dem Calivinismus treu ist. Offensichtlich hängt das von der Definition des Calvinismus ab (Calvins Anschauung oder die Anschauungen von bestimmten calvinistischen Konfessionen oder die Anschauungen der Theologen der calvinistischen Orthodoxie des 17. Jahrhunderts) und von der Exegese von Calvins *Institutes* und seinen anderen Schriften. Da es sich hier weder um mein Spezialgebiet noch um meine bekenntnismäßige Überzeugung handelt, überlasse ich das Schlachtfeld anderen – wobei ich jedoch ganz offen gestehen will, daß ich hoffe, Calvinisten wie J. Oliver Buswell jr. werden ihre Meinung aufrechterhalten können, daß Calvin weniger axiomatisch, souveränitätsorientiert und doppel-prädestinationsorientiert war, als es Cornelius Van Til und Prof. Clark gewesen zu sein scheinen (siehe Anmerkung 28 in diesem Kapitel).

4 A Christian View of Men and Things (Grand Rapids, Mich.: WM. B. Eerdmans, 1952).

5 Arthur C. Danto, Analytical Philosophy of History (Cambridge, England: Cambridge University Press, 1965), Kapitel 1 and passim.

6 Nash schreibt von Clark, Henry und Carnell: »Diese Männer sind in gewissem Sinne ›Neu-Augustinianer‹« Ronald H. Nash, *The New Evangelicalism,* (Grand Rapids, Michigan: Zondervan 1963), S. 117. Der Vergleichspunkt hier ist Augustinus' berühmtes (obwohl zweideutiges) erkenntnis-theoretisches Prinzip, *Credo ut intellegam.*

7 Clark, »Apologetics«, in *Conterporary Evangelical Thought,* herausgegeben von Carl F. Henry (Great Neck, New York, Channel Press 1957), S. 143. Auf der gleichen Seite gibt Clark eine kurze Zusammenfassung von dem Kapitel über Geschichtsphilosphie in seinem Buch *A Christian View of Men and Things.*

8 Clark, A Christian View of Men and Things, op. cit., S. 85.

9 Clark, »Augustine of Hippo«, The Encyclopedia of Christianity, I, ed. Edwin H. Palmer (Wilmington, Delaware: National Foundation for Christian Education, 1964), 941.

10 Ibid., S. 492.

11 A Christian View of Men and Things, S. 89–92.

12 Ibid., S. 56–57.

13 Ibid., S. 92–93.

14 Ibid., S. 324–325.

15 Clark wird sich zweifelsohne mit diesem Thema in seinem Werk über Geschichtsphilosophie beschäftigen. Vgl. auch Kapitel 5.

16 Clark, Karl Barth's Theological Method (Philadelphia: Presbyterian and Reformed Publishing Co., 1963), S. 169–170.

17 Ibid., S. 23.

18 A. a. O., S. 183. Wir werden bald sehen, wie sehr sich Prof. Clark für das philosophische und theologische Problem der Zeit interessiert.

19 Karl Barth's Theological Method, S. 183–184.

20 Jesus of Nazareth: Saviour and Lord (Grand Rapids, Mich.: Wm. B. Eerdmans, 1966).

21 Die beste Analyse von Cullmanns Denken, die bis jetzt veröffentlicht worden ist, ist das Buch von dem Katholiken Jean Frisque, *Oscar Cullmann: Une théologie de l'histoire du salut* (Tournai, Caterman 1960). Der deutsche Leser sei hingewiesen auf das Werk: Neues Testament und Geschichte. Historisches Geschehen und Deutung im NT. Oscar Cullmann zum 70. Geburtstag. Hg. v. H. Baltensweiler, Mohr, Tübingen 1972. Hoffentlich wird Clarks Arbeit über Cullmann von seinen Erkenntnissen profitieren. Vgl. John Warwick Montgomery, »Lu-

theran Hermeneutics and Hermeneutics Today«, in *Chrisis in Lutheran Theology* (2 Bände, Grand Repids, Michigan: Baker Book House, 1967).

22 Clark, »Cosmic Time: A Critique of the Concept in Herman Dooyeweerd«, The Gordon Review, II (September, 1956), 98–99.

23 Clark, »The Theory of Time in Plotinus«, Philosophical Review, LIII (July, 1944), 337–358.

24 Vgl. Clarks kurze Erörterung von Augustins Zeitkonzept in *The Encyclopedia of Christianity*, I, 492.

25 Obwohl Clark, als typischer Calvinist, nicht sehr tief in die Beziehungen zwischen Zeit und *Erlösung* eindringt. Bezüglich der Möglichkeiten, die in diesem Bereich existieren, siehe das Konzept der »Koinhärenz« des anglikanischen Laientheologen und Autors Charles Williams (vgl. *Shape of the Past*, S. 150–151).

26 Clark, »Determinism and Responsibility«, Evangelical Quarterly, IV (January, 1932), 13–23.

27 Bezüglich der Gedanken Calvins hierüber vgl. *Shape of the Past*, S. 52.

28 Glaubte Calvin selbst an die Lehre der doppelten Prädestination, oder wurde sie erst später in calvinistische Orthodoxie eingeführt? Buswell ist überzeugt, daß Calvin nicht an doppelte Prädestination glaubte, und ich würde seine Ansicht gerne teilen; manche Abschnitte in Calvins Schriften scheinen jedoch mit nichts anderem als einer Anschauung der Doppelprädestination vereinbar zu sein (siehe insbesondere Calvins *Institutio*).

29 Eine ausführliche Diskussion dieser Frage befindet sich in meinem Artikel gegen axiomatische und fideistische Apologetik: »The Place of Reason«, *His* (Inter-Varsity Fellowship), XXVI (Februar 1966), 8–12 (March 1966), 13–16, 21.

30 Rudolf Bultmann, The Presence of Eternity: History and Eschatology; the Gifford Lectures 1955 (New York: Harper & Row, 1957), S. 155. Cf. The Shape of the Past, S. 120–122.

31 Raymond Aron, Introduction to the Philosophy of History, trans. George J. Irwin (London: Weidenfeld and Nicolson, 1961), S. 344. Cf. Shape of the Past, S. 94–95.

32 Siehe die Zitate, die den Anmerkungen 13 und 14 entsprechen.

33 An dieser Stelle fügt Clark den Abschnitt aus *Christian View of Men and Things* über »Fortschritt« als Anhang ein, »zum Teil rekonstruiert und zum Teil wörtlich zitiert«.

34 Aus einem Aritkel, der in diesem Buch als Nachwort abgedruckt wird.

35 Dies läßt sich sehr gut an der Geschichtsphilosophie des allgemeinen Historikers von der University Chicago, W. H. McNeill sehen. Siehe Kapitel 4.

36 Siehe Danto's Analytical Philosophy of History, passim (cited above in note 5).

37 Man bemerke die direkte Relevanz von Barzuns Argument für apologetische Probleme, wie die Zuverlässigkeit der neutestamentlichen Berichte vom Leben Jesu, seine Wundertaten mit eingeschlossen.

38 Über das Wesen empirischer Theorienaufstellung und ihrer Beziehung zur theologischen Methode vgl. meinen Aufsatz The Theologian's Craft: A Discussion of Theory Formation and Theory Testing in Theology« *Journal of the American Scientific Affiliation*, XVIII (September 1966), 65–77, 92–95.

39 Max Blanck, Models and Metaphors (Ithaca, New York: Cornell University Press, 1962), S. 169.

40 Siehe Kapitel 2 und 3. Um Prof. Clark gegenüber fair zu bleiben, sollte noch erwähnt werden, daß er vor mehr als einem Vierteljahrhundert, bevor er seinen erkenntnis-theoretischen Ansatz konsistent auch auf naturwissenschaftlichen Operationalismus und die Argumente der historischen Relativisten ausdehnte, selbst der Meinung war, daß es für eine effektive christliche Apologetik für biblische

Wunder von grundlegender Bedeutung sei, daß man an dem Konzept der historischen Objektivität festhält. »Der religiöse Denker, wenn er ein bestimmtes physikalisches Gesetz wählt, oder vor allem, wenn er eine grundlegende Weltanschauung wählt, sollte zuerst die Geschichte befragen, und nachdem er anhand des historischen Beweismaterials entschieden hat, was sich ereignet hat, sollte er dann seine Gesetze innerhalb der Grenzen historischer Tatsächlichkeit wählen. Der nichtchristliche Denker, dem es darum geht, die Möglichkeit von Wundern zu widerlegen, wendet die genau umgekehrte Methode an. Er wählt seine Gesetze unabhängig von historischen Grenzen und versucht dann die Geschichte neu zu schreiben, um sie seinem Gesetz anzupassen. Aber sicherlich ist diese Methode nicht nur die Umkehrung eines rationalen Vorgehens« (Clark, »Miracles, History, Natural Law«, *Evangelical Quarterly*, XII January 1940, 34). Hätte Prof. Clark mit dieser großartigen Erkenntnis weiter gearbeitet, hätte sie ihn sicherlich zu einer objektiv-empirischen Geschichtsphilosophie geführt.

41 J. W. N. Watkins, »Philosophy of History: Publication in English«, in La Philosophie au milieu du vingtième siècle, ed. Raymond Klibansky (4 vols., 2d ed.; Firenze, 1961–1962), III, 174.

42 In Philosophy, XXXIII (1958), 97–111, und in Philosophical Analysis and History, ed. William H. Dray (New York: Harper & Row, 1966), S. 75–94.

43 Op. cit. S. 152.

44 Danto, op. cit., Kapitel 3, S. 27–33.

45 Nash, op. cit., (in not 6 above), Kapitel 8–9, S. 111–143.

46 Contemporary Evangelical Thought, S. 145, 152 (italics ours).

47 Clark, »The Theory of Time in Plotinus« (a. a. O. in Anmerkung 23 zu diesem Kapitel), S. 349: »Wie man erwarten konnte, ist Plotins positive Theorie der Zeit eine Konsequenz seiner grundlegenden Weltanschauung. Welche Kritik man auch an Plotin üben will, niemand kann leugnen, daß er einen hohen Grad an philosophischer Folgerichtigkeit erlangt, indem er detaillierte Probleme in enge Beziehung zu seinen Grundprinzipien setzte. Das trifft in einem solchen Maße zu, daß es unfair erscheint, seine Theorie der Zeit oder irgendeinen anderen untergeordneten Punkt durch Argumente zu kritisieren, die direkt aus den Phänomenen selbst erwachsen; man sollte, so scheint es, vielmehr prüfen, wie logisch diese Konsequenzen sich aus den Grundprinzipien ableiten lassen, und wenn sich ihre Herleitung als zufriedenstellend erweisen sollte, entweder diesen Konsequenzen zustimmen oder von einem hohen metaphysischen Standpunkt gegen diese Grundprinzipien argumentieren. Diese Methode, *die immer gültig ist,* scheint im Fall von Plotin besonders anwendbar zu sein...

48 Clark, Karl Barth's Theological Method, speziell Kapitel 4, S. 76–108.

49 Clark, in Contemporary Evangelical Thought, S. 156. vgl. ebenso Kapitel 4 von Karl Barth's Theological Method.

50 Clark, »Holy Scripture«, Evangelical Theological Society Bulletin, VI (Winter, 1963), 4.

51 Ist das die unveränderliche Funktion des *testimonium internum Spiritus sancti* im axiomatischen Calvinismus? Derartige beunruhigende Fragen drängen sich einem auf, besonders wenn man solche Werke wie Bernard Ramms *Witness of the Spirit* liest.

52 In Montgomery, *Shape of the Past,* besonders S. 138–145. Siehe auch Kapitel 1 dieses Buches.

53 Dies wird gut von Georg Henrik von Wright in seinem epochalen Werk *The Logical Problem of Induction* gezeigt.

54 George I. Mavrodes, »Revelation and Epistemology«, in The Philosophy of

Gordon Clark; Festschrift, ed. Ronald H. Nash (Philadelphia: Presbyterian and Reformed Publishing C., 1968), S. 227–256.

55 Das versucht Mavrodes in seinem Artikel »The Language of Revelation« zu zeigen, Journal of the *American Scientific Affiliation*, XVIII, Dezember 1966, (S. 103–107). Es ist unglaublich, daß Mavrodes sich nicht mit den Veröffentlichungen des Fachmanns für das Alte Testament James Barr bekannt gemacht hat, dessen Werk die Behauptung entschieden widerlegt hat, daß biblische Offenbarung in Begriffen der neuzeitlichen Trennung von »göttlichem Ereignis« und dem »menschlichen Wort« verstanden werden kann. Siehe Barr, *The Semantics of Biblical Language* (London: Oxford University Press 1961), und seine Inauguralansprache für Princeton, »Revelation throught History in the Old Testament and in Modern Theology«, *Interpretation*, XVII (April 1963), besonders 201–202, wo er ganz unverblümt sagt: »Gott kann spezifische verbale Botschaften Männern seiner Wahl mitteilen, wenn er will. Ohnedem, wenn wir hier der Schilderung des Alten Testaments von diesen Ereignissen folgen, hätte es keine Berufung Abrahams gegeben, keinen Exodus, keine Prophetie. Direkter Kommunikation zwischen Gott und Mensch steht genausogut das Recht zu, als Kern der Überlieferung bezeichnet zu werden wie der Offenbarung durch geschichtliche Ereignisse. Wenn wir darauf bestehen, daß diese direkte, spezifische Kommunikation der Offenbarung durch Ereignisse in der Geschichte untergeordnet werden müssen und als Interpretation der letzteren zu verstehen sind, so muß ich sagen, daß wir hiermit die Darstellung der Bibel von diesem Sachverhalt aufgeben.«

56 Somit wird das Problem des Kanons von Mavrodes gelöst. Es ist wahr, daß 2. Timotheus 3, 16 uns keine Liste biblischer Bücher gibt. Es ist gleichfalls wahr, daß Offenbarung 22, 18–19 nicht unbedingt etwas über andere biblische Schriften aussagt. Es ist auch richtig, daß wenige biblische Bücher die Autorität spezifischer anderer Bücher etablieren – oder ihre eigene. Aber all das geht an dem wahren Sachverhalt vorbei. Die hebräischen Schriften, die Christus gebrauchte (und ihre Zusammensetzung ist nicht unbekannt), behandelte er konsequent als Gottes Wort und sagte ausdrücklich, daß sie das Wort Gottes seien; er gab seinen Aposteln die Gabe der absoluten Erinnerung (Joh. 14, 26), unter deren Überwachung die neutestamentlichen Dokumente folglich geschrieben wurden (und die Apostelgeschichte, die von einem der Verfasser der Evangelien geschrieben wurde, bestätigt die Anerkennung von Paulus als einem echten Apostel durch die anderen Apostel). Argumentieren wir hier im Kreise, da das historische Beweismaterial für die Göttlichkeit Jesu in der Bibel selbst enthalten ist? Nein, denn die Göttlichkeit Jesu wird zunächst etabliert, indem die neutestamentlichen Dokumente wie alle anderen historischen Dokumente untersucht werden mit ihren Primärberichten von seiner Auferstehung (siehe Kapitel 2 und 3). *Nachdem* das getan ist (man achte auf die logische Reihenfolge), entdecken wir, daß eine der wichtigsten Implikationen der Gottessohnschaft Christi darin besteht, daß diese Dokumente selbst, zusammen mit den Schriften des Alten Testamentes, das Wort Gottes sind.

57 Ian T. Ramsay, Christian Discourse: Some Logical Explorations (London: Oxford University Press, 1965), S. 23–24. Siehe Kapitel 6.

1 In den USA ist das Buch mit dem Titel veröffentlich worden: *Philosophy of History: An Introduction* (rev. Ausg., New York: Harper & Row 1960).

2 Die dort gehaltenen Vorträge sind inzwischen veröffentlicht worden: Raymond Aron (Herausgb.), *L'histoire et ses interprétations; Entretiens autor de Arnold Toynbee.* (»Ecole Pratique des Hautes Etudes-Sorbonne. VIe Section: Sciences économiques et sociales. Congrès et colloques«, No. 3; Paris und Den Haag, 1961).

3 In John C. Rule, *Bibliography of Work in the Philosophy of History,* 1945–1957 (»History and Theory-Beihefte«, No. 1, Den Haag 1961) befindet sich eine Liste von insgesamt 794 Büchern und Zeitschriftenartikeln, die in den Jahren 1951–1957 veröffentlicht wurden. Veröffentlichungen, die Rule entgangen sind, werden in einem Anhang zu M. Nowicki, *Bibliography of Works in the Philosphy of History,* 1958–1961 (»History and Theory-Beihefte«, Nr. 3, Den Haag 1964) aufgeführt; von 1958 bis 1961 wurden im Durchschnitt 35 Bücher und 45 Zeitschriftenartikel alljährlich in den westlichen Sprachen gedruckt. Diese Zahlen, so hoch sie auch sein mögen, enthalten noch nicht die Schriften über »bestimmte wichtige Historiker wie Toynbee, für die besondere Bibliographien erstellt wurden«. Die Toynbee-Bibliographie (die 366 Veröffentlichungen aus den Jahren 1946–1960 enthält) ist in *History and Theory,* IV (1965), 212–233 erschienen.

4 Man beachte zum Beispiel die große Anzahl von Zeitschriftenartikeln *gegen* Toynbee, die in der Quartalsschrift *Historical Abstracts Bulletin* aufgeführt werden.

5 Raymond Aron, »Evidence and Inference in History«, in Daniel Lerner (ed.), Evidence and Inference; the Hayden Colloquium on Scientific Concept and Method (Glencoe, Ill.: Free Press, 1959), S. 46. Cf. my boll, The Shape of the Past: An Introduction to Philosophical Historiography (»History in Christian Perspective«, Vol. I; Ann Abor, Mich.: Edwards Brothers, 1963), passim.

6 Sedlmayer, Verlust der Mitte (Salzburg, 1948).

7 Helmut Thielicke, Nihilismus, trans. John W. Doberstein (New York: Harper & Row, 1951, 1962), S. 96–97.

8 Deutsche Ausgabe 1922, in den USA herausgegeben und gekürzt von Helmut Werner.

9 Robert Flint, *History of the Philosophy of History* (Edinburgh: 1893), S. 62. Flint, dessen Ruhm als Theologe hauptsächlich auf seinen Baird-Vorlesungen von 1876–1877 (*Theism* und *Anti-Theistic Theories*) basiert, bewies sein tiefes Verständnis der Geschichtsphilosophie in dem hier zitierten Werk, durch seine detaillierte *Philosophy of History in Europe* und seine Analyse des Denkens von Giambattiste Vico, (vgl. meinen Aufsatz »Vico and the Christian Faith« in *The Shape of the Past,* S. 187–216).

10 »Wanted: Christian Interpretation of History«, Titel eines Artikels von Peter e Jong in *Christianity Today,* IX (12. März 1965), 13–16. Eine wertvolle Orientierung bezüglich des Zustandes christlicher Geschichtsphilosophie ist Georges Florovskys Aufsatz: »The Predicament of the Christian Historian« in *Religion and Culture: Essays in Honor of Paul Tillich,* herausgegeben von Walter Leibrecht (New York: Harper & Row, 1959), S. 140–166 (mit einer Bibliographie auf S. 359–362).

11 Rudolf Bultmann, The Presence of Eternity: History and Eschatology; the Gifford Lectures 1955 (New York: Harper & Row, 1957), passim. Cf. Gordon H. Clark's essay, »Bultmann's Historiography«, in Jesus of Nazareth: Saviour

and Lord, ed. Carl F. Hö Henry (Grand Rapids, Mich.: Wm. B. Eerdmans, 1966).

12 Die letzten Abschnitte von Balthasars Theologie der Geschichte (2. Auflage, Einsiedeln 1959), tragen die Überschriften: »Christus, die Norm der Geschichte« und »Die Geschichte unter der Norm Christi«. Karl Barth hat in seinem Buch *The Humanity of God* den Jesuiten Balthasar als den scharfsinnigsten seiner Kritiker anerkannt. – Der deutsche Leser sei hingewiesen auf Balthasars Buch: *Das Ganze im Fragment, Aspekte der Geschichtstheologie* (Einsiedeln 1963).

13 Reinhold Niebuhr, *The Children of Light and the Children of Darkness; a Vindication of Democracy and a Critique of Its Traditional Defence* (New York: Charles Scribner's Aons, 1944), S. 188. Über Christus als Mittelpunkt der Geschichte siehe Adolf Köberles Aufsatz über dieses Thema (Kapitel 5 von *Jesus of Nazareth: Saviour and Lord*).

14 Carl E. Braaten and Roy A. Harrisville, (eds.), The Historical Jesus and the Kerygmatic Christ; Essays on the New Quest of the Historical Jesus (New York: Abingdon Press, 1964), S. 11.

15 Vgl. F. F. Bruce, The New Testament Documents; Are They Reliable? London: Inter-Varsity Fellowship, 1960).

16 Enrico Castelli, *Presupposti di una Teologia della Storia* (Milano 1952); im Französischen unter dem Titel *Les présupposés d'une théologie de l'histoire* (Paris 1954). Castelli, Professor an der Universität Rom, gibt hier eine anregende, wenn auch äußerst existentialistische Orientierung zu den grundlegenden Fragen der christlichen Geschichtsphilosophie.

17 Martin Kähler, Der sogenannte historische Jesus und der geschichtliche, biblische Christus, hrsg. von E. Wolf (2d ed.; München, 1956).

18 So wiederholt Ernst Wolf Kählers These (a. a. O., S. 8).

19 Bultmann, op. cit., S. 143.

20 Paul Tillich, »Existential Philosophy: Its Historical Meaning« in seinem Buch *Theology of Culture,* herausgegeben von Robert C. Kimball (New York: Oxford University Press, 1959), S. 92. Tillichs Aufsatz erschien zuerst in *Journal of the History of Ideas* im Januar 1944.

21 Bultmann, »Ist voraussetzungslose Exegese möglich?« *Theologische Zeitschrift,* XIII (1957), 409–417.

22 Über Bultmanns Zirkularitätsprinzip, vgl. Armin Henry Limper, »Hermeneutics and Eschatology: Rudolf Bultmanns Interpretation von Johannes, Kap. 13–17« (unveröffentlichte Dissertation, University of Chicago, 1960).

23 Bultmann, The Presence of Eternity, S. 155.

24 Siehe Ralph P. Martin's Essay, »Historical Survey of the ›New Quest‹ Debate«, in Jesus of Nazareth: Saviour and Lord.

25 Heinrich Ott, »What is Systematic Theology?« in James M. Robinson und John B. Cobb, jr. (Herausgeber), *The Later Heidegger and Theology* (»New Frontiers in Theology«, Bd. I, New York: Harper & Row 1963). S. 93. Otts Aufsatz erschien ursprünglich in der *Zeitschrift für Theologie und Kirche,* Beiheft 2 (1961), S. 19–46.

26 Dieser Aufsatz erschien in Braaten und Harrisville, a. a. O., der zitierte Satz befindet sich auf S. 196.

27 Hans-Georg Gadamer, *Wahrheit und Methode: Grundzüge einer philosophischen Hermeneutik* (Tübingen 1960), S. 355, zu Gadamers Platz in der »Neuen Suche«-Diskussion vgl. James Robinsons Artikel, »Hermeneutic since Barth«, der als Einführung zu dem Werk, das von Robinson und Cobb herausgegeben worden ist, dient: The New Hermeneutic »New Frontiers in Theology«, Bd 2; New York: Harper & Row, 1964, S. 69–77. Die beste Einführung in Diltheys Ge-

schichtsphilosophie in englischer Sprache ist H. P. Rickmans Anthologie:*Meaning in History: Wilhelm Dilthey's Thoughts on History and Society* (London: 1961).

28 Raymond Aron, *Introduction to the Philosophy of History*, übers. von George J. Irwin (London: Widenfeld und Nicholson, 1961), S. 86 ff., 334.

29 Heinrich Ott, *Die Frage nach dem historischen Jesus und die Ontologie der Geschichte* (Zürich 1960) (Vgl. Braaten und Harrisville, a. a. O., S. 148).

30 Jean-Paul Sartre, Existentialism and Human Emotions (New York: Philosophical Library, 1957). S. 13 (section trans. by Bernard Frechtman).

31 Vgl. Robinson, *The New Hermeneutic*, S. 70 f. Bultmanns Abhängigkeit von Dilthey bei seiner Ablehnung der Subjekt-Objekt-Unterscheidung geht aus Bultmanns Aufsatz über das Problem der Hermeneutik hervor, der zuerst in der *Zeitschrift für Theologie und Kirche*, XLVII (1950), 47–69 erschienen ist.

32 J. W. N. Watkins schreibt über die Unzulänglichkeit von pragmatischen Geschichtsphilosophien: »Es läßt sich durchaus etwas zugunsten von Pragmatismus sagen, aber die Geschichte ist gerade der Bereich, in dem er sich am wenigsten anwenden läßt. Geschichte bedeutet Rückblick, Pragmatismus ist der Blick nach vorn.« (»Philosophy of History: Publications in English«, in: *La Philosophie au milieu du vingtième ciècle*, herausgegeben von Raymond Klibansky, 4 Bände, 2. Ausgabe, Florenz 1962, III, 165).

33 Rudolf Carnap, »The Elimination of Metaphysics through Logical Analysis of Language«, in *Logical Positivism*, herausgegeben von A. J. Ayer (Glencoe, Ill., Free Press 1959), S. 69–73. Ursprünglich erschien Carnaps Aufsatz in Bd. II von *Erkenntnis* (1932).

34 Frederik Ferré, Language, Logic and God (New York: Harper & Row, 1961), S. 103. Cf. C. B. Martin, »A Religious Way of Knowing«, in New Essays in Philosophical Theology, edd. Antony Flew and Alasdair MacIntyre (London, 1955), S. 76–95.

35 Siehe Kapitel 5.

36 Georg Henrik von Wright, *The Logical Problem of Induction* (2. Ausg., Oxford: The Clarendon Press 1957), S. 157. Ich habe die Beziehung zwischen Induktion, Deduktion und der Aristotelischen Metaphysik in einem Vortrag dargestellt, der den Titel trägt: »The Theologian's Craft: A Discussion of Theory Formation and Theory Testing in Theology«, gehalten bei der 20th Annual Convention der American Scientific Affiliation, 24. August 1965 (veröffentlicht im *Concordia Theological Monthly*, XXXVII, Februar 1966).

37 Es ist fast eine Ironie, daß Bultmann gerade an dem haltlosesten Element des Historizismus festhält: der metaphysischen Voraussetzung, daß der »gesamte historische Vorgang eine geschlossene Einheit« darstellt und daß »diese Geschlossenheit bedeutet, daß das Kontinuum historischen Geschehens nicht durch die Einwirkung von übernatürlichen, transzendenten Mächten beeinflußt werden kann und daß es daher kein ›Wunder‹ in diesem Sinne des Wortes gibt« (Bultmann, »Ist voraussetzungslose Exegese möglich?« a. a. O.). Durch die Einsteinsche Relativitätstheorie ist eine solche Weltanschauung hoffnungslos überholt.

38 Ein konkretes Beispiel für diese Fehlreaktion ist der Artikel von Harrisville, zitiert in Anmerkung 26.

39 In *La Philosophie au milieu du vingtième siècle*, III, 174 (Watkins). Entgegen der Dilthey-Tradition weist Watkins darauf hin, die analytische Arbeit von Philosophen wie Ryle »zerstöre die alte Ansicht, der Hayek, Swabey und andere immer noch nachhängen, daß, wenn der Historiker Dschingis Khan verstehen will, er diesem sehr ähnlich sein muß« (s. 159). Die Gültigkeit dieser Aussage für die Neue Hermeneutik, die ein historisches Verständnis von dem Christus des

Neuen Testaments von einem vorher schon vorhandenen Glauben an ihn abhängig macht, dürfte klar sein.

40 Siehe H. J. Rose, Handbook of Greek Literature from Homer to the Age of Lucian (London: Methuen, 1934), S. 42–43.

41 A. H. McNeill and C. S. C. Williams, Introduction to the Study of the New Testament (2d ed.; Oxford: Clarendon Press, 1955), S. 58.

42 Sherwin-Whites Sarum-Vorlesungen für 1960–1961 wurden 1963 in Oxford veröffentlicht, der zitierte Abschnitt ist auf S. 187 zu finden.

43 Über die wesentliche Bedeutung der »Erinnerung« der Apostel als Bindeglied
zwischen dem »Jesus der Geschichte« und dem »Christus des Glaubens«: siehe
Oscar Cullmann, »The Resurrection: Event and Meaning«, *Christianity Today*, IX
26. März 1965), 8–9; dieser Aufsatz stammt aus Cullmanns Buch *Heil als Geschichte* (Mohr, Tübingen 1967).

44 René Daumal, Mount Analogue, trans. Roger Shattuck (New York: Pantheon
Books, 1960), S. 59.

45 Vgl. meinen Aufsatz, »Inspiration and Inerrancy: A New Departure« *Evangeli-
cal Theological Society Bulletin*, VIII, 1965. Dieser Aufsatz steht in revidierter
Fassung in meinem Buch *Crisis in Luthern Theology* (2 Bd., Grand Rapids,
Mich.: Baker Book House 1967), I 15–44.